U0616836

高职高专汽车类专业课改系列教材

汽车使用性能与检测技术

（第二版）

主　编　郭　彬

副主编　屠卫星　丁成业　黄秋平

西安电子科技大学出版社

内 容 简 介

本书共 8 个模块，以汽车使用性能和汽车不解体情况下的性能检测为主，系统地介绍了汽车使用性能评价、汽车动力性与检测、汽车燃油经济性与检测、汽车制动性与检测、汽车操纵性与检测、汽车的平顺性与通过性、汽车前照灯和车速表检测及汽车排放与噪声检测等内容。

本次修订采用任务驱动、项目教学的方法来组织编写，这既符合高职高专教学的特点，也符合高职学生的认知习惯。同时，书中引入了新的法规标准、新的检测诊断技术和仪器设备。

本书可作为各类高职高专院校汽车检测与维修、汽车运用技术、汽车运用工程专业的教材，也可供汽车维修技术人员、技师阅读。

图书在版编目(CIP)数据

汽车使用性能与检测技术/郭彬主编. —2 版. —西安：西安电子科技大学
出版社，2010.9(2022.11 重印)
ISBN 978 - 7 - 5606 - 2442 - 6

Ⅰ. ①汽⋯　Ⅱ. ①郭⋯　Ⅲ. ①汽车—性能—检测—高等学校：技术教学—教材
Ⅳ. ①U472.9

中国版本图书馆 CIP 数据核字(2010)第 106352 号

策　　划　毛红兵
责任编辑　邵汉平　毛红兵
出版发行　西安电子科技大学出版社(西安市太白南路 2 号)
电　　话　(029)88202421　88201467　　邮　　编　710071
网　　址　www.xduph.com　　电子邮箱　xdupfxb001@163.com
经　　销　新华书店
印刷单位　咸阳华盛印务有限责任公司
版　　次　2010 年 9 月第 2 版　2022 年 11 月第 9 次印刷
开　　本　787 毫米×1092 毫米　1/16　印张　18
字　　数　406 千字
印　　数　22 001～24 000 册
定　　价　47.00 元
ISBN 978 - 7 - 5606 - 2442 - 6/U

XDUP 2734002 - 9

＊＊＊如有印装问题可调换＊＊＊

前　　言

在现代社会,汽车已成为人们工作和生活不可缺少的一种交通工具。汽车在为人们造福的同时,也带来大气污染、噪声和交通安全等一系列问题。汽车本身又是一个复杂的系统,随着行驶里程的增加和使用时间的延续,其技术状况将不断恶化。因此,一方面要不断研制性能优良的汽车,另一方面要借助维护和修理,恢复其技术状况。"汽车使用性能与检测技术"就是在研究整车性能的基础上,通过各种先进检测仪器对汽车技术状况进行不解体检测,诊断出各种性能参数,为全面、准确评价汽车的使用性能和技术状况提供可靠依据的一门技术课程。

本书第一版自2007年问世以来已连续印刷多次,受到了广大读者的好评。本次修订对原书进行了全面改版,突出特点是采用任务驱动、项目教学的方法来组织编写,这既符合高职高专教学的特点,也符合高职学生的认知习惯。这是一种全新模式的高职教材,代表了高职教材的发展方向。同时,书中引入了新的法规标准、新的检测诊断技术和仪器设备,删掉了一些相对陈旧的内容。

本书包括汽车使用性能评价、汽车动力性与检测、汽车燃油经济性与检测、汽车制动性与检测、汽车操纵性与检测、汽车的平顺性与通过性、汽车前照灯和车速表检测及汽车排放与噪声检测等8个模块,共20个学习任务(包含52个学习项目)。此外,每个学习任务安排了一定数量的测试题,供自我测试与巩固。

本书由南京交通职业技术学院郭彬主编。模块1、3由南京交通职业技术学院黄秋平编写;模块2、6由南京交通职业技术学院丁成业编写;模块4、5由南京交通职业技术学院郭彬编写;模块7、8由南京交通职业技术学院屠卫星编写。

本书在编写过程中参考了大量的国内外技术资料,在此谨向所有参考资料的作者及关心和支持本书编写的同志们表示感谢。由于编者水平有限,书中难免存在缺点和错误,诚望读者及有关专家给予指正。

编　者
2010 年 2 月

第 一 版 前 言

汽车从发明到今天已经一个多世纪了。在现代社会，汽车已成为人们工作、生活中不可缺少的一种交通工具。汽车在为人们造福的同时，也带来大气污染、噪声和交通安全等一系列问题。汽车本身又是一个复杂的系统，随着行驶里程的增加和使用时间的延续，其技术状况将不断恶化。因此，一方面要不断研制性能优良的汽车；另一方面要借助维护和修理，恢复其技术状况。"汽车使用性能与检测技术"就是在研究整车性能的基础上，通过各种先进检测仪器设备对汽车技术状况进行不解体检测，诊断出各种性能参数，为全面、准确评价汽车的使用性能和技术状况提供可靠依据的一门技术课程。

本教材属中国高等职业技术教育研究会与西安电子科技大学出版社组织编写的面向21世纪机电类专业高职高专规划教材。编者在编写过程中着力把握高职高专"重在技术能力培养"的原则，结合目标定位，力争在新颖性、实用性、可读性三个方面能有所突破。

本教材的编写采用章节结构，以汽车使用性能为主线，在介绍汽车性能的同时，围绕性能评价、性能检测和检测结果分析进行编写。强调性能检测的标准规范，加强学生分析能力的培养。

本书共分 12 章，以汽车使用性能和汽车不解体情况下的性能检测为主，包括概论、汽车检测站基础知识、汽车动力性能与检测、汽车燃油经济性与检测、汽车制动性能与检测、汽车操纵稳定性与检测、汽车平顺性与通过性、汽车车速表检测、汽车前照灯检测、汽车排气污染物检测、汽车噪声检测和汽车在特殊条件下的合理使用等内容。本书编写的目的是使学生掌握主要使用性能及检测的基本理论和基本方法；理解有关政策、标准、法规和实用性能检测的内容；了解汽车合理使用的基本途径及国家(或行业)的相关政策与法规；正确分析汽车检测结果，并能根据检测结果提出处理的技术方案。

本书力求理论知识通俗易懂、深入浅出，并适当介绍现代汽车新技术。为加强职业院校学生能力的培养，本书的实践知识注重新颖、实用和高起点，力求反映生产实际中的新技术、新设备、新工艺、新方法和新标准。在语言阐述上，本书力求文字通顺、易懂，插图适量、清晰。

本书由南京交通职业技术学院郭彬主编。第 1、2、3、4 章由南京交通职业技术学院黄秋平编写，第 5、6、7、12 章由郭彬编写，第 8、9、10、11 章由南京交通职业技术学院屠卫星编写。本书由浙江交通职业技术学院张琴友担任主审。

本书在编写过程中参考了大量的国内外技术资料，得到了南京交通职业技术学院汽车工程系领导和同事的大力支持，在此谨向所有参考资料的作者及关心支持本书编写的同志们表示感谢。

由于编者水平有限，经验不足，书中难免存在缺点和错误，诚望读者及有关专家给予指正。

编 者
2006 年 12 月

目　　录

模块 1　汽车使用性能评价

学习任务 1　汽车使用性能及检测技术认知

学习目标

（1）了解汽车使用性能评价指标及参数；

（2）了解国内外汽车性能检测技术的发展历史及趋势；

（3）掌握汽车检测诊断理论基础知识。

任务分析

随着社会汽车拥有量的急剧增加，如何正确、安全、有效地使用车辆已成为现代人必须面对的一个问题。本任务从汽车使用性能的涵盖要素出发，介绍汽车性能评价参数、汽车检测技术及汽车检测基础理论等知识。

任务实施

【项目 1】　汽车使用性能及性能参数认知

汽车使用性能是指汽车在一定的使用条件下，以最高效率工作的能力。它是决定汽车利用效率和方便性的结构特征表征。评价汽车工作效率的指标是汽车的运输生产率和成本。通过对运输生产率、成本与汽车结构之间的内在联系进行研究，可确定汽车的主要使用量标。

我国目前采用的汽车使用性能指标见表 1.1。

1. 汽车的容量

汽车的容量也称为容载量，是指汽车一次允许运载的最大货物量或乘客人数。它与汽车的装载量、车箱尺寸、货物的比重、座位数和站立乘客的地板面积有关。

2. 汽车的操纵方便性

汽车的操纵方便性是汽车的一项综合使用性能，用于表征汽车运行过程中驾乘人员的舒适性和疲劳程度，以及保证运行货物的完好无损和装卸货物的适用性。

其中，操纵轻便性决定了驾驶员的工作条件，对减轻驾驶人的疲劳、保证行车安全具有重要作用。其主要评价量标为操纵力、操作次数、驾驶员座位参数与调整参数、驾驶人的视野参数。

表 1.1　汽车使用性能的主要指标

使用性能		量标和评价参数
容量		额定装载质量(t)，单位装载质量(t/m³)，货厢单位有效容积(m³/t)，货厢单位面积(m²/t)，座位数和可站立人数
操纵方便性		每百公里平均操纵作业次数，操作力(N)，驾驶座椅可调程度，照明、灯光、视野、信号完好
出车迅速性		汽车起动暖车时间
乘客上下车和货物装卸方便性		车门和踏板尺寸及位置，货厢地板高度，货厢栏板可倾翻数，有无随车装卸机具
可靠性和耐久性		大修间隔里程(km)，主要总成的更换里程(km)，可靠度、故障率(1/1000 km)，故障停车时间(h)
维修性		维护和修理工时，每千公里维修费用，对维修设备的要求
防公害性		噪声级，CO、HC、NO_x 排放量，电波干扰
燃料经济性		最低燃料耗量(L/(100t·km))，平均最低燃料耗量(L/100 km)
速度性能		动力性，平均技术速度(km/h)
越野性、机动性		汽车最低离地间隙，接近角，离去角，纵向通过半径，前后轴荷分配，轮胎花纹及尺寸，轮胎对地面的单位压力，前后轮辙重合度，低速挡的动力性，驱动轴数
安全性	稳定性	纵向倾翻条件，横向倾翻条件
	制动性	制动效能，制动效能恒定性，制动时方向稳定性
乘座舒适性	平顺性	振动频率，振动加速度及变化率，振幅
	设备完备	车身类型，空气调节指标，车内噪声指标(dB)，座椅结构

　　乘员上下车方便性作为使用方便性之一，影响着城市公共汽车站点的停车时间，从而影响汽车的线路运行时间。乘员上下车的方便性主要取决于车门的布置(轿车)和踏板的结构参数，即踏板高度、深度、级数、能见度及车门的宽度。

　　装卸货物方便性是指车辆对装卸货的适应性。它用车辆装卸所耗费的时间和劳动力评价。表征装卸货物方便性的结构因素有：货厢和车身地板的装卸高度；从一面、两面、三面或上面装卸货物的可能性；厢式车车门的构造、布置和尺寸；有无随车装卸货的装置及其效率。

3. 汽车的燃料经济性

汽车的燃料经济性表示汽车以尽量少的燃料消耗量经济行驶的能力。它的评价指标主要有等速百千米燃料消耗量、等速吨百千米燃料消耗量及循环行驶试验工况百千米燃料消耗量。汽车的燃料经济性是汽车的主要性能之一。在汽车运输成本中，燃料消耗费用约占总费用的 20%～30%，所以燃料经济性的提高就意味着汽车运输成本的下降和经济效益的提高。

4. 汽车的速度性能

汽车的速度性能（动力性）表示汽车克服行驶阻力，达到高的平均行驶速度的能力。它主要由三方面的指标来评定：汽车的最高车速、汽车的加速能力和汽车的爬坡能力。

5. 汽车的越野性、机动性

汽车的越野性（通过性）表示汽车能以足够高的平均速度通过各种坏路和障碍物的能力。它主要通过最小离地间隙、接近角、离去角、最小转弯半径等几何参数来表示。

汽车在最小面积内转向和转弯的能力被称为汽车的机动性。它也表征了汽车能够通过狭窄弯曲地带或绕开不可越过障碍物的能力。其主要评价参数（见图 1-1）包括前外轮最小转弯半径 R_H、汽车转弯宽度 A 及突伸距 a 和 b。

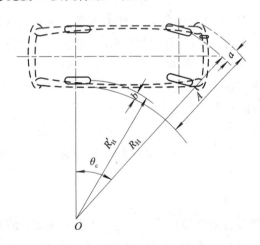

图 1-1　汽车的机动性评价参数

6. 汽车的安全性

汽车的操纵稳定性包含着互相联系的两个内容，一个是操纵性，另一个是稳定性。操纵性表示汽车能及时而准确地按照驾驶员的指令行驶的能力；稳定性是指汽车抵抗外界干扰保持稳定行驶的能力。

汽车的制动性表示汽车能在短时间内迅速降低车速直至停车并保持方向稳定的能力。制动效能是汽车制动性最基本的评价指标，另外还有制动效能的恒定性、制动时汽车的方向稳定性。

7. 乘坐舒适性

汽车的乘坐舒适性表示汽车行驶时对乘员身心影响的程度。它主要取决于行驶平顺性、噪音、空气调节和居住性等因素。

汽车乘坐舒适性在很大程度上取决于座位的结构。座椅的结构应符合人体工程学的要求，为乘客提供最佳的方便性和最舒适的乘坐姿势。座椅的结构参数主要是座位的宽度和深度、靠背高度和倾角，以及座椅上乘员的上下自由空间。座椅应具有良好的柔和性，通常用振动特性（振幅、频率）和消振速度来评价座椅的柔和性。当座椅上乘员的自振频率与车身振动频率的比值为 1.6～2.0 时，座椅的舒适性最好。另外，乘坐舒适性也与车身的密封性有关。保护乘员空间不受发动机气体排放物的污染，防止尘土侵入，保暖、供冷、通风、调温等，也是提高客车舒适性的重要措施。

【项目 2】　汽车检测技术认知

汽车检测技术是利用各检测设备，对汽车在不解体情况下确定汽车技术状况或工作能力进行的检查和测量。汽车技术状况是定量测得表征某一时刻汽车外观和性能的参数值的总和。检测技术就是在汽车使用、维护和修理中对汽车的技术状况进行测试和检验的一门技术，为汽车继续运行或进厂（场）维护、修理提供可靠的依据。

汽车检测技术是伴随着汽车技术的发展而发展的。在汽车发展的早期，主要是通过有经验的维修人员发现汽车的故障并做有针对性的修理，即过去人们常讲的"望"（眼看）、"闻"（耳听）、"切"（手摸）方式。随着现代科学技术的进步，特别是计算机技术的进步，汽车检测技术也得到了飞速发展。目前汽车检测技术主要是依靠先进传感技术与检测技术，采集汽车的各种具有某些特征的动态信息，并对这些信息进行各种分析和处理，区分、识别并确认其异常表现，预测其发展趋势，查明其产生原因、发生部位和严重程度，进行针对性的维修和处理。

所以，采用汽车检测技术既可减少过剩维修，又可避免突发性故障；既保证了技术状况，又提高了经济效益。

1. 国外汽车检测技术发展概况

国外汽车检测和维修设备发展较快，特别是工业发达国家，随着其汽车的发展速度和汽车保有量的迅猛增长，推动了汽车检测与维修技术和设备的发展步伐。如美国、日本、德国、意大利、英国、法国、奥地利、荷兰、瑞典、丹麦等国家汽车检测和维修设备的制造工艺和产品技术含量均处于世界领先地位，其产品已形成系列化、标准化和规范化。汽车诊断与检测技术和设备是随着汽车工业的发展而从无到有逐渐发展起来的。国外一些发达国家早在 20 世纪 40～50 年代就发展成以故障诊断和性能调试为主的单项检测技术。进入 60 年代后，检测技术获得较大发展，逐渐将单项检测技术联线建站，成为既能进行维修诊断，又能进行安全环保检测的综合检测技术。70 年代，随着汽车新结构、新理论的不断涌现，电子技术、传感器技术和电子计算机技术的迅猛发展，新材料和新工艺的广泛应用，社会和经济的不断进步，汽车的性能不断得以提高，这就促进了汽车检测和维修的新理论、新项目、新技术、新设备、新标准和新方法的发展，促进了传统的汽车检测和维修设备向智能化和集成化方向发展，出现了检测控制自动化、数据处理自动化、检测结果直接打印、专家诊断和维修系统、世界各国车型及其参数数据库等现代综合检测技术，其检测诊断准确度和效率得到很大提高。进入 80 年代后，在一些先进的国家，现代汽车诊断与检测技术已基本达到广泛应用的阶段，在交通安全、环境保护、节约能源、降低运输成本和提高运力等方面，带来了明显的社会效益和经济效益。

当前世界上著名的汽车检测和维修设备制造公司在每个汽车工业发达国家都有，如万岁、弥荣、安全及日产贩卖株式会社为最有代表性的日本四大集团公司，它们生产的设备种类几乎一样，但在产品技术和形式上都发挥了各自的优势。如弥荣株式会社把汽车制动台、车速表、排放分析仪、噪声计等与四轮定位动态测定系统组合到一起，不但可以测定汽车四轮定位参数，还可测定制动力、速度、CO/HC 浓度和噪声水平。日产贩卖株式会社推出的汽车综合检验台，测试的项目更多，可以测定底盘输出功率、发动机功率、汽车行驶状态模拟、四轮定位、振动、悬架、制动和速度等，具有一机多能的测试功能。它们生产的电子调漆系统是目前世界上最先进的，以前的电子调漆设备都是通过汽车车架编号查找汽车油漆颜色和配方，而日本研制的新型调漆设备则只需用扫描仪在汽车车身上扫描（扫描仪与计算机联网），通过计算机即可快速显示出该车的厂牌、型号、油漆颜色及配方，并自动打印出结果。日本生产的自动门式洗车机也具有独特优点，它改变了传统的用毛刷和喷水清洗的方法，采用超声波原理，直接喷水，通过超声振荡洗去车身的泥油杂物，且不损伤汽车油漆光泽和表面。美国大熊（BEAR）公司生产的大熊牌 BEAR40－200 型、BEAR－400 型全电脑发动机诊断检测系统，德国博世公司推出的 FBA6000 型发动机综合检测仪及奥地利 AVL 公司生产的 AVL－845 型电脑发动机诊断检测仪等，都代表了当代先进技术水平。德国百斯巴特公司自 20 世纪 80 年代以来首先采用了计算机技术，先后研制出了世界上第一台计算机控制彩色显示的四轮定位仪和 MT550 型车轮平衡机。到 1990 年，CCD 测量传感系统和无线数据传输的新一代彩屏显示四轮定位仪 MT4000 型问世，使百斯巴特公司在汽车保修检测设备领域又开拓了一步。之后，美国太阳（SUN）公司推出了太阳牌 MAC 型和 EEWA101 型，汉尼士（HENNESSY）公司推出了汉尼士牌 AMMOD4500 型和 AMMC04501 型，大熊公司推出了大熊牌 BEAR 系列，法国班米纳（BEM－MULLER）公司推出了班米纳牌 8670 型和意大利科基（COKGHI）公司推出了科基牌 EXACT－60E 型等全电脑四轮定位检测系统。这些先进的检测设备都是当前世界名牌产品，有些设备近年来已进入中国市场，对我国汽车维修行业的发展，填补当前国内检测设备空白，起到了积极的推动作用。

2. 我国汽车检测技术发展概况

我国的汽车诊断与检测技术起步较晚。解放初期，我国还没有一个专业的汽车检测和维修设备制造企业，汽车维修靠手工操作或简单的机具进行作业，基本上是采取耳听、手摸、眼观、脚踏、锤敲和体力劳动等落后的办法。在 20 世纪 60 年代，由于国家有关政府部门的重视，才逐步建立了一些汽车检测维修设备生产企业，开始制造一些简单的检测维修设备，如举升机、液压拆装设备和维修工具等，也从国外引进过少量检测设备，但由于种种原因，汽车检测技术和设备一直发展缓慢。进入 80 年代，随着改革开放的深入进行和国民经济的迅速发展，特别是随着汽车制造业和公路交通运输业的发展，国民收入的稳步提高，我国的机动车保有量迅速增加。车辆增多必然带来交通安全和环境保护等社会问题，如何保证这些车辆安全运行和不造成社会公害，逐渐提到政府有关部门的议事日程上来，因而促进了汽车诊断与检测技术的发展，使之成为国家"六五"期间重点推广的项目，并视为是推进汽车运输现代化管理的一项重要技术措施。据不完全统计，目前汽车维修企业已发展到 22 万多家，检测和维修设备制造企业由最初的几家发展到上千家，由过去仅能生产简单的维修工具发展到能够开发和生产具有一定水平的检测诊断设备和维修设备，生产的品种由不满百种发展到 2000 多种，并形成了类别和系列。如汽车整车性能检测和诊断设备有汽车安全性能检测线、汽车综合性能检测线、汽车流动检测站、汽车综合性能测试仪、噪声计、汽车排放分析仪、烟度计、解码器等；发动机检测和诊断设备有发动机台架自动测试仪、发动机综合测试仪、电涡流测功器、水力测功器、汽缸漏气量检测仪、燃气消耗量检测仪、润滑油质量分析仪、曲轴箱窜气量检测仪、汽缸压力检测仪等；底盘检测和诊断设备有底盘测功机、汽车制动检测台、汽车侧滑检测台、汽车轴重检测台、汽车车速表检测台、汽车底盘间隙检测台、灯光检测仪、车轮平衡机、车身车架矫正机、前轮定位仪、四轮定位仪、转向参数测试仪等；汽车维修专用设备有汽车电器万能实验台、喷油泵实验台、各种充电机、整形机、轮胎拆装机、悬架拆装机、举升机等；汽车维修加工和零部件检测设备有汽缸镗磨机、汽缸珩磨机、磨气门机、曲轴磨床、曲轴平衡机、磁力探伤机等；汽车举升吊装设备有举升机、吊装机、千斤顶等；汽车喷涂和清洗设备有喷漆烤漆房、清洗机等；汽车美容设备有打蜡机、抛光机、角向磨光机、砂光机等；各种汽车维修工具和设备等。交通部门自 1980 年开始，有计划地在全国公路运输系统筹建汽车综合检测站，交通安全管理部门在全国建立了汽车安全性能检测站，取得了很好的成绩；同时，石油、冶金、外贸等系统和部分大专院校也建成了一定数量的汽车检测站。在环境保护检测设备方面，我国和国外公司积极合作，生产在用车简易工况法排放检测用底盘测功机，使在用车的排放状况检测水平上了一个新台阶。

可以说，20 世纪 90 年代后我国已基本形成全国性的汽车检测网，全国各地的汽车维修企业使用的检测设备也日益增多，我国一些城市每年都举行多次汽车检测和维修设备展销会，国内外参展商规模庞大、设备种类繁多，这些都有力地促进了我国汽车检测与维修技术和设备的迅速发展。

可以预见，随着交通运输业和整个国民经济的发展，我国的汽车诊断检测技术和设备必将获得进一步发展，而且会取得十分明显的经济效益和社会效益。

目前我国生产的汽车检测与维修设备的技术水平与国外发达国家相比，主要差距是：

（1）产品可靠性较差。国外同类产品的使用寿命较长，一般 3～5 年不更换易损件，而国内某些产品性能不够稳定，故障率高，可靠性较差，外观质量较差。

（2）自动化水平较低。国内大多数维修设备为机械式或半机械式，而国外大都采用微机控制，数字显示或彩色屏幕显示，精度高，检测效果好。

（3）品种不全，更新慢，技术含量低，附加价值率低，有些检测设备还属空白或没有自主的知识产权。如全电脑四轮定位仪、自动电脑解码器、在用车排放状况检测用底盘测功机等检测设备，国外已形成了系列化、标准化产品，而国内则刚刚着手研究开发。

3. 汽车检测与维修设备发展趋势

1）前景趋势

汽车维修检测设备的发展前景一片光明，主要原因有二：

一是随着汽车工业的迅猛发展和汽车保有量的不断增长，尤其是在我国汽车逐步进入家庭的条件下，汽车维修行业必将随之发展，需要更多的适合现代汽车技术要求和社会经济承受能力的汽车维修检测设备。

二是随着汽车保有量的增加，社会和国家会对汽车检测维修设备提出更高的技术水平和质量要求，以保证更好地检测和维修，从而做到保证行车性能和安全，节约能源消耗和维护人类社会环境的生态平衡。由此不难推测，汽车检测维修设备的发展前景是十分广阔的。

2）各类设备所占比重的发展趋势

汽车检测维修设备可分为维护、修理、测试和诊断四大类，各类所占比重的大小将取决于维修制度的变化和维修作业内容的变化。目前世界上大多数工业发达国家已基本上不再进行汽车的整车大修，只是按照汽车检测诊断设备提供的检测报告，对汽车进行针对性的维护和修理作业，以恢复其技术性能，消除隐患，保证汽车良好的安全性能和使用性能。

我国实行的是"定期检测、强制维护、视情修理"的管理制度。据此，我国当前汽车检测维修设备的发展趋势是：为贯彻视情修理的原则，汽车检测诊断设备的比重将有大幅度的增长；汽车维护和修理设备的构成向加大汽车维护及汽车小修所需的机工具转移，汽车修理机加工设备的比重将相对变小。这是实行强制维护，尤其是轿车进入家庭后必然的发展趋势。

4. 汽车技术发展决定着汽车检测维修设备的发展趋势

当前世界汽车技术的发展方向是致力于提高汽车的安全、节能、环保和舒适性能，主要的推动技术是汽车电子技术。汽车电子技术的应用改变了汽车各系统的结构，汽车检测和维修设备必须要有相应的发展，以适应汽车各系统结构的改变。检测维修设备总的发展方向是自动化、电脑化、准确化，具体体现为以下几点：

（1）新系统、新方法、新的标准要求新的检测设备。

汽车新装置不断涌现，要求采用新的检测设备和检测方法来检测其性能。如制动防抱死装置，在目前的低速制动实验台上测不出最大制动力，从而会判定制动力不合格，于是要求提高实验台的滚筒线速度，以适应制动防抱死装置的台架测试需要。对于制动防抱死装置的道路性能测试，要求汽车试验场能提供对开路面和对接路面等特殊场地。再如滤纸式烟度计不能测出蓝烟和白烟，这就要求使用功能更强的非透光式烟度计。又如在用车排放标准的提高，不仅要求测出汽车尾气中 HC 和 CO 的含量，还要求测出 NO_x 的含量，这就要求使用简易底盘测功机系统、五气排放分析仪和智能环境参数测试仪，并应用简易工况法测试技术。还有汽车主动悬架和半主动悬架性能的检测、安全气囊性能的检测等都需要新的检测设备和检测方法。

（2）向单机智能化方向发展。

单机智能化方向的发展主要体现在：

① 向具有自检和自动运行功能方向发展。如意大利的 BST－2500C 型制动检测台能在 40 s 内对传感器、电缆电路和显示仪表自检完毕，发现故障即以代码显示故障的部位及性质，开机后能自动按照操作程序执行。日本小野测器株式会社生产的汽车底盘测功机系统，在开机后可自诊断各总成的状态情况，出现问题后用声、光自动报警并用代码显示故障的部位及其故障原因，保证整个系统安全、可靠地运行。

② 能自动进行零点和温漂修正。带有单片机的检测仪表，大多数能对测试数据、曲线、图形自动进行零点修正、温漂修正、线性拟合，直接得出正确的检测结果，不需要人工干预。

③ 智能化控制。如日本研制的 IM－2735 型非对称光自动找正式全自动前照灯仪，采用硅光二极管代替光电池，提高了光轴定位精度和光度测量精度。采用微机和 CCD 固体摄像组件实现了光轴自动跟踪找正，用计算机图像处理技术能完成等照度曲线测定与显示，从而能迅速和准确确定光轴中心。

（3）向高精度传感技术和显示技术方向发展。

随着电子技术及电磁技术的突飞猛进和仪器仪表工业的迅速发展，汽车维修检测设备的显示技术和高精度传感技术也得到了迅速发展。如制动台已完全淘汰了测力弹簧—自整角机的测力显示方式，代之以高精度的应变计（压力传感器），具有很高的线性精度。由于其通用化、标准化、系列化、清晰化程度大大提高，因此已成为检测设备的发展方向。再如日本小野测器株式会社生产的汽车底盘测功机系统，其变速箱的润滑油液面高度和温度自动传感、自动显示，液面高度不足时能自动报警，油温过高时能自动启动冷却系统运行，保证增速箱安全、可靠地运行。日本小野测器株式会社生产的燃油消耗量传感器通过 4 个径向柱塞的往复运动转换成曲轴的转动，曲轴和转速传感器与磁性耦合器连在一起，转速传感器产生的脉冲信号正比于柱塞的行程，柱塞的行程正比于燃油的流量，可同时测出燃油的瞬态流量和总流量，其测试精度达 0.01 ml。

在显示技术方面，大多数计算机控制的汽车检测和维修设备都配有多媒体的使用提示，说明其使用方法、操作步骤和注意事项，使用者只需根据使用提示，即可正确操作。设备同时还配有汽车的各种参数数据库，方便用户查阅和调用，这些数据库每年都可更新，以适应新的被检车型。如德国博世公司（BOSCH）生产的 FWH411 型四轮定位仪，多媒体的显示画面有检测顺序和基本操作，软件功能键介绍，预定位步骤设定和操作，Express Align 组态定位程序设定和操作，查询、编辑和储存操作，车辆调整图示操作，多媒体播放操作，在职训练操作，底盘高度检测操作，使用图像进行检测操作等内容。

（4）向动态检测技术方向发展。

动态检测汽车的性能更能反映汽车真实的技术状况，因此在动态条件下测定运动部件参数是今后检测技术的发展方向。如日本 D2000 型四轮定位动态测定系统是一个地面平台，汽车支撑在四组滚筒上，传感器以轮胎侧面为定位基准，四个车轮的定位值是在车轮被滚筒驱动状态下测试的，故调整参数稳定。再如在用汽车的排放性能检测，现在使用的是双怠速法检测汽车的 CO 和 HC 的排放状况，汽车静止不动，这与汽车的实际运行状况相差甚远，即将实行的在用车简易工况法排放性能检测，模拟汽车的实际运行情况，动态检测汽车的排放水平，能较为真实地反映汽车的实际排放状况，便于更好地控制汽车的排放水平，有利于更好地进行环境保护。

（5）向综合化方向发展。

汽车检测设备向综合化方向发展，把一些检测功能集成在一起，能够方便地进行汽车检测，节省检测时间。如日本弥荣株式会社的 820 型计算机控制车检系统，把速度、制动、NO_x 和 HC 分析、噪声、侧滑、轴重、前照灯 7 个项目的检测功能综合在一个 20 m 的检测线上，还能在车速台上配上电涡流测功机。主控计算机除控制检测设备的自动操作程序外，同时完成检测数据处理、车档管理、送检车开单、派工、材料需用卡制作、工时计算、维修费用结算、财务票据管理等。类似的系统在日本应用很广泛。

【项目 3】　汽车检测基础理论认知

汽车的检测与诊断是确定汽车技术状况的技术，不仅要求有完善的检测、分析、判断的手段和方法，而且在检测诊断汽车技术状况时，必须选择合适的诊断参数，确定合理的诊断参数标准和最佳诊断周期。诊断参数、诊断参数标准、最佳诊断周期是从事汽车检测诊断工作必须掌握的基础知识。

1. 检测诊断参数

检测诊断参数是表征汽车、汽车总成及机构技术状况的量。有些结构参数可以表征技术状况，但在不解体情况下，直接测量往往受到限制，如气缸间隙、曲轴和凸轮轴各道轴颈的磨损量等，都无法在不解体情况下直接测量。因此，在检测诊断汽车技术状况时，需要采用一种与结构参数有关而又能表征技术状况的间接指标，该间接指标称为诊断参数。可以看出，诊断参数既与结构参数紧密相关，又能够反映汽车的技术状况，是一些可测的物理量或化学量。

汽车诊断参数包括工作过程参数、伴随过程参数和几何尺寸参数。

1）工作过程参数

工作过程参数是汽车、总成或机构工作过程中输出的一些可供测量的物理量或化学量。例如，发动机功率、汽车燃料消耗量、制动距离或制动力、滑行距离等，往往能表征诊断对象总的技术状况，适合于总体诊断。如通过检测，底盘输出功率符合要求，说明发动机技术状况和传动系技术状况均符合要求。反之，如果底盘输出功率不符合要求，说明发动机输出功率不足或传动系功率损失太大，通过进一步深入检测诊断，可确定是发动机技术状况不佳还是传动系技术状况不佳。工作过程参数是深入诊断的基础。汽车不工作时，工作过程参数无法测量。

2）伴随过程参数

伴随过程参数是伴随工作过程输出的一些可测量，例如振动、噪声、异响、温度等。这些参数可提供诊断对象的局部信息，常用于复杂系统的深入诊断。汽车不工作时，无法测量该参数。

3）几何尺寸参数

几何尺寸参数可提供总成或机构中配合零件之间或独立零件的技术状况，例如配合间隙、自由行程、圆度、圆柱度、端面圆跳动、径向圆跳动等。这些参数提供的信息量虽有限，但却能表征诊断对象的具体状态。

汽车常用诊断参数如表 1.2 所示。

表 1.2 汽车常用诊断参数

诊断对象	诊断参数	诊断对象	诊断参数
汽车整体	最高车速	发动机总成	发动机功率
	加速时间		发动机燃料消耗量
	最大爬坡度		单缸断火（油）转速下降值
	驱动车轮输出功率		排气温度
	驱动车轮驱动力	曲柄连杆机构	气缸压力
	汽车燃料消耗量		气缸漏气量
	汽车侧倾稳定角		气缸漏气率
	CO 排放量		曲轴箱漏气量
	HC 排放量		进气管负度
	NO_x 排放量	配气机构	气门间隙
	CO_2 排放量		配气相位
	O_2 排放量	点火系	断电器触点间隙
	柴油车自由加速烟度		断电器触点闭合角
汽油机供给系	空燃比		点火波形重叠角
	汽油泵出口关闭压力		点火提前角
	供油系供油压力		火花塞间隙
	喷油器喷油压力		各缸点火电压值
	喷油器喷油量		各缸点火电压短路值
	喷油器喷油不均匀度		点火系最高电压值
柴油机供给系	输油泵输油压力		火花塞加速特性值
	喷油泵高压油管最高压力	冷却系	冷却液温度
	喷油泵高压油管残余压力		冷却液液面高度
	喷油器针阀开启压力		风扇传动带张力
	喷油器针阀关闭压力		风扇离合器离合温度
	喷油器针阀升程	润滑系	机油压力
	各缸喷油器喷油量		油底壳油面高度
	各缸喷油器喷油不均匀度		机油温度
	供油提前角		机油消耗量
	喷油提前角		理化性能指标变化量
发动机总成	额定转速		清净性系数 K 的变化量
	怠速转速		介电常数的变化量
润滑系	金属微粒含量	制动系	制动拖滞力
传动系	传动系游动角度		驻车制动力
	传动系功率损失		制动时间
	机械传动效率		制动协调时间
	总成工作温度		制动完全释放时间
转向系	车轮侧滑量	行驶系	车轮静不平衡量
	车轮前束值		车轮动不平衡量
	车轮外倾角		车轮端面圆跳动量
	主销后倾角		车轮径向圆跳动量
	主销内倾角		轮胎胎面花纹深度
	转向轮最大转向角		前照灯发光强度
	最小转弯直径		前照灯光束照射位置
	转向盘自由转动量		车速表误差值
	转向盘最大转向力	其他	喇叭声级
制动系	制动距离		客车车内噪声
	制动减速度		驾驶员耳旁噪声
	制动力		

在汽车的使用过程中，诊断参数的变化规律与汽车技术状况变化规律之间有一定的关系。能够表征汽车技术状况的参数很多，为了保证诊断结果的可信性和准确性，在选择诊断参数时应遵循以下的原则。

1）灵敏性

灵敏性亦称灵敏度，是指诊断对象的技术状况在从正常状态到进入故障状态之前的整个使用期内，诊断参数相对于技术状况参数的变化率。选用灵敏性高的诊断参数诊断汽车的技术状况时，可使诊断的可靠性提高。

2）稳定性

稳定性是指在相同的测试条件下，多次测得同一诊断参数的测量值具有良好的一致性（重复性）。诊断参数的稳定性越好，其测量值的离散度越小。稳定性不好的诊断参数，其灵敏性也低，可靠性差。

3）信息性

信息性是指诊断参数对汽车技术状况具有的表征性。表征性好的诊断参数，能揭示汽车技术状况的特征和现象，反映汽车技术状况的全部情况。诊断参数的信息性越好，包含汽车技术状况的信息量越多，得出的诊断结论越可靠。

4）经济性

经济性是指获得诊断参数的测量值所需要的诊断作业费用的多少，包括人力、工时、场地、仪器、设备和能源消耗等项费用。经济性高的诊断参数，所需要的诊断作业费用低。

不同的测量条件和不同的测量方法，可以得出不同的诊断参数值。在测量条件中，一般有温度条件、速度条件、负荷条件等。多数诊断参数的测得需要汽车走热至正常工作温度。除了温度条件外，速度条件和负荷条件也很重要，如发动机功率的检测，需在一定的转速和负荷下进行；汽车制动距离的检测，需在一定的初速度和载荷下进行。对诊断参数的测量方法也有规定，如汽油车排气污染物的测量，采用怠速法或双怠速法进行等。没有规范的测量条件和测量方法，所测结果就无可比性，也就无法评价汽车的技术状况。所以，应把诊断参数及其测量条件、测量方法看成是一个不可分割的整体。

2. 检测参数标准

为了定量地评价汽车及其总成或机构的技术状况，确定维修的范围和深度，必须建立诊断参数标准，提供一个比较尺度，检测结果与标准值对照后，即可确定汽车是继续运行还是要进行维修。

诊断参数标准一般由初始值、许用值和极限值三部分组成。

1）初始值

初始值相当于无故障新车和大修车诊断参数值的大小，往往是最佳值，可作为新车和大修车的诊断标准。当诊断参数测量值处于初始值范围内时，表明诊断对象技术状况良好。

2）许用值

诊断参数测量值若在许用值范围内，则表明诊断对象技术状况虽发生变化，但尚属正常，无需修理，按要求维护即可继续运行，超过此值，应及时进行修理。

3）极限值

诊断参数测量值超过极限值后，表明汽车技术状况严重恶化，须进行修理。此时，汽车的动力性、经济性和环保性大大降低，行驶安全得不到保证，有关机件磨损严重，甚至可能发生机械事故。

可以看出，通过对汽车进行检测诊断，当诊断参数测量值在许用值以内时，汽车可继续运行；当诊断参数测量值达到或超过极限值时，须停止运行进厂维修。因此，将诊断参数测量值与诊断参数标准值比较，就可得知汽车技术状况。

随着经济的发展和技术的进步，诊断参数标准将会不断得以修正，在使用各类标准时，应及时采用最新的版本。

3．诊断周期

检测诊断周期是汽车检测的间隔期，以行驶里程或使用时间表示。检测周期的确定，应满足技术和经济两方面的条件，获得最佳检测周期。最佳检测周期是指能保证车辆的完好率最高而消耗的费用最少的检测周期。

确定最佳诊断周期既能使车辆在无故障状态下运行，又能使我国维修制度中"定期检测、强制维护、视情修理"的费用降至最低，因此要在"定期"上做好文章。

1）制定最佳检测周期应考虑的因素

制定最佳检测周期时，应考虑汽车技术状况，汽车使用条件，汽车检测诊断、维护修理、停驶损耗的费用等因素。

（1）汽车技术状况。

汽车新旧程度、行驶里程、技术状况等级不同，甚至使用性能、结构特点、故障规律、配件质量不等的情况下，制定的最佳检测周期显然也不会一样。凡是新车或大修车、行驶里程较少的车、技术状况等级为一级的车，其最佳检测周期长，反之则短。

（2）汽车使用条件。

它包括气候条件、道路条件、装载条件、驾驶技术、是否拖挂、燃润料质量等条件。凡是气候恶劣、道路状况极差、经常超载、驾驶技术不佳、拖挂行驶、燃润料质量得不到保障的汽车，其最佳检测周期短，反之则长。

（3）经济性。

它包括检测诊断、维护修理、停驶损耗的费用。若使检测诊断、维护修理费用降低，则应使最佳诊断周期延长，但汽车因故障停驶的损耗费用将增加。停驶损耗的费用和最佳诊断周期是一对矛盾，要认真处理。

2）最佳检测周期

大量统计资料表明，实现单位里程费用最小和技术完好率最高，两者是可以求得一致的。汽车二级维护前检测的最佳检测周期在 10 000～15 000 km 范围内，依据各地条件不同而选定。大修前的检测一般在大修间隔里程即将结束时结合二级维护前的检测进行。

4．汽车检测相关标准和法规

汽车诊断参数标准与其他标准一样，分为国家标准、行业标准、地方标准和企业标准四类。

1）国家标准

国家标准是国家制定的标准，冠以中华人民共和国国家标准（GB）字样。国家标准一般由某行业部委提出，由国家质量监督检验检疫总局发布，全国各级有关单位和个人都必须贯彻执行，具有强制性和权威性。如 GB 18565—2001《营运车辆综合性能要求和检验方法》、GB 3847—2005《车用压燃式发动机和压燃式发动机汽车排气烟度排放限值及测量方法》和 GB 7258—2004《机动车运行安全技术条件》等，都是国家标准，在对汽车进行检测时必须执行。

　　2）行业标准

行业标准也称为部委标准，是部级制定并发布的标准，在部委系统内或行业系统内贯彻执行，一般冠以中华人民共和国某某行业标准，也在一定范围内具有强制性和权威性，有关单位和个人也必须贯彻执行。如 GB/T 18344－2001《汽车维护、检测、诊断技术规范》、JT/T198－2004《营运车辆技术等级划分和评定要求》均为中华人民共和国交通行业标准，其与诊断有关的限值均可作为诊断参数标准使用。

　　3）地方标准

地方标准是省级、市级、县级制定并发布的标准，在地方范围内贯彻执行，也在一定范围内具有强制性和权威性，所属范围内的单位和个人必须贯彻执行。省、市、县三级除贯彻执行上级标准外，还可根据本地具体情况制定地方标准或率先制定上级没有制定的标准。地方标准中的限值可能比上级标准中的限值要求更严格。

　　4）企业标准

企业标准包括汽车制造厂推荐的标准、汽车运输企业和汽车维修企业内部制定的标准、检测仪器设备制造厂推荐的参考性标准三种类型。

汽车制造厂推荐的标准是汽车制造厂在汽车使用说明书中公布的汽车使用性能参数、结构参数、调整数据和使用极限等，可以把它们作为诊断参数标准来使用。该类标准是汽车制造厂根据设计要求和制造水平，为保证汽车的使用性能和技术状况而制定的。

汽车运输企业和维修企业的标准是本企业内部制定的标准，只在企业内部贯彻执行。该类标准除贯彻执行上级标准外，往往根据本企业的具体情况，制定一些上级标准中尚未规定的内容。企业标准中有些诊断参数的限值比上级标准还要严格，以保证汽车维修质量和树立良好的企业形象。企业标准须达到国家标准和上级标准的要求，同时允许超过国家标准和上级标准的要求。

检测仪器设备制造厂推荐的参考性标准是检测仪器设备制造厂针对本仪器或设备所检测的诊断参数，在尚没有国家标准和行业标准的情况下制定的诊断参数的限值，通过产品使用说明书提供给使用者，作为参考性标准。

任何一级标准的制定，都既要考虑技术性和经济性，又要考虑先进性，并尽量靠拢同类国际标准。

学习测试

一、填空题

（1）表征汽车技术状况的参数分为两类，一类是_____，另一类是_____。

（2）汽车检测可分为_____和_____。

（3）汽车诊断方法分为_____和_____。

（4）汽车诊断参数包括_____、_____和_____。

（5）汽车诊断参数标准可分为_____、_____、_____、_____。

（6）诊断周期是汽车诊断的间隔期，以＿＿＿＿＿＿或＿＿＿＿＿＿表示。

（7）制定最佳诊断周期应考虑的因素有＿＿＿＿、＿＿＿＿、＿＿＿＿。

二、判断题

（1）汽车的技术状况随着行驶里程的增加会越来越好。（　　）

（2）对于人工经验诊断法，诊断人员需有丰富的实践经验和一定的理论知识。（　　）

（3）人工经验诊断法的诊断准确性较高。（　　）

（4）伴随过程参数在发动机不工作时是可以测量的。（　　）

（5）诊断参数越精确越好。（　　）

（6）当诊断参数测量值处于初始值范围时，表明诊断对象技术状况良好。（　　）

（7）当诊断参数测量值处于极限值范围时，表明诊断对象技术状况变差，但还可以继续使用。（　　）

三、选择题

（1）发动机异响参数属于（　　）。

A. 工作过程参数　　　B. 伴随过程参数　　　C. 几何尺寸参数　　　D. 综合参数

（2）发动机功率参数属于（　　）。

A. 工作过程参数　　　B. 伴随过程参数　　　C. 几何尺寸参数　　　D. 综合参数

（3）汽车技术状况严重恶化，必须进行修理，说明诊断参数值已达到（　　）。

A. 初始值　　　　　　B. 许用值　　　　　　C. 极限值　　　　　　D. 检测值

（4）模/数转换器是（　　）。

A. I/O　　　　　　　B. ROM　　　　　　　C. ECU　　　　　　　D. A/D

四、问答题

（1）何谓汽车检测？汽车检测的目的是什么？

（2）汽车有哪些使用性能？什么是汽车的容载量？什么是汽车的质量利用系数？

（3）现代汽车检测的方法与过去有何不同？试述国内外汽车检测技术现状。

（4）汽车诊断参数的选择原则是什么？汽车诊断参数包含哪几种参数？制定最佳检测周期应考虑的因素是什么？

学习任务 2　汽车性能检测站认知

学习目标

（1）了解汽车检测站的任务及类型；

（2）掌握汽车检测站检测工艺流程；

（3）了解典型汽车检测线检测工位的主要检测内容。

任务分析

随着制造工业和交通运输业的迅速发展，汽车工业已成为当今社会的一大支柱产业，同时汽车保有量越来越大。用现代的、科学的、快速的、定量的、准确的和全面的手段检测并诊断汽车的技术状况，是保证汽车更好地发挥动力性、经济性、安全性、排放性、平顺性、操纵稳定性、可靠性等的重要手段。对汽车实施的不解体检测、诊断大都是在检测站的检测线上实施的。下面通过对汽车性能检测站的任务、分类、工艺流程以及汽车检测的一般程序等知识的学习，达到完成本任务的目的。

任务实施

【项目1】　汽车检测站的任务与类型认知

汽车检测站是综合运用现代检测技术，对汽车实施不解体检测、诊断的机构。它具有现代的检测设备和检测方法，能在室内检测出车辆的各种参数并诊断出可能出现的故障，为全面、准确评价汽车的使用性能和技术状况提供可靠的依据。

1. 汽车检测站的任务

汽车检测站的主要任务如下：

(1) 对在用运输车辆的技术状况进行检测诊断；

(2) 对汽车维修行业的维修车辆进行质量检测；

上述两项检测任务是由运输车辆管理部门和维修管理部门根据检测制度组织并委托的车辆检测。

(3) 接受委托，对车辆改装、改造、报废及其有关新工艺、新技术、新产品、科研成果等项目进行检测，提供检测结果。

(4) 接受公安、环保、商检、计量和保险等部门的委托，为其进行有关项目的检测，提供检测结果。

2. 汽车检测站的类型

按不同的分类方法，汽车检测站可以分为不同的类型。

1) 按服务功能分类

按服务功能分类，检测站可分为安全检测站、维修检测站和综合检测站三种。

安全检测站是按照国家规定的车检法规，定期检测车辆中与安全和环保有关的项目，以保证汽车安全行驶，并将污染降低到允许的限度。这种检测站对检测结果往往只显示"合格"、"不合格"两种，而不作数据显示和故障分析，因而检测速度快，生产效率高。如果自动化程度比较高，其年度检车量可达到数万辆次。检测合格的车辆凭检测结果报告单办理年审签证，在有效期内准予车辆行驶。这种检测站一般由车辆管理机关直接建立，或由车辆管理机关认可的汽车运输企业、汽车维修企业建立，也可多方联合建立。

维修检测站主要是从车辆使用和维修的角度，担负车辆维修前、后的技术状况检测。它能检测车辆的主要使用性能，并能进行故障分析与诊断。它一般由汽车运输企业或汽车维修企业建立。

综合检测站既能担负车辆管理方面的安全环保检测，又能担负车辆维修方面的技术状况检测，还能承接科研或教学方面的性能试验和参数测试。这种检测站设备多而配套，自动化程度高，数据处理迅速准确，因而功能齐全，检测项目广且深度大，可为合理制定诊断标准、诊断周期，以及为科研、教学、设计、制造和维修等部门提供可靠依据，并能担负对检测设备的精度测试。

2）按规模大小分类

按规模大小分类，检测站可分为大、中、小三种类型。

大型检测站检测线多、自动化程度高，年检能力大，且能检测多种车型。大型综合检测站可成为一定地区范围内的检测中心。

中型检测站至少有两条检测线，目前国内建成或正在筹建的检测站多为这种类型。

小型检测站主要指那些服务对象单一的检测站。如规模不大的安全检测站和维修检测站就属于这种类型，它不能担负更多的检测任务。这种检测站设有一条或两条作用相同的检测线。如果是一条检测线，则其往往能兼顾大、小型车的检测；如果是两条检测线，则其中一条线往往是专检小型车，而另一条线大小型车兼顾。这种规模的检测站在国外较为常见。有些检测站虽然服务对象单一，但站内设置的检测线较多，因而不应再称为小型检测站。如日本，把拥有四条安全环保检测线的检测站视为中型检测站。

3）按自动化程度分类

按检测线的自动化程度分类，检测站可分为手动式、半自动式和全自动式三种类型。手动检测站的各检测设备，由人工手动控制检测过程，从各单机配备的指示装置上读数，笔录检测结果或由单机配备的打印机打印检测结果，因而占用人员多，检测效率低，读数误差大，多适用于维修检测站。

全自动检测站利用微机将检测线上各检测设备连接起来，除车辆上部和下部的外观检查工位仍需人工检查外，能自动控制其他所有工位上的检测过程，使设备的启动与运转、数据采集、分析判断、存储、显示和集中打印报表等全过程实现自动化。检测长可坐在主控制室内通过闭路电视观察各工位的检测情况，并通过检测程序向各工位受校车辆的驾驶员和检测员发出各种操作指令，每一项检测结果均能在主控制室内的显示器和各工位上的检验程序指示器上同时显示，因而检测长、各工位检测员和驾驶员均能随时了解每一项检测结果。

由于全自动检测站自动化程度高，检测效率高，能避免人为判断错误，因而获得了广泛应用，目前国内外的安全检测站多为这种型式。

半自动检测站的自动化程度或范围介于手动和全自动检测站之间，一般是在原手动检测站的基础上使部分检测设备（如侧滑试验台、制动试验台、车速表试验台等）进行微机联网以实现自动控制，而另一部分检测设备（如烟度计、废气分析仪、声级计等）仍然设计成手动操作。当微机联网的检测设备因故不能进行自动控制时，各检测设备仍可手动使用。

4）按站内检测线数分类

按站内检测线数分类，检测站可分为单线检测站、双线检测站、三线检测站等多种类型。总之，站内有几条检测线，就可以称为几线检测站。如日本某陆运事务所的检测站有八条检测线，可称为八线检测站。

5）按所有制分类

按所有制分类，检测站可分为全民所有（国家经营）检测站、集体所有（集体经营）检测站和个体所有（私人经营）检测站三种类型。如日本，就有国家车检场和民间车检场之分，我国也已出现集体企业建立的检测站。

6）综合检测站按职能分类

综合检测站按职能可分成 A 级站、B 级站和 C 级站三种类型，职能如下：

A 级站：能全面承担检测站的任务，即能检测车辆的制动、侧滑、灯光转向、前轮定位、车速、车轮动平衡、底盘输出功率、燃料消耗、发动机功率和点火系状况，及异响、磨损、变形、裂纹、噪声、废气排放等状况。

B 级站：能承担在用车辆技术状况和车辆维修质量的检测，即能检测车辆的制动、侧滑、灯光、转向、车轮动平衡、燃料消耗、发动机功率和点火系状况，及异响、变形、噪声、废气排放等状况。

C 级站：能承担在用车辆技术状况的检测，即能检测车辆的制动、侧滑、灯光、转向、车轮动平衡、燃料消耗、发动机功率及异响、噪声、废气排放等状况。

【项目 2】 汽车检测站检测工艺流程认知

1. 检测线工位与检测项目

检测站主要由一条或数条检测线组成。安全检测站一般由一条或数条安全环保检测线组成。其中，一条为大、小型汽车通用自动检测线，另一条为小型汽车（轴重 500 kg 或以下）的专用自动检测线。除此以外，还配备一条新车检测线，以供对新车登录、检测之用。维修检测站一般由一条或数条综合检测线组成。

综合检测站一般由安全环保检测线和综合检测线组成，可以各为一条，也可以各为数条。我国交通系统建成的检测站大多属于综合检测站，一般由一条安全环保检测线和一条综合检测线组成。

1）安全环保检测线

国产 5 工位全自动安全环保检测线如图 1-2 所示。5 工位一般是汽车资料输入及安全装置检查工位、侧滑制动车速表工位、灯光尾气工位、车底检查工位、综合判定及主控制室工位。安全环保检测线不管工位如何划分，也不管工位顺序如何编排，其检测项目是固定的，因而均布置成直线通道式，以利于进行流水作业。

检测流程即某一汽车接受检测的全过程。以目前国内大多数检测站所采用的设备即如图1-2 所示检测线布置为例进行说明。检测方法所依据的标准是目前通用的 GB 7258-2004《机动车安全技术条件》。应该指出，国内有些检测站采用了平板式制动试验台取代图中滚筒式制动试验台，或依据其他标准进行检测，其检测过程和方法都可能与此不同。

（1）受检车辆上线前的准备。

① 确认工控机都已打开，并且连接正常；

② 登录程序打开控制界面；

③ 填写车辆数据，如图 1-3 所示；

④ 检查无误后发送数据。

（2）汽车检测流程。

① 第一工位——安全装置检查工位。受检车辆根据 LED 工位指示器提示，驶入第一工位进行汽车上部的灯光和安全装置的外观检查（Lamps and Safety Device Inspection），可简称为 L 工位。检查内容如表 1.3 所示。

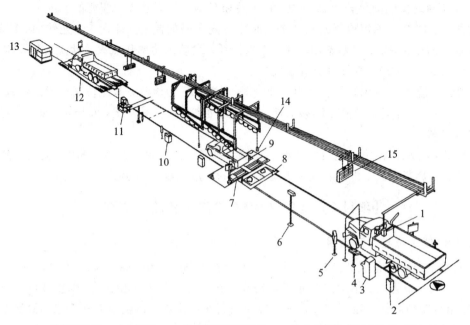

1—进线指示灯；2—烟度计；3—汽车资料登录微机；4—安全装置检查不合格项目输入键盘；
5—烟度计检验程序指示器；6—电视摄像机；7—制动试验台；8—侧滑试验台；9—车速表试验台；
10—废气分析仪；11—前照灯检验仪；12—车底检查工位；13—主控制室；
14—车速表检测申报开关；15—检验程序指示器

图 1-2　国产 5 工位全自动安全环保检测线

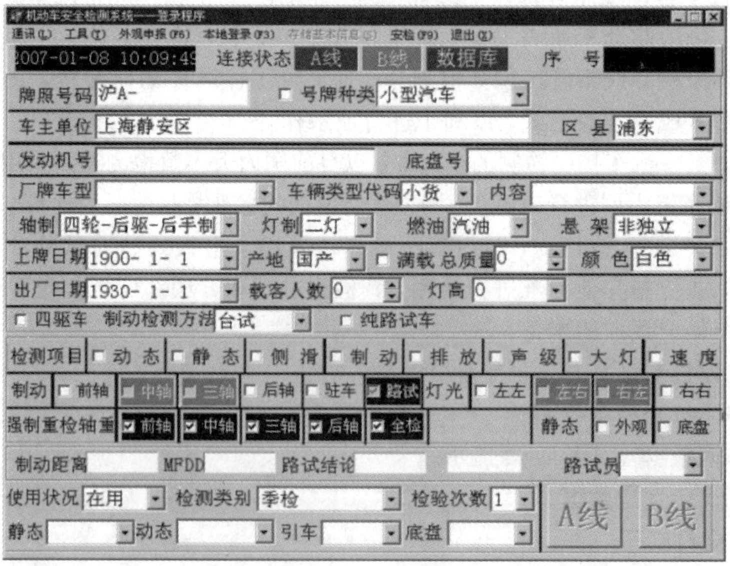

图 1-3　车辆数据表

表 1.3　车上部外观检查项目

序号	检查项目	序号	检查项目
1	远光灯	16	离合器、变速器
2	近光灯	17	制动踏板自由行程
3	制动灯	18	转向器自由转动量
4	倒车灯	19	驻车制动操纵杆
5	牌照灯	20	油箱、油箱盖
6	示宽灯、辅助灯、标志灯	21	挡泥板
7	室内灯	22	防护网及连接装置
8	车厢、座位	23	电器导线
9	车门、车窗	24	起动机
10	车身、漆面	25	发电机、蓄电池
11	后视镜、下视镜、侧视镜	26	灭火器
12	挡风玻璃	27	仪表、仪表灯
13	雨刮器	28	机油压力报警器
14	喇叭	29	半轴螺栓
15	轮胎、轮胎螺栓	30	座椅安全带

② 第二工位——侧滑制动车速表工位。第一工位检查完毕后，根据 LED 工位指示器提示，受检车辆驶入第二工位进行侧滑制动车速表检测。本工位由侧滑检测（Alignment Inspection）、轴重检测（Weight Inspection）、制动检测（Brake Test）和车速表检测（Speedmeter Test）组成，简称 ABS 工位。

受检车进入第二工位后，若是一般后驱动，后驻车制动（手制动作用在后轮）的车，则可按以下程序进行：

• 侧滑检测：让汽车低速驶过侧滑试验台，此时不可转动转向盘。通过后，第二指示器即可显示侧滑检测结果。

• 将前轮驶上轴重仪测量前轴重。

• 将前轮驶上制动试验台测量前轴制动力。按工位指示器的提示，将制动踏板踩到底，即可测得前轴制动效果，指示器会显示检测结果。若结果不合格，则允许重测一次。

• 后制动检测时，将后轮驶上制动试验台，按指示器的提示踩住制动踏板，指示器会显示后制动结果。若不合格，则允许重测一次。

• 测量驻车制动（手制动）方法与测量前、后轮制动相同。可按指示器的提示拉住手制动杆。若不合格，则允许重测一次。

• 校验车速表时，将后轮驶上车速表试验台，驾驶员手持测试按钮，慢踩加速踏板（油门），当车速表指示 40 km/h 时按下测试按钮，指示器可显示检测结果。若不合格，则允许重测一次。测完后松开加速踏板，使车轮停转。

• 测试喇叭音量或噪声时，按提示要求按喇叭约 2 s，或按要求测量车内噪声。测完后，指示器会显示检测结果。

注意：检测顺序与驱动轮的位置和驻车制动器安装位置有关。处理的原则是测完前轮的项目之后，再测后轮的项目，以免车辆倒退。

③ 第三工位——灯光尾气工位。本工位主要由前照灯检测（HeadLight Test）、排气检测（ExhaustGas Test）、烟度检测（DieselSmoke Test）和喇叭声级检测（NoiseTest）组成，简称 HX 工位。

受检车进入该工位后，按以下步骤操作：

• 将汽车停在与前照灯检测仪一定距离处（一般距离是 3 m），面向正前方。前照灯仪会自动驶入，分别测量左、右灯远光的发光强度和照射方向。检测结果会在工位指示器上显示。

• 按指示器要求检测废气或烟度。测废气时，令发动机处于怠速状态，将探头插入排气管，几秒钟之后，指示器即显示检测结果。测烟度时，应在发动机怠速状态下，将加速踏板迅速踩到底，几秒钟之后，指示器也会显示检测结果。烟度检测要求测三次，取平均值。

此时若第四工位无车，则指示器会提示受检车进入第四工位。

④ 第四工位——车底检查工位。车底检查（Pit Inspection）工位简称 P 工位，如表 1.4 所示。此工位以人工方式检查车底情况，如部件连接是否牢固，有无变形、断裂，水、电、油、气有无泄漏等。检测人员通过对讲机或自制的按钮板等设备，将结果送至主控微机。

表 1.4　车底检查项目

序号	检查项目	序号	检查项目
1	发动机及其连接	16	油路、气路、电路
2	车架	17	储气筒
3	前梁	18	传动轴、万向节、伸缩节
4	转向器的转向轴及其万向节	19	中间支承
5	转向器支架	20	离合器及操纵机构
6	转向垂臂	21	变速器
7	转向器	22	主传动器
8	转向主销及其轴承	23	避振器
9	纵横拉杆	24	钢板弹簧夹及 U 形螺栓
10	前悬挂连接	25	排气管及消声器
11	前吊耳销子	26	制动系拉杆、驻车制动器
12	后悬挂连接	27	后桥壳
13	后吊耳销子	28	缓冲器、保险杠、牵引钩
14	各部杆系	29	漏油、漏水、漏气、漏电
15	各种软管	30	油箱、蓄电池等的固定

⑤ 综合判定及主控制室工位。汽车到达本工位时，检测项目已全部检测完毕，主控制微机对各工位检测结果进行综合判定后，由打印机集中打印检测结果报告单，并由检测长送给被检车汽车驾驶员。检测清单的样式如表 1.5 所示。

表 1.5　机动车安全技术检验报告(正面)

代号:×××　检验日期:××××××　检验流水号:×××　资格许可证号:××××

电话:××××××

号牌(自编)号		所有人			
号牌种类		车辆类型		品牌/型号	
VIN(出厂编号)		发动机号		燃料类别	
驱动形式		驻车轴		转向轴悬架形式	
前照灯制		前照灯远光光束能否单独调整			
初次登记日期		出厂年月		里程表读数	
检验类别		检验项目		登录员	引车员

代号	台试检测项目		轮(轴)荷/kg		最大制动力/10 N		过程差最大差值点/10 N		制动率/%	不平衡率/%	阻滞率/%		项目判定	单项次数
			左	右	左	右	左	右			左	右		
B 制 动 *	制动 *	一轴												
		二轴												
		三轴												
		四轴												
		驻车												
		整车												
	动态轮荷(左/右)/kg		一轴　/		二轴　/		三轴　/			四轴　/				

H 前照灯	项目	远光发光强度 * /cd	远光偏移		近光偏移		灯中心高/mm
			垂直/(mm/10 m)	水平/(mm/10 m)	垂直/(mm/10 m)	水平/(mm/10 m)	
	左外灯						
	左内灯						
	右外灯						
	右内灯						

X 排放 *	高怠速	CO/%	HC/10^{-6}	λ		怠速	CO/%	HC/10^{-6}
	排气烟度	①	②	③		平均值		

S	车速表					km/h
A	侧滑					m/km

路试制动性能 *				路试检验员		
人工检验项目	不合格否决项(打编号)		不合格建议维护项(打编号)		检验员	
1	车辆外观检查					
2	底盘动态检验					
3	车辆底盘检查					
检验结论		批准人		整车判定/总检次数		
备注		送检人(签字)		单位盖章	×××××××检测站	

重要提示:《道路交通安全法》规定,上道路行驶的机动车未放置有效检验合格标志的,公安机关交通管理部门将扣留机动车并处以罚款。检验合格后请及时到公安机关交通管理部门办理相关手续并领取检验合格标志,有不合格建议维护项时,请及时调修车辆。

2）综合检测线

综合检测线有两种类型：一种是全能综合检测线，另一种是一般综合检测线。其中全能综合检测线设有包括安全环保检测线在内的比较齐全的工位，通常设有外观检查及四轮定位工位、制动工位、底盘测功工位。

外观检查及四轮定位工位的检测项目有汽车外观检查、轮胎平衡检验、车轮定位检查、前轮侧滑量检测、转向系检测、底盘松旷量检查、传动系游动间隙检测。

制动工位的检测项目有轴重、各轮制动力、制动力平衡、车轮阻滞力、驻车制动力、制动系协调时间。

底盘测功工位的检测项目有底盘测功、车速表校验、油耗测量、排放检测、电气检测、发动机各大系统综合检测、前照灯检验、噪声测定。

一般综合检测线，其工位的设置不包括安全环保检测线的主要检测项目，它主要由底盘测功、发动机检测及四轮定位检测工位组成。

2. 检测站工艺路线

一个独立而完整的检测站，汽车进站后的工艺路线如图 1-4 所示。

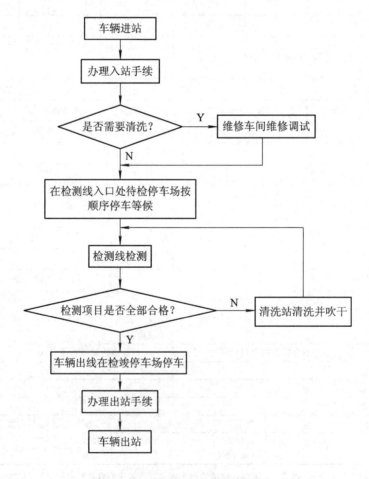

图 1-4　检测站工艺路线流程图

3. 检测线工艺路线

1）安全环保检测线

（1）手动式。其工艺路线流程图如图 1-5 所示。

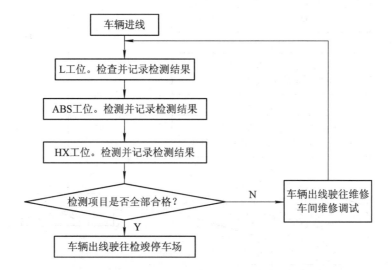

图 1-5　手动式安全环保检测线工艺路线流程图

（2）全自动式。其工艺路线流程图如图 1-6 所示。

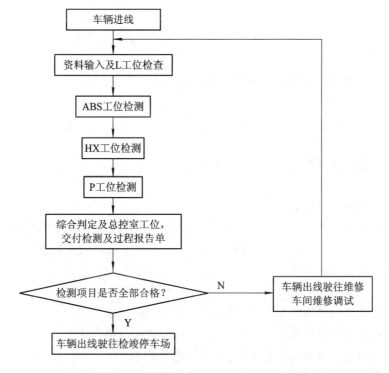

图 1-6　全自动式安全环保检测线工艺路线流程图

2）综合检测线

其工艺路线流程图如图 1-7 所示。

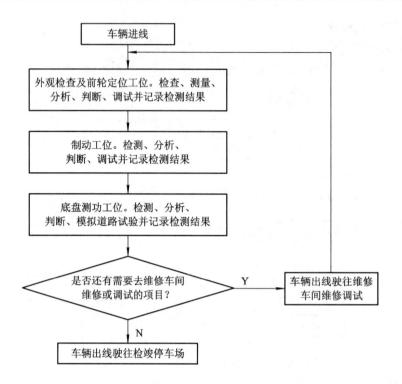

图 1-7　综合检测线工艺路线流程图

学习测试

一、填空题

（1）按服务功能分类，汽车检测站可分为_____、_____、_____三种类型。

（2）按规模大小分类，汽车检测站可分为_____、_____、_____三种类型。

（3）按自动化程度分类，汽车检测站可分为_____、_____、_____三种类型。

（4）综合检测站按职能分类，可分为_____、_____、_____。

（5）外观检查及四轮定位工位的检测项目有汽车外观检查、轮胎平衡检验、车轮定位检查、_____、_____、底盘松旷量检查、传动系游动间隙检测。

（6）综合检测线有两种类型：一种是_____，另一种是_____。

二、判断题

（1）维修检测站对检测结果往往只显示"合格"与"不合格"。（　　）

（2）环保检测站对检测结果往往只显示"合格"与"不合格"。（　　）

（3）我国实行定期检查、视情维护、强制修理的方法。（　　）

（4）C极检测站能对底盘输出功率、裂纹等状况进行检测。（　　）

三、选择题

（1）只能承担在用车辆技术状况检测的汽车综合检测站是（　　）。

A. A 级站　　　　　B. B 级站　　　　　C. C 级站　　　　　D. D 级站

（2）汽车综合性能检测站把各检测项目及设备按几个组合工位进行排列的工艺布局方式称为（　　）。

A. 单线综合式　　　B. 双线综合式　　　C. 工位综合式　　　D. 性能综合式

（3）发动机综合性能检测装置由（　　）组成。

A. 信号提前系统　　B. 信号处理系统　　C. 采控显示系统　　D. A/D 转换器

四、问答题

（1）汽车检测站的任务是什么？

（2）请画出全自动式工艺路线流程图？

综合实训 1　汽车检测站见习

1. 实训目的和要求

（1）了解汽车检测站的类型、工艺布局和检测线的工位布置与设备配置；

（2）了解汽车检测站的检测内容和检测工艺流程；

（3）了解车辆检测员岗位责任；

（4）掌握汽车检测相关标准与法规。

2. 实训内容简述

实训内容主要包括以下两个方面：

（1）参观汽车检测站。

（2）学习汽车检测相关的标准与法规。

模块 2　汽车动力性与检测

学习任务 1　汽车动力性理论认知

学习目标

（1）掌握汽车行驶过程中的受力情况；

（2）能说出汽车动力性评价指标；

（3）理解汽车行驶的驱动条件；

（4）能看懂汽车驱动力－行驶阻力平衡图、动力特性图及功率平衡图；

（5）会分析汽车动力性的主要影响因素。

任务分析

要想了解一辆汽车的基本性能，就必须首先了解其动力性。那么，汽车动力性应从哪些方面去了解？有哪些指标是反映其动力性的？如何确定汽车的动力性指标？有哪些手段能帮助我们分析汽车的动力性？影响汽车动力性的主要因素有哪些？本模块的主要任务是围绕上述问题介绍汽车动力性相关的理论知识。

任务实施

【项目 1】　汽车动力性的评价指标认知

汽车的动力性是指汽车能够达到的最高行驶车速、加速和爬坡能力。不同动力性的汽车在相同的路况和外界环境下所能达到的最大平均行驶速度不同，汽车平均行驶速度的提高会直接提高汽车的运输效率。因此，汽车的动力性是汽车各种性能中最基本和最重要的性能。汽车的平均行驶速度是汽车动力性的总指标。从尽可能获得高的平均行驶速度的观点出发，汽车的动力性主要由三方面的指标来评定，即最高车速、加速性能和上坡能力。

1. 汽车的最高车速

最高车速是指汽车以额定最大总质量，在风速≤3 m/s 的条件下，在干燥、清洁、平直良好路面（混凝土或沥青）上所能达到的最高稳定行驶速度 v_{amax}，它对于长途运输车辆的平均行驶速度的影响最大。

2. 汽车的加速性能

汽车的加速性能是指汽车在各种使用条件下迅速增加行驶速度的能力。它对于市区运输车辆的平均行驶速度有很大影响，轿车对加速能力尤其重视。加速性能在理论上用加速度 j 来评定，而在实际试验中通常用汽车加速时间来评价。

加速时间是指汽车以额定最大总质量，在风速≤3 m/s 的条件下，在干燥、清洁、平直良好路面（混凝土或沥青）上由某一低速加速到某一高速所需的时间。常用原地起步加速时间和超车加速时间来表明汽车的加速能力。

原地起步加速时间指汽车由 I 挡或 II 挡起步，并以最大的加速强度（包括选择恰当的换挡时间）逐步换至最高档后到某一预定的距离或车速所需的时间。

超车加速时间是指用最高挡或次高挡由某一低车速全力加速到某一高速所需的时间。因为超车时汽车与被超车辆并行，容易发生安全事故，所以超车加速能力强，并行距离短，行驶就安全。

3. 汽车的上坡能力

汽车的上坡能力对于在山区行驶车辆的平均行驶速度有很大的影响，通常用最大爬坡度来表示。最大爬坡度 i_{max} 是指汽车满载时用变速器最低挡位在风速≤3 m/s 的条件下，在干燥、清洁良好路面（混凝土或沥青）上等速行驶所能克服的最大道路纵向坡度。在坡度不长的道路上，利用汽车加速惯性能通过的坡度称为极限坡度。在各种车辆中，越野车的最大爬坡度 i_{max} 最大，货车次之，轿车一般不强调爬坡度。

【项目 2】　汽车行驶过程的受力分析

要确定汽车动力性指标，首先必须对汽车在行驶过程中的受力情况进行分析。因为汽车沿行驶方向的各种运动情况，是由其作用于汽车行驶方向的各种外力作用的结果。作用在汽车行驶方向的外力有汽车的驱动力和行驶阻力。根据这些力的平衡关系建立汽车行驶方程式，就可以讨论汽车的动力性。

1. 汽车的驱动力

汽车发动机产生的转矩 M_e，经过汽车传动系传到驱动轮上，此时作用在驱动轮上的转矩 M_t 便产生一个对地面向后的圆周力 F_0。根据作用力与反作用力原理，地面对驱动轮产生一个向前的反作用力 F_t，F_t 即为驱动汽车的外力，称为汽车的驱动力，如图 2-1 所示，其大小为

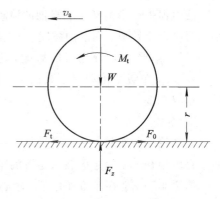

$$F_t = \frac{M_t}{r} \qquad (2-1)$$

式中：M_t——作用于驱动轮上的转矩（N·m）；

　　　r——车轮半径（m）。

图 2-1　汽车的驱动力

若发动机输出的有效转矩为 M_e，变速器的传动比为 i_k，主减速器的传动比为 i_0，传动系的效率为 η_T，则上式可表示为

$$F_t = \frac{M_e i_k i_0 \eta_T}{r} \qquad (2-2)$$

对于装有分动器、轮边减速器和液力传动等装置的汽车，应计入相应的传动比和机械效率。

由上式可知，汽车的驱动力 F_t 与发动机的转矩、传动系的各传动比、传动系的机械效率成正比，与车轮半径成反比。下面对公式中的 M_e、η_T 及 r 的取值进行讨论，最后作出驱动力图。

1）发动机转矩 M_e

发动机的转矩可根据其使用外特性确定。使用外特性曲线的绘制是带上全部附件的发动机在试验台架完成的。

严格地讲，台架试验是在发动机工况相对稳定，即保持水、机油温度于规定的数值，并且在各个转速不变时测得的转矩、油耗数值。在实际使用中，发动机的工况常是不稳定的。发动机的热状况、可燃混合气的浓度与台架试验有显著差异。所以在不稳定工况下，发动机所提供的功率要比稳定工况时低 5%～8%，电喷发动机要下降得少一些。但由于发动机变工况时功率不易测量，因此在进行动力性估算时，一般沿用台架试验稳定工况时所测得的使用外特性中的功率和转矩曲线。

2）传动系的机械效率

发动机的有效功率为 P_e，经传动系在传动过程中的损失功率为 P_T，则驱动轮得到的功率仅为 $P_e - P_T$，那么传动系机械效率定义为

$$\eta_T = \frac{P_e - P_T}{P_e} = 1 - \frac{P_T}{P_e} \qquad (2-3)$$

传动系内损失的功率 P_T 是在离合器、变速器、传动轴、主减速器、驱动轮轴承等处机械损失和液力损失功率的总和，其中变速器和主减速器损失的功率所占比例最大。

机械损失是指齿轮传动副、轴承、油封等处的摩擦损失，其大小主要决定于啮合的齿轮对数、传递转矩的大小及装配加工的精度等。

液力损失是指消耗于润滑油的搅动、润滑油与旋转零件表面的摩擦等功率损失。其大小主要决定于转速、润滑油黏度、工作温度和油面的高度等。

虽然 η_T 受到多种因素的影响，但在计算动力性时，只把它取为常数。一般轿车取 0.9～0.92，单级主传动货车取 0.85，驱动形式为 4×4 的汽车取 0.85，驱动形式为 6×6 的汽车取 0.8。

3）车轮半径

充气轮胎的车轮，在不同状况下有不同的半径。

自由半径 r_0：处于无载状态下的车轮半径。

静力半径 r_s：在车重作用下，轮心到地面的距离。

滚动半径 r_r：在满载行驶状态下，根据车轮滚过的圈数 n_w 和汽车驶过的距离 $s(m)$，由下式计算出来的半径：

$$r_r = \frac{s}{2\pi n_w} \qquad (2-4)$$

显然，对汽车作运动学分析时，应用滚动半径；而作动力学分析时，应用静力半径。作

粗略分析时，通常不计其差别，统称车轮半径 r，即认为

$$r_r \approx r_s \approx r$$

2. 汽车的行驶阻力

汽车在水平道路上等速行驶时必须克服来自地面的滚动阻力 F_f 和来自空气的空气阻力 F_w；当汽车在坡道上上坡行驶时，还必须克服重力沿坡道的分力，称为上坡阻力 F_i；汽车加速行驶时还需克服其惯性力，称为加速阻力 F_j。因此，汽车行驶的总阻力为

$$\sum F = F_f + F_w + F_i + F_j \tag{2-5}$$

$$F_f = G \cdot f$$

$$F_w = \frac{C_D A v_a^2}{21.15}$$

上述诸阻力中滚动阻力和空气阻力是在任何行驶条件下均存在的。上坡阻力和加速阻力仅在一定行驶条件下存在，在水平道路上等速行驶时就没有加速阻力和上坡阻力。

1）滚动阻力

（1）滚动阻力的产生。

滚动阻力是当车轮在路面上滚动时，两者之间的相互作用力以及相应的轮胎和支承面变形所产生的能量损失的总称。它包括：① 道路塑性变形损失；② 轮胎弹性迟滞损失；③ 其他损失，如轴承、油封损失，悬架零件间摩擦和减振器内损失等。

汽车在松软路面上行驶时，滚动阻力主要是由路面变形引起的，如图 2-2 所示；汽车在硬路面上行驶时，滚动阻力主要是由轮胎变形引起的，如图 2-3 所示。

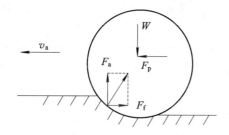

图 2-2　从动轮在软路面上滚动

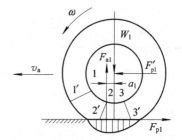

图 2-3　从动轮在硬路面上滚动

（2）滚动阻力的计算。

汽车滚动阻力构成非常复杂，难以精确计算，而且驱动轮与从动轮也不完全相同。在一般计算中，汽车滚动阻力按下式计算：

$$F_f = G \cdot f \tag{2-6}$$

式中：F_f——滚动阻力；

　　　G——汽车总重；

　　　f——滚动阻力系数。

滚动阻力系数表示了单位车重的滚动阻力。汽车在不同路面上的滚动阻力系数值不等。

（3）影响滚动阻力系数的因素。

滚动阻力系数的数值由试验确定。其数值与轮胎(结构、材料、气压)、道路(路面的种

类与状况)及使用条件(行驶速度与受力情况)有关。

① 轮胎的结构、帘线及橡胶品种对滚动阻力都有影响。在保证轮胎有足够的强度和寿命的前提下,减少帘布层数,可以使胎体减薄而减小滚动阻力系数。子午线轮胎因帘线层数少,因此其滚动阻力系数较一般轮胎的滚动阻力系数小,而且随车速的变化小。胎面花纹磨损的轮胎,比新轮胎的滚动阻力系数小。

② 轮胎气压对滚动阻力系数影响很大。气压降低时,在硬路面上轮胎变形大,因此滚动阻力系数增大;气压过高,在软路面上行驶时,路面将产生很大的塑性变形,并留下轮辙,同样使滚动阻力系数增大。

③ 路面的种类和状况不同,可使滚动阻力系数在很大范围内变化。坚硬、平整而干燥的路面,滚动阻力系数最小。路面不平,滚动阻力系数将成倍增长。这是因为路面不平会引起轮胎和悬挂机构的附加变形及减振器内产生的阻力要成倍地消耗能量。松软路面由于塑性变形很大,因而使滚动阻力系数增加很多。车速在 50 km/h 以下时,不同路面上的滚动阻力系数值见表 2.1。

表 2.1 滚动阻力系数的数值表

路面类型	滚动阻力系数	路面类型	滚动阻力系数
良好的沥青或混凝土路面	0.010～0.018	压紧土路	0.050～0.150
一般的沥青或混凝土路面	0.018～0.020	泥泞土路(雨季或解冻期)	0.100～0.250
碎石路面	0.020～0.025	干沙	0.100～0.300
良好的卵石路面	0.025～0.030	湿沙	0.060～0.150
坑洼的卵石路面	0.035～0.050	结冰路面	0.015～0.030
压紧土路(干燥的)	0.025～0.035	压紧的雪道	0.030～0.050

④ 行车速度对滚动阻力系数影响很大。如图 2-4 所示,车速在 100 km/h 以下时,滚动阻力系数变化不大;车速在 100 km/h 以上时,滚动阻力系数增长较快;当车速达某一高速时,如 150～200 km/h 左右,滚动阻力系数迅速增长,因为这时轮胎将发生驻波现象,即轮胎周缘不再是圆形而呈明显的波浪状,出现驻波后,滚动阻力系数显著增加。而且轮胎的温度也很快增加,胎面与轮胎帘布层会产生脱落,出现爆破形象,这对高速行驶车辆很危险。

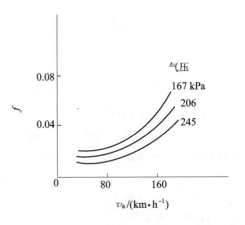

图 2-4 滚动阻力系数与行车速度的关系

在进行汽车动力性分析时,一般取良好硬路面的滚动阻力系数值。对于轿车,当 $v_a < 50$ km/h 时,$f = 0.0165$;当 $v_a > 50$ km/h 时,f 值可按下式估算:

$$f = 0.0165[1 + 0.01(v_a - 50)] \tag{2-7}$$

货车轮胎气压高,行驶速度低,其估算公式为

$$f = 0.0076 + 0.000056 v_a \tag{2-8}$$

在使用中如轮胎气压不足，前后轴的平行性差，前轮定位失准等，都会使滚动阻力系数增加。当有侧向力作用时，地面对轮胎产生侧向反作用力，引起轮胎的侧向变形，滚动阻力系数将大幅度增加，例如在转弯行驶时。

应用表 2.1 时，对于轿车，轮胎气压较低，轮胎变形较大，其滚动阻力系数值应偏向上限；对于载货汽车，轮胎气压较高，其滚动阻力系数值应偏向下限。

2）空气阻力

汽车在空气介质中行驶时，受到的空气作用力在行驶方向上的分力称为空气阻力。

（1）空气阻力的组成。空气阻力包括摩擦阻力和压力阻力两大部分。

摩擦阻力是指空气的黏性在车身表面产生的切向力的合力在行驶方向的分力。摩擦阻力与车身表面粗糙度及表面积有关。

压力阻力是作用在汽车外形表面上的法向压力的合力在行驶方向上的分力。它包括下列四部分：

① 形状阻力：汽车行驶时，空气流经车身，在汽车前方的空气相对被压缩，压力升高，车身尾部和圆角处的空气压力较低，形成涡流，引起负压，由汽车前、后部压力差所引起的阻力称为形状阻力。形状阻力的大小与车身主体形状有很大关系，例如车头、车尾的形状及挡风玻璃的倾角等。

② 干扰阻力：突出于车身表面的部分所引起的空气阻力，如门把手、后视镜、翼子板、悬架导向杆、驱动轴等。

③ 诱导阻力：汽车上、下部压力差（即升力）在水平方向的分力。

④ 内循环阻力：发动机冷却系、车身内通风等需空气流经车体内部时形成的阻力。

以上五种阻力的合力在汽车行驶方向上的分力即为空气阻力。以轿车为例，这几部分阻力所占比例如表 2.2 所示。

表 2.2　空气阻力组成

组成	摩擦阻力	形状阻力	干扰阻力	诱导阻力	内循环阻力
比例	8%～10%	55%～60%	12%～18%	5%～8%	10%～15%

（2）空气阻力的计算。

在汽车行驶速度范围内，根据空气动力学原理，空气阻力的数值通常由下式确定：

$$F_w = \frac{1}{2} C_D A \rho v_r^2 \tag{2-9}$$

式中：C_D——空气阻力系数，主要取决于车身形状；

　　　A——汽车迎风面积（m^2）；

　　　ρ——空气密度，$\rho = 1.2258\ N \cdot S^2 \cdot m^{-4}$；

　　　v_r——汽车与空气的相对速度。

如果汽车在无风的情况下以 v_a km/h 的速度行驶，则上式为

$$F_w = \frac{C_D A v_a^2}{21.15} \tag{2-10}$$

上式表明，空气阻力与空气阻力系数 C_D 及迎风面积 A 成正比。为了保证必须的乘坐空间，A 值不能过多地减少。所以，从结构上降低空气阻力时，主要应从降低空气阻力系

数 C_D 入手。

（3）空气阻力系数 C_D。C_D 值的大小和汽车外形关系极大，这要求汽车外形的流线型好。C_D 值可通过风洞试验测定。根据现代空气动力学的原理，轿车车身常采用下列方法降低 C_D 值，如图 2-5 所示。

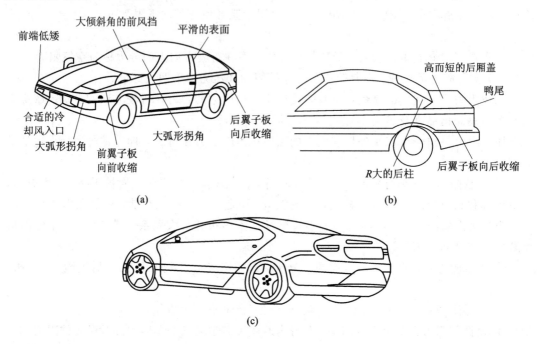

图 2-5　轿车车身常采用的降低 C_D 值的方法

① 整车。

• 在汽车侧视图上，应前低后高，使车身呈 1°～2° 的负迎角。这样可减少流入车底的空气量，使 C_D 值下降，并可减少升力。

• 在俯视图上，车身两侧应为腰鼓形，前端呈半圆状，后端有些收缩。

② 车身前部。

• 发动机罩向前下方倾斜，面与面的交接处为大圆弧的圆柱面。

• 挡风玻璃为圆弧状，尽可能躺平且与中部拱起的车顶盖圆滑过渡。前窗与水平线夹角为 30° 左右时，C_D 值最低。

• 前后玻璃支柱应圆滑，窗框高出玻璃面的程度应尽可能小。

• 用埋入式大灯、小灯、雨刷和门把，灯的玻璃罩与车头车尾组成圆滑的整体。

• 后视镜等突出物的形状应接近流线型。

• 拱形保险杆与车头连成连续圆滑的整体。

• 在保险杆之下的车头处，安装适当长度的向前或前下方伸出的阻流板，虽然它本身会产生一定的阻力，但它能抑制车头处较大涡流的产生。

③ 汽车后部。

• 在汽车侧视图上，后窗玻璃与水平线呈 25° 夹角以下的称为快背式车身；呈 25°～50° 夹角的称为舱背式车身。最好采用快背式或舱背式。

· 在其后端装有凸起的扰流板。它具有阻滞作用，使流过车身上表面气流的速度降低，从而降低了垂直于后窗表面的负压力的绝对值，使空气阻力减小。

· 在外观上有行李厢的称为折背式车身，它的后窗玻璃与水平线应尽可能呈 30°角，并采用短而高的行李厢。

④ 车身底部。

· 所有零部件在车身下应尽量齐平，最好有平滑的底板盖住底部。

· 盖板从车身中部或从车轮以后上翘约为 6°角，这样可顺利地引导车身下的气流流向尾部，减少在车尾后形成的涡流，使 C_D 值下降。

⑤ 发动机冷却进风系统。恰当地选择进出风口位置、尺寸和形状，很好地设计通风道，在保证冷却效果的前提下，尽量减少气流内循环阻力。

随着汽车的速度不断提高，汽车的 C_D 值在不断地降低，如奥迪 100 - Ⅲ型轿车在 Ⅱ型基础上采用优化措施，使 C_D 值由原来的 0.42 降至 0.30。预计在不久的将来，实际使用的轿车 C_D 值可达 0.2。

随着高速公路的发展，货车的外形设计也采用了减少 C_D 值的方法。驾驶室顶盖、挡风玻璃及前脸在侧视图上具有大的圆弧，特别是整个驾驶室装有导流板装置，可大幅度减少 C_D 值。试验表明，半挂车采用图 2 - 6 所示的附加装置，可使 C_D 值减少 30%。

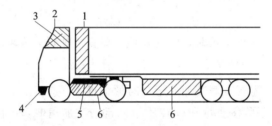

1—间隔衬罩；2—车顶导流板；3—车顶导流罩；4—扰流器；5—底板；6—侧裙

图 2 - 6　半挂车减少空气阻力的附加装置

3. 上坡阻力

汽车上坡行驶时，汽车重力在平行于路面方向的分力，称为汽车的上坡阻力，用 F_i 表示，如图 2 - 7 所示。

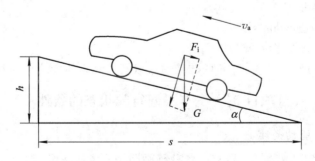

图 2 - 7　汽车的上坡阻力

F_i 与汽车重力 G 及坡度角 α 的关系为

$$F_i = G \sin\alpha$$

(2 - 11)

道路坡度常用坡高与底长之比的百分数来表示：

$$i = \frac{h}{s} \times 100\% = \tan\alpha \qquad (2-12)$$

我国各级公路及高速公路允许的纵向坡度一般较小。当 $\alpha < 10° \sim 15°$ 时，可认为：

$$\sin\alpha \approx \tan\alpha \approx i$$

由于上坡阻力与滚动阻力均属于与道路有关的阻力，而且均与车重成正比，因此有时把这两种阻力合在一起称为道路阻力，用 F_ψ 表示，即

$$F_\psi = F_f + F_i \qquad (2-13)$$

在坡道上

$$F_f = fG\cos\alpha$$

所以

$$F_\psi = G(f\cos\alpha + \sin\alpha) \qquad (2-14)$$

令

$$\psi = f\cos\alpha + \sin\alpha$$

ψ 称为道路阻力系数，表示单位车重的道路阻力。当 α 较小时，

$$\psi = f + i$$

则

$$F_\psi = G\psi \qquad (2-15)$$

值得注意的是，当汽车下坡时，F_i 为负值，即变行驶阻力为动力。

4. 加速阻力

汽车加速行驶时，需要克服其加速运动时的惯性力，这就是加速阻力 F_j。为便于计算，通常把汽车的质量分为平移质量和旋转质量两部分。加速时，不仅平移的质量产生惯性力，且旋转的质量还要产生惯性力偶矩。为便于计算，一般把旋转质量的惯性力偶矩转化为平移质量的惯性力，并以系数 δ 作为计入旋转质量惯性力偶矩后的汽车质量换算系数。因而汽车加速阻力 F_j 可写成

$$F_j = \delta \frac{G}{g} \frac{\mathrm{d}v}{\mathrm{d}t} \qquad (2-16)$$

式中：δ——汽车旋转质量换算系数（$\delta > 1$）；

$\quad G$——汽车重量（N）；

$\quad g$——重力加速度（m/s²）；

$\quad \mathrm{d}v/\mathrm{d}t$——行驶加速度（m/s²）。

δ 主要与飞轮的转动惯量、车轮的转动惯量以及传动系的传动比有关。

【项目3】 汽车不同行驶状态的条件

1. 汽车行驶的驱动条件

汽车必须有一定的驱动力，以克服各种行驶阻力，才能正常行驶。表示汽车驱动力与行驶阻力之间关系的等式，称为汽车的驱动力平衡方程，即汽车的行驶方程式：

$$F_t = F_f + F_w + F_i + F_j \qquad (2-17)$$

或者

$$\frac{M_e i_k i_0 \eta_T}{r} = Gf \cos\alpha + \frac{C_D A v_a^2}{21.15} + G \sin\alpha + \frac{\delta G}{g} \frac{dv}{dt} \qquad (2-18)$$

上式说明了汽车行驶中驱动力与各行驶阻力的平衡关系，平衡关系不同，则汽车的运动状态不同。

若 $F_t > F_f + F_w + F_i$，则汽车将加速行驶；

若 $F_t = F_f + F_w + F_i$，则汽车将等速行驶；

若 $F_t < F_f + F_w + F_i$，则汽车将无法起步或减速行驶直至停车。

所以，汽车行驶的第一个条件为

$$F_t \geqslant F_f + F_w + F_i \qquad (2-19)$$

该式被称为汽车的驱动条件，但还不是汽车行驶的充分条件。

当发动机的转速特性、变速器的传动比、主减速比、传动效率、车轮半径、空气阻力系数、汽车迎风面积以及汽车质量等初步确定后，便可使用此式分析汽车在附着性能良好的典型路面（混凝土、沥青路面）上的行驶能力，即确定汽车在节气门全开时可能达到的最高车速、加速能力和爬坡能力。

2. 汽车行驶的附着条件

从以上分析可知，要提高汽车的动力性，可以采用增加发动机转矩、加大传动系传动比等措施以增大汽车的驱动力来实现。但是，这些措施只有在驱动轮与路面不发生滑转现象时才有效。如果驱动轮在路面滑转，则增大驱动力只会使驱动轮加速旋转，而地面切向反作用力并不会增加，汽车仍不能行驶。这种现象说明，地面作用在驱动轮上的切向反作用力受地面接触强度的限制，并不能随意加大，即汽车行驶除受驱动条件制约外，还受轮胎与地面附着条件的限制。

地面对轮胎切向反作用力的极限值称为附着力，记作 F_φ。在硬路面上，附着力取决于轮胎与路面间的相互摩擦，它与驱动轮法向作用力 F_z 成正比，常写成：

$$F_\varphi = F_z \varphi \qquad (2-20)$$

φ 称为附着系数，它是由轮胎和路面的结构特性决定的，表示轮胎与路面的接触强度。在硬路面上，附着系数 φ 反映了轮胎与路面的摩擦作用。当轮胎与路面接触时，路面的坚硬微小凸起能嵌入变形的轮胎中，增加了轮胎与路面的接触强度，对轮胎滑转有一定的阻碍作用。

在松软路面上，附着系数的值不仅取决于轮胎与土壤间的摩擦作用，还取决于土壤的抗剪切强度。因为只有当嵌入轮胎花纹沟槽的土壤被剪切脱开基层时，轮胎在接地面积内才产生相对滑动，车轮发生相对滑转。

显而易见，地面切向反作用力不能大于附着力，否则会发生驱动轮滑转，汽车将不能行驶，即

$$F_t \leqslant F_\varphi = F_z \varphi \qquad (2-21)$$

式中 F_z 为作用在所有驱动轮上的地面反作用力。

式（2-21）即为汽车行驶的第二个条件——附着条件。将汽车的驱动条件与附着条件联立，则得

$$F_f + F_w + F_i \leqslant F_t \leqslant F_z \varphi \qquad (2-22)$$

这就是汽车行驶的必要与充分条件，称为汽车行驶的驱动—附着条件。

3. 汽车的附着力

汽车的附着力取决于附着系数以及地面作用于驱动轮的法向反作用力 F_z。

1）附着系数

附着系数主要取决于路面的种类与状况，轮胎的结构和气压以及其他一些使用因素。

(1) 路面种类与状况。

坚硬路面的附着系数较大，路面的坚硬微小凸起部分嵌入轮胎的接触面，使接触强度增大。因长期使用已经磨损和风化的路面，其附着系数会降低。气温升高时，路面硬度下降，附着系数也会下降。路面被细沙、尘土、油污等覆盖时，都会使附着系数下降。

松软土壤的抗剪切强度较低，其附着系数较小。潮湿、泥泞的土路，土壤表层因吸水量多而使抗剪切强度更差，附着系数下降很多，是汽车越野行驶困难的原因之一。

路面的结构对排水能力也有很大影响。路面的宏观结构应具有一定的不平度而且有自动排水的能力；路面的微观结构应是粗糙而且有一定的尖锐棱角，以穿透水膜直接与胎面接触。

(2) 轮胎的结构与气压。

轮胎花纹对 φ 值影响也较大。具有细而浅花纹的轮胎在硬路面上有较好的附着能力；具有宽而深的花纹的轮胎，在软路面上可使附着能力有所提高。增加胎面的纵向花纹，在干燥的硬路面上，由于接触面积减小，因而可使附着系数值有所下降；但在潮湿的路面上有利于挤出接触面中的水分，改善附着能力。

为了提高轮胎的"抓地"能力，现在的轮胎胎面上常有纵向的曲折大沟槽，胎面边缘上有横向沟槽，使轮胎在纵向、横向均有较好的"抓地"能力，又提高了在潮湿地面上的排水能力。宽断面和子午线轮胎由于与地面的接触面积增大，附着系数值较高。

轮胎的磨损会使胎面花纹深度减小，附着系数值将显著下降。

降低轮胎气压，可使其在硬路面上的附着系数值略有增加，所以采用低压胎可获得较好的附着性能。在松软的路面上，降低轮胎气压，则轮胎与土壤的接触面积增加，胎面凸起部分嵌入土壤的数目也增多，因而附着系数显著提高。如果同时增加车轮轮辋的宽度，则效果更好。对于潮湿的路面，适当提高轮胎气压，使轮胎与路面的接触面积减小，有助于挤出接触面间的水分，使轮胎得以与路面较坚实的部分接触，因而可提高附着系数。

(3) 行车速度。

汽车行驶速度提高时，多数情况下附着系数是降低的。这对于汽车的高速制动尤为不利。在硬路面上提高行驶速度时，由于路面微观凹凸构造来不及与胎面完善地嵌合，因而附着系数有所降低。在潮湿的路面上提高行驶速度时，由于接触面间的水分来不及排出，因而附着系数显著降低。在软土壤上，由于高速车轮的动力作用容易破坏土壤的结构，因而提高行驶速度会对附着系数产生极不利的影响。只有在结冰的路面上，车速高时，与轮胎接触的冰层受压时间短，因而在接触面间不容易形成水膜，故附着系数略有提高。但要特别注意，在冰路上提高行驶速度会使行驶稳定性变坏。

(4) 车轮相对于地面的滑转率。

图 2-8 是驱动轮纵向附着系数与其滑转率的关系图。从图中可以看到，当驱动轮滑转

率 S_x 从 0 开始增加时，纵向附着系数 φ_x 也随之增加；当 S_x 达到 S_T（一般是 0.08～0.30）时，纵向附着系数达到最大值 φ_{max}；此后，如果 S_x 继续增加，则纵向附着系数 φ_x 反而随之下降；当 S_x 达到 1 时，即车轮发生纯滑转时，其纵向附着系数要远远小于 φ_{max}。所以，从动力性上考虑，驱动轮的滑转率最好处于 S_T 的一个小邻域内；但同时考虑到车辆侧向附着系数随纵向滑转率的增大而急剧减小，所以从侧向附着系数上考虑，并注意到车辆的方向稳定性，一般认为驱动轮的最佳滑转率在小于 S_T 的范围内，可取在 0.08～0.15 之间。

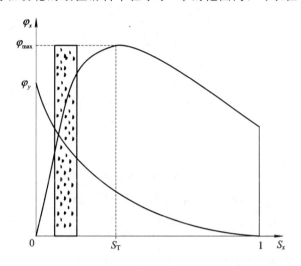

图 2-8　纵向附着系数和侧向附着系数与滑转率的关系

汽车驱动防滑控制系统 Anti-Slip Regulation(ASR) 或称汽车牵引力控制系统 Traction System(TCS) 就是通过控制车轮的滑转率来提高汽车的驱动力和车辆的方向稳定性的。

汽车驱动防滑控制的主要控制方式有：

① 发动机输出转矩调节。通过减小点火提高角，减少供油或暂停供油，从而使发动机输出转矩减少，S_T 降低。

② 驱动轮制动力矩调节。在车轮发生打滑时，驱动轮上施加制动力矩，使车轮转速降至最佳的滑转率范围内。

③ 差速器锁止控制。当路面两侧附着系数 φ 差别较大时，低 φ 一侧驱动轮发生滑转时，电子控制装置驱动锁止阀，一定程度地锁止差速器，使高 φ 一侧驱动轮的附着系数得以充分发挥，车速和行驶稳定性获得提高。

④ 离合器或变速器控制。离合器控制是指当发现汽车驱动轮发生过度滑转时，减弱离合器的接合程度，使离合器主、从动盘出现部分相对滑转，从而减小传输到主轴的发动机输出转矩。变速器控制是指通过改变传动比来改变传递到驱动轮的驱动转矩，以减小驱动轮滑转程度的一种驱动防滑控制。

综上所述，附着系数受一系列因素的影响，在一般动力性计算中只用附着系数的平均值。在良好的混凝土或沥青路面上，路面干燥时附着系数 φ 值为 0.7～0.8，路面潮湿时 φ 值为 0.5～0.6；干燥的碎石路 φ 值为 0.6～0.7；干燥的土路 φ 值为 0.5～0.6，潮湿的土路 φ 值为 0.2～0.4。

2）车轮的地面法向反作用力

附着力与地面对车轮的法向反作用力成正比。而驱动轮的地面反作用力与汽车的总体布置、行驶状况及道路坡度有关。图 2-9 为汽车加速上坡时的受力图。

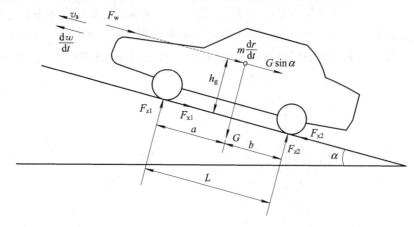

图 2-9　汽车加速上坡时的受力图

图中：G 为汽车重力；h_g 为汽车质心高度；F_{z1}、F_{z2} 为作用在前、后轮上的地面法向反作用力；F_{x1}、F_{x2} 为作用前、后轮上的地面切向反作用力；L 为汽车轴距；a、b 为汽车质心至前、后轴之距离。

若将作用在汽车上诸力对前、后轮与道路接触中心取力矩（将质心与空气阻力中心近似看作重合），则得

$$F_{z1} = \frac{Gb - (F_i + F_j + F_w)h_g}{L} \tag{2-23}$$

$$F_{z2} = \frac{Ga + (F_i + F_j + F_w)h_g}{L} \tag{2-24}$$

上式第一项为汽车在水平路面上静止时前、后轴上的静载荷，第二项为行驶中产生的动载荷。当汽车上坡或加速时，前轮载荷减小，而后轮载荷增加；汽车下坡或减速时，载荷变化与此相反。

由此可见，在一定附着系数的路面上，不同驱动方式的汽车具有不同的汽车附着力。后轮驱动的汽车在上坡和加速时，其驱动轮的法向反作用力大，驱动轮的附着力大，能得到的驱动力大，其加速能力和上坡能力好。

只有四轮驱动汽车才有可能充分利用整部汽车的重力来产生汽车附着力。当四轮驱动汽车前、后驱动轮的附着力分配刚好等于其前、后轮法向反作用力的分配时，得到的附着力最大。

【项目 4】　汽车驱动力－行驶阻力平衡图、动力特性图及功率平衡图

1. 汽车的驱动力－行驶阻力平衡图

为了清晰而形象地表明汽车行驶时的受力情况及其平衡关系，一般将汽车行驶方程式用图解法来进行分析。图 2-10 为一具有四挡变速器汽车的驱动力－行驶阻力平衡图。图上既有各挡的驱动力，又有滚动阻力以及滚动阻力和空气阻力叠加后得到的行驶阻力曲线。

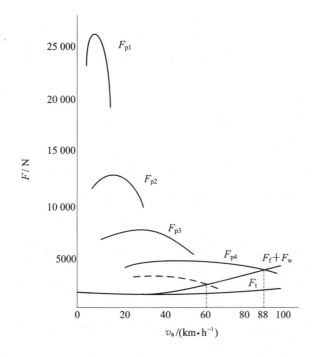

图 2 - 10　汽车驱动力－行驶阻力平衡图

从汽车的驱动力－行驶阻力平衡图上可以清楚地看出不同车速时驱动力和行驶阻力之间的关系。汽车以最高挡行驶时的最高车速，可以直接在图上找到。显然，F_t 曲线与 $F_f + F_w$ 曲线的交点便是 v_{amax}。此时驱动力和行驶阻力相等，汽车处于稳定的平衡状态。图中最高车速为 88 km/h。

从图中还可以看出，当车速低于最高车速时，驱动力大于行驶阻力。这样，汽车就可以利用剩余的驱动力加速或爬坡。当需要在 60 km/h 等速行驶时，驾驶员可以关小节气门开度（图部虚线），此时发动机只用部分负荷特性工作，相应地得到虚线所示驱动力曲线，以使汽车达到新的平衡。

汽车的加速能力可用它在水平良好路面上行驶时产生的加速度来评价，其数值可由汽车在水平路面上的驱动力平衡方程式得到：

$$\frac{dv}{dt} = \frac{g}{\delta G}[F_t - (F_f + F_w)] \tag{2-25}$$

加速度的大小与汽车行驶的挡位和速度有关，低挡时，加速度较大；同一挡位速度较低时，加速度较大。但第一节中已经指出，由于加速度的数值不易测量，实际中常用加速时间来表明汽车的加速能力。譬如用直接挡行驶时，由最低稳定速度加速到一定距离或 $80\% v_{amax}$ 所需的时间表明汽车的加速能力。

汽车的上坡能力用最大爬坡度表示。汽车最大爬坡度是指汽车满载、节气门全开、以最低挡在良好路面上行驶时所能克服的最大道路坡度，记做 i_{Imax}。

当汽车以全部剩余驱动力克服最大坡度时，加速度为 0，此时的驱动力平衡方程为

$$F_i = F_t - (F_f + F_w)$$

式中：

$$F_i = G \sin\alpha$$
$$F_f = Gf \cos\alpha$$

因为 F_f 的数值本身较小，而且当 α 较小时，$\cos\alpha \approx 1$，故可认为

$$G \sin\alpha = F_t - (F_f + F_w) \qquad (2-26)$$

$F_i = F_t - (F_f + F_w)$ 的数值可由驱动力－行驶阻力平衡图上相应线段的长度按比例尺得到，并按下式求出道路坡度角：

$$i = \tan\alpha$$

再求坡度：头挡最大爬坡度由 $\alpha_{I\max} = \arcsin \dfrac{F_{tI\max} - Gf}{G}$ 换算成 $i_{I\max}$ 值。

应当指出，上述确定的汽车动力性指标尚未考虑附着条件的限制。

2. 动力特性图

汽车技术文献中常采用动力特性图，即动力因数－车速关系曲线，如图 2-11 所示。动力因数 D 是综合评定汽车动力性的参数，其值为

$$D = \frac{F_t - F_w}{G} = f \cos\alpha + \sin\alpha + \frac{\delta}{g} \frac{dv}{dt} \qquad (2-27)$$

利用动力特性图可以比较不同车重和空气阻力的车辆的动力性能。

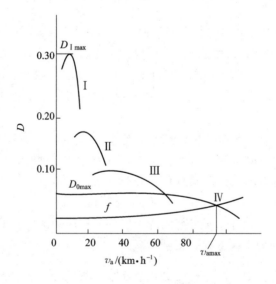

图 2-11　动力特性图

3. 汽车的功率平衡

1）功率平衡方程式

汽车在行驶过程中，不仅驱动力与行驶阻力互相平衡，而且在每一瞬时，发动机发出的功率 P_e 始终等于机械传动损失功率与全部运动阻力所消耗的功率，这就是汽车的功率平衡。功率平衡方程式为

$$P_e = \frac{1}{\eta_T}(P_f + P_w + P_i + P_j) \qquad (2-28)$$

其中：P_f——滚动阻力消耗功率，$P_f = \dfrac{Gf\cos\alpha v_a}{3600}$；

P_i——上坡阻力消耗功率，$P_i = \dfrac{G\sin\alpha v_a}{3600}$；

P_w——空气阻力消耗功率：$P_w = \dfrac{C_D A v_a^3}{76140}$；

P_j——加速阻力消耗功率：$P_j = \dfrac{\delta G v_a}{3600g}\dfrac{dv}{dt}$；

v_a——汽车的行驶速度。

2）功率平衡图

与驱动力一行驶阻力平衡图类似，功率平衡方程式也可用图像来表示，称为功率平稳图。图 2−12 为一三挡汽车的功率平稳图。

图中，最高挡时发动机功率曲线与阻力功率 $\dfrac{1}{\eta_T}(P_i + P_w)$ 曲线相交点的车速，便是在良好水平路面上行驶时汽车的最高车速 v_{amax}。

当汽车在良好水平路面上以 v_a' 的速度等速行驶时，汽车的阻力功率为线段 bc，此时，驾驶员控制节气门在某一开度，发动机功率如图中虚线所示，以维持汽车等速行驶。

但是，汽车在最高挡以速度 v_a' 行驶时，发动机能产生的最大功率为线段 ac，线段 ab 可用来加速或爬坡。我们称 $P_e - \dfrac{1}{\eta_T}(P_i + P_w)$ 为汽车的后备功率。

这就是说，在一般情况下维持汽车等速行驶所需的发动机功率并不大，节气门开度较小。当需爬坡或加速时，驾驶员可加大节气门开度，使汽车的全部或部分后备功率发挥

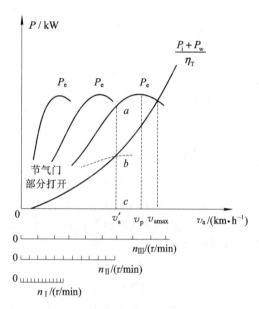

图 2−12　汽车的功率平稳图

作用。因此汽车后备功率越大，其加速能力、爬坡能力越强，汽车的动力性越好。

利用功率平衡定性地分析设计与使用中有关的动力性问题比较清晰简便，同时也能很清楚地看出行驶时发动机的负荷率的变化，这对于以后汽车燃料经济性的分析也是比较方便的。

【项目 5】　影响汽车动力性的主要因素

从对汽车行驶方程式的分析中知道，汽车的动力性与汽车结构参数和使用条件密切相关。下面讨论结构因素对汽车动力性的影响。

1. 发动机参数的影响

发动机功率愈大，汽车的动力性越好。设计中发动机最大功率的选择必须保证汽车预期的最高车速。

最高车速愈高，要求的发动机功率愈大，其后备功率也大，加速、爬坡能力必然较好。

但发动机功率不宜过大,否则在常用条件下,发动机负荷过低,燃料消耗增加。

单位汽车质量所具有的发动机功率称为比功率或功率利用系数。

发动机外特性曲线形状对动力性也有较大的影响。图 2-13 为两台发动机的外特性曲线,但其最大功率与其相对应的转速相等。由图可见,外特性曲线 1 的后备功率较大,使汽车具有较大的加速能力和上坡能力,因而动力性能较好;同时使汽车具有较低的临界车速,换挡次数可以减少,因而有利于提高汽车的平均行驶速度。

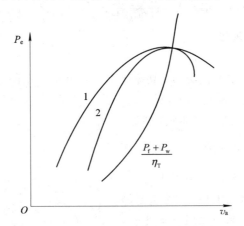

图 2-13 外特性曲线形状不同的汽车动力平衡图

2. 传动系参数的影响

1) 传动系机械效率

传动系损失功率可表示为 $P_T = P_e(1 - \eta_T)$,可见传动系机械效率越高,传动损失越小,发动机有效功率就能更多地转变为驱动功率,汽车动力性好。在润滑油中加入减磨添加剂和选用粘度适当且受温度影响小的润滑油,对提高传动效率有明显效果。

2) 主减速器传动比

当变速器处于直接挡时,主减速器传动比将直接影响汽车的动力性。

图 2-14 表示其他条件相同而主减速器传动比不同的直接挡功率平衡图,只有当 $i_0 = i_0''$ 时,汽车的最高车速 v_{amax} 等于发动机最大功率相对应的车速,即 $v_{amax} = v_p$ 最高,此时得到 v_{amax} 最大。其他条件不变,无论使主减速器传动比 i_0 增大还是减小,都将使汽车的最高车速降低。

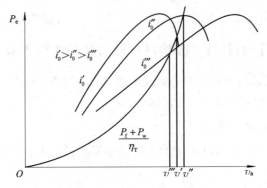

图 2-14 主减速器传动比不同时的功率平衡图

3）变速器的挡数

变速器挡数增加，发动机在接近最大功率工况下工作的机会就会增加，发动机的平均功率利用率相应变高，可得到的后备功率大。例如，在两挡变速器的一挡与直接挡之间增加两个挡位时（见图 2-15），汽车的最高车速和最大爬坡度均不变。但在一定的速度范围内，可利用的后备功率增大了（图中阴影线表示区域），有利于汽车加速和上坡。

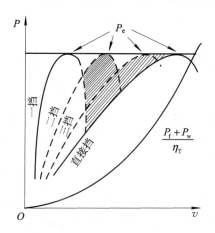

图 2-15　变速器挡数对汽车动力性的影响

4）变速器传动比

变速器Ⅰ挡传动比对汽车动力性影响最大。传动比越大，汽车的最大爬坡度越大。但必须满足附着条件，当Ⅰ挡发出最大驱动力时，驱动轮不应产生滑转。

变速器各挡的传动比应按等比级数分配，这样，汽车在换挡加速过程中功率利用程度最高，加速时间最短。另外，减小空气阻力系数，减轻汽车的质量，选用滚动阻力系数小的轮胎，将使汽车的行驶阻力减小，都可以使汽车的动力性得到改善。

学习测试

一、填空题

（1）汽车动力性的评价指标主要有_____、_____、_____。

（2）加速时间可分为_____、_____两种。

（3）动力因素随汽车行驶速度变化的关系，称为_____。

（4）汽车的_____是指汽车在良好路面上直线行驶时，由汽车的纵向外力决定的、所能达到的平均行驶速度。

（5）汽车的上坡能力用_____来表示。

（6）一般用驱动力与车速之间的函数关系曲线来表示汽车的驱动力，该曲线称为_____。

（7）良好沥青路面上的滚动阻力系数要比碎石路面上的滚动阻力系数_____（填"大"或"小"）。

二、判断题

（1）汽车的后备功率愈大，汽车的动力性愈好。（　　　）

（2）现代胎面花纹的作用：一是提高轮胎的抓地能力，二是提高潮湿路面上的排水能力。（　　）

（3）超车加速时间指用一挡或二挡，由某一预定车速开始，全力加速到某一高速所需的时间。（　　）

（4）在底盘测功试验台上，滚筒的表面代替路面，即滚筒的表面相对于静止的汽车作旋转运动，从而带动汽车驱动轮旋转。（　　）

三、选择题

（1）汽车驱动力—行驶阻力平衡图就是在汽车驱动力图上再画上汽车行驶中遇到的（　　）曲线而做出的。

A. 滚动阻力和空气阻力　　　　　　　B. 滚动阻力和加速阻力

C. 空气阻力和加速阻力　　　　　　　D. 空气阻力和坡道阻力

（2）汽车在平坦道路上加速行驶时不存在的阻力是（　　）。

A. 空气阻力　　　　　　　　　　　　B. 滚动阻力

C. 加速阻力　　　　　　　　　　　　D. 坡道阻力

（3）由于空气的粘性在车身表面产生的切向力在行驶方向上的分力称为（　　）。

A. 摩擦阻力　　　　　　　　　　　　B. 形状阻力

C. 干扰阻力　　　　　　　　　　　　D. 诱导阻力

（4）空气阻力的计算公式是（　　）。

A. $F_w = C_D A v^2 / 21.15$　　　　　　　　B. $F_w = C_D v^2 / 21.15$

C. $F_w = A v^2 / 21.15$　　　　　　　　　D. $F_w = C_D A v^2$

四、问答题

（1）汽车行驶的充分必要条件是什么？

（2）汽车的驱动与附着条件是什么？写出其表达式。

（3）什么是传动系的机械效率？它与哪些因素有关？

（4）试分析影响汽车动力性的因素。

学习任务 2　汽车动力性检测

学习目标

（1）掌握汽车制动性能道路和台架试验的方法；

（2）能使用第五轮仪进行相关的检测；

（3）能使用底盘测功机进行相关的检测。

任务分析

对汽车动力性的检测有道路试验检测（简称路试）和室内台架试验检测（简称台试）两种方法。台架试验由于在室内进行，不受气候、驾驶技术等客观条件的影响，只受测试仪本身测试精度的影响，故测试条件易于控制，是汽车检测站主要采用的检测手段。台架试验的主要设备是汽车底盘测功机。而路试条件与车辆实际运行状况的条件相符，其结果更能真实地体现汽车的动力性。我们将通过对两种试验的原理、仪器及操作步骤的学习，达到完成本任务的目的。

任务实施

根据前面的任务分析，汽车的动力性主要由汽车的最高车速、汽车的加速性能和汽车上坡能力三个指标来评定。下面介绍动力性指标检测的两个试验：道路试验和台架试验。

【项目1】　汽车动力性的道路试验

1. 基本试验条件

试验条件是取得可靠试验结果的保证，因此，在测试过程中应严格遵守试验规程所提出的各项条件要求，并在测试过程中时刻注意条件是否出现偏差。

1）车辆条件

对新车或大修后的车辆进行试验前，应进行一定行程的走合，新车应按照制造厂家的规定进行走合（行程一般为 1000～1500 km）。试验前还应注意每个总成的技术状况和调整状况，应保证其处于良好的工作状态。

轮胎压力应符合规定的技术要求，误差不得超过 ±10 kPa。

对于车辆载荷，我国规定动力性试验时汽车要满载，货车内可按规定装载质量均匀的沙包；轿车、客车以及货车驾驶室的乘员可以重物替代，每位乘员的质量按 65 kg 算。

汽车在试验前应达到如下状态：冷却水温度为 80℃～90℃，发动机机油温度为 60℃～95℃，变速器及驱动桥齿轮油温不低于 50℃。若达不到上述要求，应使汽车高速运转进行预热。

2）道路条件

动力性试验的大多数项目均应在混凝土或沥青路面上进行，道路长 2～3 km，宽不小于 8 m，要求路面平直、干燥、清洁、纵向坡度不大于 0.1%。

3）气候条件

动力性试验应避免在雨雾天进行，气压在 99.3～120 kPa 之间，气温在 0℃～35℃ 之间，风速小于 3 m/s。

2. 最高车速试验

最高车速是指汽车在无风情况下，在水平、良好的路面上能达到的最大行驶速度。它并非瞬时值，而是可连续行驶一定距离的最高速度。最高车速反映了车辆依靠动力所能达到的车速极限，试验时应关闭汽车门窗和空调系统等附加设施。

试验时，选择试验路段中间 200 m 为测量路段，并用标杆做好标志，测量路段两端为试验加速区间，根据试验车辆加速性能的优劣，选定充足的加速区间，使汽车在驶入测量路段前能够达到最高稳定车速。试验汽车在加速区间以最佳的加速状态行驶，在到达测量路段前保持变速器（及分动器）在汽车设计最高车速的相应挡位，油门全开，使汽车以最高的稳定车速通过测量路段。试验过程中注意观察汽车各总成、部件的工作状况并记录异常现象。

试验往返各进行一次，测定汽车通过测量路段的时间，并按以下公式计算出试验结果：

$$v = \frac{720}{t} \text{ (km/h)} \qquad (2-29)$$

式中：t——往返试验所测时间的算术平均值(s)。

3. 加速能力试验

汽车的加速能力对平均行驶车速有很大的影响。在加速度的测定中，因为应用速度或距离与时间的关系进行测定较直观，所以一般都是用汽车从某一条件下加速到某一距离或某一车速的时间表示。

原地起步加速时间采用一挡起步，连续换挡加速至预定的距离进行测定。距离一般为 0～400 m、0～500 m 或 0～1000 m，以达到此距离所用的时间来比较汽车的加速能力。

超车加速时间采用较多的是用最高挡或次高挡由预定车速全力加速行驶至某一高速所需的时间，或由加速曲线(车速—时间关系曲线)全面反映加速能力。

试验分最高挡和次高挡加速性能试验以及起步连续换挡加速性能试验两种。装有自动变速器的车辆只进行起步连续换挡加速性能试验。若自动变速器有两挡，则分别进行两次试验。

在进行最高挡和次高挡加速性能试验时，首先选取合适长度的加速性能试验路段，在其两端各放置标杆作为记号。汽车在变速器预定挡位，以预定的车速(一般从稍高于该挡最低稳定车速起，选 5 的整倍数速度)作等速行驶，用第五轮仪监视初速度。当车速稳定后，驶入试验路段并迅速将加速踏板踩到底，使汽车加速行驶至该挡最大车速的 80% 以上，对于轿车应达到 100 km/h。同时，用第五轮仪记录汽车的初速度和加速行驶的全过程，见图 2-16。试验往返各进行一次，往返试验的路段应重合。

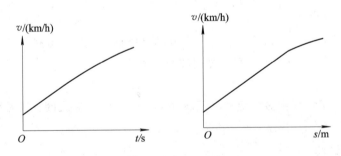

图 2-16　最高两挡加速性能曲线

起步连续换挡加速性能试验在相同的试验路段进行，汽车停于试验路段的一端，当发动机达到最大功率转速时，迅速平顺地换挡并立即将油门全开，直至最高挡最高车速的 80% 以上，对于轿车应加速到 100 km/h 以上。同时，用第五轮仪记录汽车加速行驶的全过程，试验往返各进行一次，往返试验的路段应重合。根据记录数据，分别绘制试验车辆往返两次的加速性能曲线，并取两次曲线的平均值绘制汽车的加速性能曲线，见图 2-17。

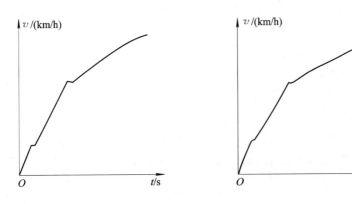

图 2-17　起步换挡加速性能曲线

4. 爬坡性能试验

爬坡性能试验的目的是测定汽车在各种坡道上的起步能力和爬坡能力，分陡坡试验和长坡试验。

1）陡坡试验

陡坡试验一般在专门设置的坡道上进行，坡道长度应大于车长的 2～3 倍。车辆用最低挡开始爬坡，其所能克服的最大坡度值即为该车的最大爬坡能力，用角度或坡度表示。道路坡度、坡道角和斜度的对应关系见图 2-18。轿车的最大爬坡度一般在 20% 以上，货车的最大爬坡度在 20%～30% 之间，越野车的最大爬坡度一般不小于 60%；而液力传动车辆，其最大爬坡度可以更大，但车速极低。因此，一般以克服一定的坡度时的车速来评价其爬坡性能。

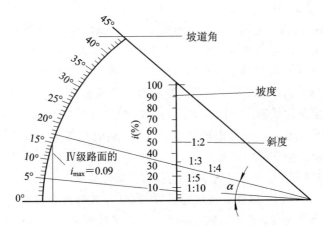

图 2-18　道路坡度与坡道角的关系图

进行陡坡试验时，试验车先停在试验道路的平直路段上，起步后，将油门全开进行爬坡。

爬至坡顶后，停车检查各部件有无异常现象，爬坡过程中要做好各项记录。如第一次爬不上，可进行第二次，但总共不超过两次。爬不上坡时，测量停车点（后轮触地中心）到坡底的距离，并记录爬不上的原因。

最大爬坡度也可用负荷拖车法进行测量。方法是在平直的路面上，用负荷拖车测量汽车最低挡的最大拖挂牵引力，并按下式计算出最大爬坡度：

$$\alpha_{max} = \arcsin\alpha\left(\frac{P_{max}}{9.8 m_a}\right)(°) \tag{2-30}$$

式中：P_{max}——汽车最低挡的最大拖挂牵引力（N）；

m_a——汽车厂定最大总质量（kg）。

若试验车为越野车，则变速器、分动器均置于最低挡，全轮驱动。测试前，停于接近坡道的平直路段上。起步后，油门全开进行爬坡。当试验车处于坡道上时停住车辆，变速器置于空挡，发动机熄火 2 min 后再重新起步爬坡。爬至坡顶后，停车检查各部件有无异常现象，爬坡过程中要做好各项记录。

2）长坡试验

长坡试验的目的是综合考察汽车的动力性和燃油经济性，并对发动机冷却系统的冷却能力、发动机热状况和传动系统等在低转速、大转矩工作条件下的性能加以检验，也可通过测定挡位利用率对传动系速比的合理设置进行分析比较。

长坡试验在最大纵向坡度为 7%～10%、长 10 km 以上的连续坡道上进行，一般要求上坡路段应占坡道 90% 以上。试验时，根据道路情况和汽车的动力状况，以合适的变速器挡位爬坡，原则上在保证安全和交通法规允许的前提下，尽可能以较高的车速行驶。试验时，注意发动机水温，当有"开锅"等异常情况时，应停止试验。试验过程中，要记录好整个行驶过程各挡位的使用次数和时间、行驶里程、燃油消耗量，并计算出各挡位的时间利用率、平均车速、百公里油耗。与陡坡试验相仿，针对发动机冷却系统能力的试验，长坡试验也可用负荷拖车法进行。

5. 滑行试验

滑行是汽车加速至某预定速度后，摘挡脱离发动机动力，利用汽车的动能继续行驶至停车的过程。汽车滑行性能的好坏，对其动力性和燃油经济性有着重要的影响。滑行试验的目的是为了检查汽车底盘的技术状况和调整状况，同时也是在道路上测定汽车行驶阻力的方法之一，可作为室内台架试验时，设定底盘测功机系数的依据。

滑行试验中，可采用低速滑行试验方法测量出行驶阻力系数，将其近似作为滚动阻力系数；采用高速滑行试验方法测量出行驶阻力系数，将其近似看成由滚动阻力和空气阻力两部分组成，进而求出空气阻力系数。

试验时，选取长约 1000 m 的平整路段为试验路段，关闭汽车门窗，进入滑行路段前车速应稍大于 50 km/h。此时，驾驶员将变速器置于空挡，松开离合器踏板让汽车滑行。在滑行过程中，不得转动方向盘，直至车辆完全停止。记录从车速为 50 km/h 开始至停车的滑行时间和距离。试验至少往返各滑行一次并尽可能使往返的路段重合，计算出各次试验数据的平均值。

【项目 2】 汽车动力性的台架试验

汽车动力性的台架试验包括驱动轮输出功率检测与加速时间及滑行距离检测。

1. 驱动轮输出功率检测

（1）试验前，检查仪器、车辆及其他准备工作是否按规程准备好。

（2）根据受检车型，在底盘测功机上设定检测速度。

（3）将驱动轮置于底盘测功机的滚筒上，举升器下降，用纵向约束装置——挡车器挡住非驱动轴车轮，必要时通过钢丝绳将汽车尾部与地锚拉紧，前桥驱动车辆拉紧驻车制动并调整活动挡轮使其靠近车轮。

（4）关闭空调系统等非行车必需的耗能装置，起动汽车，逐步加速并换至直接挡，使汽车以直接挡的最低车速稳定运转。

（5）将加速踏板踩到底，测定设定速度下的驱动轮输出功率。

（6）待汽车速度在设定的检测速度下稳定 15 s 后，读取并记录仪表显示的输出功率值。实际检测速度与设定检测速度的允差为 0.5 km/h，在读数期间，转矩变动幅度应不超过 4%。

（7）按 GB 18276—2000 标准记录环境状态及检测数据，并将输出功率修正为标准环境状态下的校正驱动轮输出功率。

（8）对低于允许值的车辆，允许重测一次。

（9）举升器上升将驱动轮托起，移去各种约束，检测结束。

2．加速时间及滑行距离检测

（1）试验前，检查仪器、车辆及其他准备工作是否按规程准备好。

（2）根据被测车辆的基准质量选定底盘测功机的相应当量惯量，当底盘测功机所配备飞轮系统的惯量级数不能准确满足被测车辆的当量惯量需要时，可选配与被测车辆整备质量最接近的转动惯量级，但应对检测结果做必要的修正。

（3）根据被测车型，在底盘测功机上设定加速及滑行速度区间。

（4）将驱动轮置于底盘测功机的滚筒上，举升器下降，用纵向约束装置——挡车器挡住非驱动轴车轮，前桥驱动车辆拉紧驻车制动并调整活动挡轮使其靠近车轮。

（5）关闭空调系统等非行车必需的耗能装置，起动汽车，按引导系统提示加速至高于规定车速后，将变速器置于空挡。利用车辆与测功机储存的动能，使其运转直至车轮停止转动。

（6）记录车辆在规定速度区间内的加速时间及滑行距离。

（7）举升器上升将驱动轮托起，脱开惯性模拟飞轮并移除各种约束，检测结束。

学习测试

一、填空题

（1）汽车底盘试验台一般由 _____、_____、_____、_____四部分组成。

（2）汽车动力性的道路试验包括 _____、_____、_____、_____四个试验项目。

（3）汽车性能的台架试验由于在 _____ 进行，不受 _____、_____ 等客观条件的影响，只受测试仪器本身 _____ 的影响，故测试条件易于控制，是汽车检测站主要采用的检测手段。

（4）陡坡试验一般在专门设置的 _____ 进行，_____ 长度应大于车长的 _____ 倍。车辆用 _____ 挡开始爬坡，其所能克服的最大 _____ 值即为该车的最大爬坡能力，用 _____ 表示。

二、判断题

(1) 汽车动力性的台架试验包括驱动轮输出功率检测与加速时间及滑行距离检测。
(　　)

(2) 原地起步加速时间采用 2 挡起步,连续换挡加速至预定的距离进行测定。(　　)

(3) 汽车滑行性能的好坏,对其动力性和燃油经济性有着重要的影响。(　　)

三、选择题

(1) 汽车底盘的输出功率,除了可以通过整车的道路试验测定外,还可以在室内条件下在(　　)上测定。

A. 底盘测功试验台 　　　　　　　　B. 发动机试验台

C. 水力测功机 　　　　　　　　　　D. 无负荷测功仪

(2) 下列(　　)不是造成汽车传动系机械传动效率低的原因。

A. 离合器、变速器磨损 　　　　　　B. 主减速器、差速器润滑不良

C. 发动机动力不足 　　　　　　　　D. 轮毂轴承松旷

四、问答题

(1) 请说出汽车动力性的道路试验的内容。

(2) 简述加速时间及滑行距离检测的步骤。

综合实训 2 汽车动力性检测

实训 1:驱动车轮输出功率检测

1. 实训的目的和要求

(1) 了解底盘测功机的结构和工作原理;

(2) 掌握底盘测功机的使用方法;

(3) 了解底盘测功机的检测项目;

(4) 分析底盘测功机的检测结果。

2. 实训内容简述

(1) 能够阐述驱动车轮输出功率检测原理;

(2) 认识底盘测功机的结构组成;

(3) 进行驱动车轮输出功率检测;

(4) 分析汽车动力性不足的原因。

实训 2:汽车动力性的道路试验

1. 实训的目的和要求

(1) 理解各个动力性道路试验的基本原理;

(2) 熟悉第五轮仪的结构与使用方法;

(3) 掌握动力性各道路试验的试验步骤。

2. 实训内容简述

（1）能够阐述各个动力性道路试验的基本原理；

（2）认识第五轮仪的结构；

（3）会使用第五轮仪；

（4）进行动力性的道路各项目试验。

模块 3　汽车燃油经济性与检测

学习任务 1　汽车燃油经济性评价指标及影响因素

学习目标

（1）能说出汽车燃油经济性评价指标；

（2）会分析影响汽车燃油经济性的因素；

（3）能提出提高燃油经济性的措施或方法。

任务分析

在保证动力性的条件下，汽车以尽量少的燃油消耗量经济行驶的能力，称为汽车的燃油经济性。汽车燃油经济性受到各国政府、汽车制造业、汽车使用者的高度重视。燃油经济性好，可以降低汽车的行驶费用、节约能源；同时也降低了污染物的排放，保护了环境。

本模块的最终任务是要解决如何提高汽车的燃油经济性问题。为此，必须先掌握评价汽车燃油经济性的指标，然后分析影响汽车燃油经济性指标的各种因素，并在此基础上学习应采用的方法和措施。

任务实施

【项目 1】　汽车燃油经济性的评价指标认知

能源是发展生产和提高生活水平的物质基础。汽车的主要能源是石油产品中的汽油和柴油。近年来我国汽车保有量迅速增长，到 2007 年末全国民用汽车保有量达到了 5697 万辆，比上年末增长 14.3%，其中私人汽车保有量 3534 万辆，增长 20.8%；民用轿车保有量 1958 万辆，增长 26.7%，其中私人轿车 1522 万辆，增长 32.5%。随着汽车保有量的迅速增加，石油消耗亦飞速增长。近年来燃油价格逐渐上涨，2008 年多次出现油料供给紧张状况，经常可以看到出租车排着长队等待加油。因此，人们对汽车燃油经济性越来越重视。

评价汽车燃油经济性的指标很多，不同的国家所采用的评价参量是不同的，大致有以下几种：

（1）比油耗 g_e（燃料消耗率）：表示发动机的单位有效功率在单位时间内所消耗的燃料量。在国际单位制中，它的单位为 g/kW·h（克/千瓦时）。

（2）每小时耗油量 G_t：表示发动机每小时所消耗的燃料质量。常用的单位为 kg/h（千克/小时）。

（3）每公里耗油量 G_m：表示汽车每行驶一公里所消耗的燃油数量（常以体积计算）。常用单位是 L/km（升/公里）。

（4）每升燃油行驶里程：表示汽车消耗一升燃油可行驶的里程数。常用单位是 km/L（公里/升）。

（5）百千米油耗量 Q：表示汽车每行驶 100 千米所消耗的平均燃油量（以体积计算）。常用单位为 L/100km（升/百公里）。

（6）百吨千米油耗量 Q_t：表示汽车运行过程中，每完成 100 吨公里运输量所消耗的燃油量（以体积计算）。常用单位为 L/100tkm（升/百吨公里）。

在我国及欧洲，燃油经济性的指标的单位为 L/100km，其数值越大，汽车的燃油经济性就越差。美国为 MPG（Miles Per Gallon），指每加仑燃油能行驶的英里数。其数值越大，汽车的燃油经济性就越好。

等速行驶百千米的燃油消耗量是常用的一种评价指标，指汽车在一定载荷下，以最高挡在水平良好路面上等速行驶 100 km 的燃油消耗量。但是，等速行驶工况并不能全面反映汽车的实际运行情况，特别是在市区行驶中频繁出现的加速、减速、怠速停车等行驶工况。因此，在对实际行驶车辆进行跟踪测试统计的基础上，各国都制定了一些典型的循环行驶试验工况来模拟汽车实际运行工况，并以其百千米的燃油消耗量（或 MPG）来评定相应工况的燃油经济性。

循环行驶试验工况规定了车速—时间行驶规范，例如，何时换挡、何时制动以及行车的速度和加速度等数值。因此，它在路上试验比较困难，一般多规定在室内汽车底盘测功机（转鼓试验台）上进行测试；而规定在路上进行试验的循环工况均很简单。

我国规定轿车按二十五工况进行循环试验，如图 3-1 和表 3.1 所示。

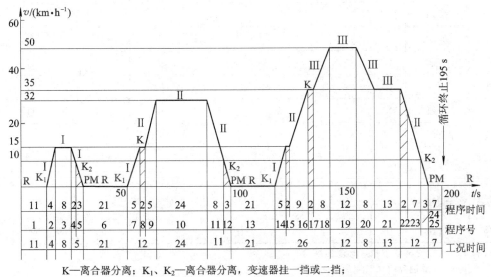

图 3-1　轿车二十五工况试验循环

表 3.1 轿车二十五工况试验循环试验表

程序号	运转次序	工况序号	加速度/(m/s²)	车速/(km/h)	程序时间/s	工况时间/s	累计时间/s	如系手动变速器，所用挡位
1	急速	1			11	11	11	PM* 6s＋K₁* 5s
2	加速	2	1.04	0～15	4	4	15	I
3	匀速	3		15	8	8	23	I
4	减速		−0.69	15～10	2		25	I
5	减速、离合器脱开	4	−0.92	10～0	3	5	28	K₂*
6	急速	5			21	21	49	PM6s＋K₁5s
7	加速		0.83	0～15	5		54	I
8	换挡	6	0.94	15	2	12	56	II
9	加速			15～32	5		61	III
10	匀速	7		32	24	24	85	II
11	减速		−0.75	32～10	8		93	II
12	减速、离合器脱开	8	−0.92	10～0	3	11	96	K₂
13	急速	9			21	21	117	PM6s＋K₁5s
14	加速		0.83	0～15	5		122	I
15	换挡			15	2		124	K
16	加速	10	0.62	15～35	9	26	133	II
17	换挡				2		135	K
18	加速		0.52	35～50	8		143	III
19	匀速	11		50	12	12	155	III
20	减速	12	−0.52	50～35	8	8	163	III
21	匀速	13		35	13	13	176	III
22	换挡		−0.86	35～10	2		178	II
23	减速	14			7	12	185	
24	减速、离合器脱开		−0.92	10～0	3		188	K₂
25	急速	15			7	7	195	PM7s

注：PM——变速器空挡，离合器结合；
　　K₁——变速器挂1挡，离合器脱开；
　　K₂——变速器挂2挡，离合器脱开。

我国控制乘用车燃料消耗量的第一个强制性国家标准《乘用车燃料消耗量限值》，于2004年9月2日经国家质检总局和国家标准委员会批准发布，2005年7月1日正式实施。

该标准适用于以点燃式发动机或压燃式发动机为动力，最大设计车速大于或等于 50 km/h，最大设计总质量不超过 3500 kg 的 M 类车辆（包括驾驶员座位在内，座位数不超过九座位的载客汽车）。该标准按照整车整备质量规定了乘用车燃料消耗量的限值（见表 3.2）。

表 3.2　乘用车燃料消耗量限值　　　　　　　单位：L/100km

整车整备质量(CM)/kg	第一阶段	第二阶段
CM≤750	7.6	6.6
750<CM≤865	7.6	6.9
865<CM≤980	8.2	7.4
980<CM≤1090	8.8	8.0
1090<CM≤1205	9.4	8.6
1205<CM≤1320	10.1	9.1
1320<CM≤1430	10.7	9.8
1430<CM≤1540	11.3	10.3
1540<CM≤1660	12.0	10.8
1660<CM≤1770	12.6	11.3
1770<CM≤1880	13.1	11.8
1880<CM≤2000	13.6	12.2
2000<CM≤2110	14.0	12.6
2110<CM≤2280	14.5	13.0
2280<CM≤2510	15.5	13.9
2510<CM	16.4	14.7

对于新开发车型，从 2005 年 7 月 1 日开始按第一阶段限值要求执行，从 2008 年 1 月 1 日开始按第二阶段限值要求执行；对于在产车型，从 2006 年 7 月 1 日开始按第一阶段限值要求执行，从 2009 年 1 月 1 日开始按第二阶段限值要求执行。该标准的具体测量方法按国家标准 GB/T 19233—2003《轻型汽车燃料消耗量试验方法》进行。

【项目 2】　影响汽车燃油经济性的因素认知

我们知道，汽车的燃油经济性主要取决于发动机的有效燃油消耗率和汽车行驶阻力及传动系效率。一切有利于发动机的有效燃料消耗率降低、汽车行驶阻力降低及传动系效率提高的措施都可以使汽车的燃料经济性提高。下面从汽车结构与使用两个方面讨论影响汽车燃料经济性的因素，来分析提高燃料经济性的途径。

1. 汽车结构方面

1）发动机

由图 3-2 可知，发动机中的热损失与机械损耗占燃油化学能中的 65% 左右。显然，发动机是对汽车燃料经济性最有影响的部件。

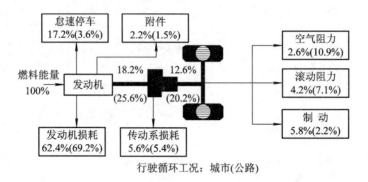

图 3-2 现代中型轿车 EPA 城市、公路循环行驶工况的能量平衡

目前看来，提高发动机经济性的主要途径有以下几种。

（1）提高压缩比。

当压缩比 ε 提高时，热效率增加，发动机动力性提高，油耗率降低。试验表明，在 ε＝7.5～9.5 范围内，压缩比每提高一个单位，油耗可以下降 4% 以上。

汽油机压缩比的提高主要受爆震和 NO_x 污染物排放的限制，同时提高到一定程度后，不仅对提高发动机的功率和效率无明显效果，而且会增加排气中 NO_x 的浓度。提高压缩比，需要相应汽油辛烷值，使得汽油炼制成本提高，改进燃烧室和进气系统，提高发动机结构的爆震极限；使用爆震传感器，自动延迟产生爆震时的点火提前角；开发高辛烷值汽油等，都是提高压缩比的措施。

（2）采用汽油机电子燃油喷射系统。

可燃混合气燃烧得完全，燃烧的放热量就多，这不仅能使发动机发出更大的功率，而且可使排出废气中的有害物质得到控制；燃烧得及时，可使油耗下降，热效率提高。

与传统的化油器供给系统相比，电子汽油喷射系统通过电子技术对系统实行多参数控制，可使发动机的功率提高 10%，在耗油量相同的情况下，扭矩可增大 20%；从 0～100 km/h 加速度时间减少 7%；油耗降低 10%；尾气排污量可降低 34%～50%，系统采用闭环控制并加装三元催化器，排放量可下降 73%。

（3）多气门结构。

在未来 5～10 年内，多气门技术还将继续发展和普及。四气门的主要优点有：油嘴垂直且中心布置，使油线分布均匀，相应的燃烧室也可以中心布置，中心燃烧室与偏置燃烧室相比，进气涡流动能的衰减要明显小得多；中置油嘴加中置燃烧室可以改善混合气的形成，提高燃烧质量，获得低的排放和高的转矩功率；四气门增加了气门的流通面积和流通力，进气面积可提高 11% 以上，排气面积可提高 25% 以上，从而降低了泵气损失，提高了充气系数，有助于降低燃料消耗率；中置燃烧室使活塞顶上的热负荷趋于均匀，便于冷却油腔的布置，采用冷却油腔的活塞能承受更高的热负荷；四气门采用两个独立的进气道，便于实现可变进气涡流，高转速、全负荷时两个进气道都打开，而在低速时只开一个进气道，从而提高了涡流比；中置且垂直的油嘴安装位置使用可变流道面积喷嘴，有助于减少排放，特别是低转速、低负荷的颗粒排放。

（4）涡轮增压技术。

增压是指对新鲜空气进行预压缩的过程。增压后进入燃烧室内的新鲜空气量增多，将燃烧更多的燃料，从而可以提高发动机功率。提高空气的压力和降低进入气缸的空气温度的办法是采用增压和中间冷却技术。该技术除明显改善发动机的动力性外，还可以改善燃料经济性。实践证明，在小型汽车发动机上采用涡轮增压，当汽车以正常的经济车速行驶时，可以获得相当好的燃料经济性；同时，发动机功率的增加，能得到驾驶员所期望的良好的加速性能。

采用增压技术不仅可提高功率 30%～100%，还可以减少单位功率质量，缩小外形尺寸，节约原材料，降低燃料消耗。实践表明：在一般柴油机上，将进排气管作适当变动，并调整加大供油量，加装废气涡轮增压器后，可明显增加功率、降低油耗。

（5）燃烧稀混合气。

稀混合气可以提高发动机燃料经济性的主要原因是，由于稀混合气中的汽油分子有更多的机会与空气中的氧分子接触，容易燃烧完全，同时混合气越接近于空气循环，绝热指数 K 越大，热效率随之提高；燃用稀混合气时，由于其燃烧后最高温度降低，使气缸壁传热损失较少，并使燃烧产物的离解减少，从而提高了热效率。另外，采用稀混合气时，由于气缸内压力、温度低，不易发生爆震，从而可以提高压缩比，增大混合气的膨胀比和温度，减少燃烧室残余废气量，因而可以提高燃油的能量利用效率。但若混合气过稀，则燃烧速度将过于缓慢，等容燃烧速度下降，混合气发热量和分子改变系数减少，指示功减小，但机械损失功变化很小，使机械效率下降；混合气过稀，发动机的工作对混合气分配的均匀性和汽油、空气及废气三者的混合均匀性变得更加敏感，循环变动率增加，个别缸失火的概率增加。

2）传动系

汽车传动系的挡数、传动比及传动系效率对汽车燃烧经济性都有很大影响。

为了降低汽车的燃料消耗量，不仅希望发动机的有效燃料消耗率的数值尽可能小，而且还希望发动机工作在特性曲线的最佳比油耗区。传动系的传动比（主要是变速器的传动比）影响发动机工作特性曲线与汽车行驶阻力之间的匹配。传动系的传动比应使发动机在经济工况下工作。

（1）变速器挡位数的影响。

在一定的行驶条件下，变速器应尽量用较高挡位。例如在良好水平路面上，在某些速度下既可用最高挡行驶，又可用次高挡行驶，则采用高挡行驶比较省油。因为在相同车速、相同阻力功率的情况下，采用高挡时发动机行驶阻力不变，所以，100 km 燃料消耗较小。

传动系的挡位越多，汽车在运行过程中越有可能选用合适的速比，使发动机处于经济的工作状况，以提高汽车的燃料经济性。因此，近年来轿车手动变速器已基本上采用 5 挡。大型货车有采用更多挡位的趋势，如装载质量为 4 t 的五十铃货车，装用了 7 挡变速器。由专职驾驶员驾驶的重型汽车和牵引车，为了改善动力性和燃料经济性，变速器的挡位可多至 10～16 个。但挡位数过多会使变速器结构大为复杂，同时操纵机构也过于繁琐，从而使变速器操作不便,选挡困难。为此常在变速器后接上一个两挡或三挡的副变速器。

如果无级变速器的传动效率与机械式有级变速器的传动效率同样能够提高,则采用无级变速器最理想,它可使发动机的工作特性与汽车的行驶工况始终有最佳的匹配。

(2)超速挡的应用。

传动系直接挡的总减速比(主减速器速比)是根据良好路面上的功率平衡图及直接挡要求的动力因素来选择的。这样的传动比在中等车速下,节气门开度仍然不大,发动机的燃料消耗率较高。为了改善良好路面上行驶时的燃料经济性,常不改变主减速器传动比,而在变速器中设一个传动比小于1的超速挡。在相同的车速和道路条件下,用超速挡比用直接挡时发动机的转速低,负荷率高,故燃料消耗率下降,因而可降低汽车的 100 km 燃料消耗量。

(3)主减速器传动比的影响。

主减速器的传动比选择较小时,在相同的道路条件和车速下,也同样使发动机的燃料消耗减小,有利于提高汽车的燃料经济性。但主减速器传动比过小会导致经常被迫使用低一挡的挡位,最小传动比挡位的利用率降低,反而使燃料消耗量增加。

(4)传动系的机械效率。

传动系的效率越高,则传动过程中的功率损失越少,汽车的燃料消耗量也随之减少。

2. 减小汽车行驶中的行驶阻力

汽车行驶过程中,滚动阻力和空气阻力在任何行驶条件下均会产生,因此汽车经常需要消耗功率来克服这些阻力。所以,减小汽车行驶中的滚动阻力和空气阻力,对节约燃料、提高汽车的燃料经济性很有意义。

1)减小汽车的滚动阻力

汽车的滚动阻力与路面状况、行驶车速、轮胎结构以及传动系统、润滑油料等都有关系。

(1)路面状况对汽车滚动阻力的影响。

我们知道在汽车总重一定的情况下,汽车行驶的滚动阻力主要决定于滚动阻力系数。不同路面的滚动阻力系数相差很大。

汽车在不平的路面上行驶时,经常跳动,引起悬挂装置和轮胎变形的增加,滚动阻力增加。为了节约燃油,一定要修好路面,养好路面。

(2)汽车行驶速度对滚动阻力的影响。

行驶车速对轮胎滚动阻力的影响很大,前面已给出了较多的分析。如图 3-3 所示,货车及轿车轮胎在车速 100 km/h 以下时,滚动阻力逐渐增加但变化不大;轿车轮胎在 140 km/h 以上时滚动阻力增长较快;车速达到某一临界车速,例如 200 km/h 左右时,滚动阻力迅速增长,此时轮胎发生驻波现象,从而使滚动阻力显著增加。所以从经济性的角度出发,在使用汽车时,载货汽车的车速最好控制在 100 km/h 以下,轿车的车速最好控制在 140 km/h 以下。

(3)轮胎气压对滚动阻力的影响。

轮胎的充气压力对滚动阻力系数影响很大,气压降低时,滚动阻力系数迅速增大。当汽车在良好的硬路面上以 50 km/h 以下的速度行驶时,汽车的滚动阻力占总行驶阻力的 80% 左右。

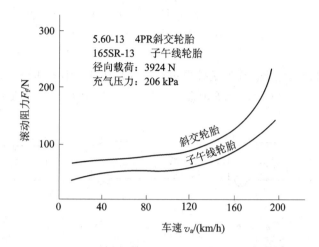

图 3-3　汽车行驶车速对滚动阻力的影响

滚动阻力系数取决于轮胎径向变形量。对于一定规格、层次的轮胎来说，径向变形量的大小主要取决于轮胎承载负荷和胎内气压。气压下降，径向变形量增大，滚动阻力系数增加，油耗增加。如当汽车各轮胎的气压均较标准(各车型规定值)降低 49 kPa，就会增加 5%的油耗；而当轮胎气压低于标准的 5%～20%时，就会减少 20%的轮胎行驶里程，相应增加 10%的油耗。可见，保持轮胎气压在标准范围，是减小滚动阻力、降低油耗的有效措施。

(4) 轮胎类型对滚动阻力的影响。

轮胎的结构、帘线和橡胶的品种对滚动阻力都有影响。子午线轮胎比斜交胎的滚动阻力系数小。这是因为子午线轮胎的胎线层数比斜交胎的层数少，一般为 4 层，从而层与层之间的摩擦损耗减小。同样层数和规格的轮胎，子午线轮胎接地面积比斜交胎大，接地印痕呈长方形，而斜交胎印痕呈椭圆形，因此斜交胎对地压强小且均匀，轮胎的变形量减小。当轮胎滚动一周时，子午胎与地面相对滑移量小，可多走 2%左右，其耐磨性可提高 50%～70%。研究表明，汽车轮胎滚动阻力减小 4%，油耗可下降 1%左右。例如人字形花纹轮胎反向使用时，滚动阻力比顺向使用时减少 10%～25%，可降低油耗 3%～8%。

2) 减小汽车的空气阻力

(1) 汽车车身结构与燃油消耗量的关系。

空气阻力与汽车车身结构密切相关，它由发动机产生的牵引力来克服。减小空气阻力，就可降低发动机消耗的功率，从而降低汽车的耗油量。要减小空气阻力，就必须减小汽车的迎风面积，并使之具有合理的流线型，从而降低空气阻力系数 C_D。另外，还要保持中速行驶。

C_D 取决于汽车的外形，即汽车的流线型如何。汽车的外形从箱型、甲壳虫型、船型、鱼型到楔型，经过了 5 个发展时期。当今公路上实用汽车的行驶速度已达到 100～150 km/h。为了保证较小的空气阻力和可靠的行驶稳定性，降低汽车的油耗，必须改善汽车车身的空气动力性能。

(2) 改善汽车车身空气动力性能的措施。

为了降低空气阻力，达到节油的目的，轿车的外形必然是在楔型的基础上不断改进的良好的流线型。货车及各类箱式车辆，尤其是大型牵引挂车，为了实用的目的，其巨大的车身一般均为非流线型，要想降低其空气阻力，解决的办法就是广泛使用各种局部的减阻装置。

① 外形设计的合理优化。首先是外形设计的局部优化，车头部棱角圆化可以防止气流分离和降低 C_D 值。图 3-4 所示为美国福特汽车公司对 3∶8 比例的汽车模型进行风洞试验的结果。

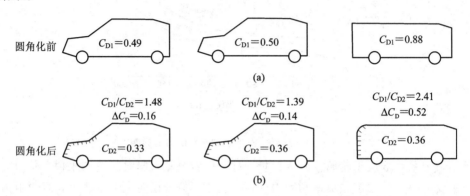

图 3-4　圆角化的影响
(a) 圆角化前；(b) 圆角化后

试验表明：当圆角半径取 40 mm 时，即可防止气流在转角处的分离。轿车模型可使阻力减小 40%～50%；箱式客车模型阻力下降更大。试验还表明：如能使汽车的平均空气阻力减小 2%，所需发动机的功率大约可减少 0.5%；轿车的 C_D 值下降 0.2，在公路上行驶可节油 22%，在市内可节油 6%，而在综合循环条件下，约节油 11%。例如，Audi100 轿车试验数据表明，C_D 从 0.42 降到 0.30，在混合循环时，燃料经济性可改善 9% 左右，而当以 150 km/h 的速度行驶时，燃料经济性改善达 25%。端面带圆角的物体比不带圆角的物体的 C_D 值小得多。同时 C_D 值还与物体的长度有关。只要有较小的圆角半径 r，就可以使 C_D 值大幅度下降。

其次是外形设计的整体优化。局部优化和气动附加装置都可部分地改进空气动力特性，取得良好的效果。但要使空气动力性能有较大的改变以达到更高的水平，则应进行外形设计的整体优化，也就是将汽车空气动力学的各项研究成果及改进经验，系统地应用到整车外形设计中来。

② 采用各种形式的减阻导流罩。导流罩是汽车四大节油装置之一，许多国家都广泛采用。

• 凸缘型减少空气阻力装置。这种装置装在箱式车身的前部，并包覆其顶边及两侧。安装这种装置后，空气阻力系数可减少 3%～5%。

• 空气动力筛眼屏板。这种减少空气阻力的装置装在驾驶室顶上。安装这种屏板后，空气阻力系数可减少 3% 以上。

• 导流罩。导流罩也称导流板或导风罩，多为顶装式，即安装在驾驶室顶上。安装导流罩后，空气阻力系数可减少 3%～6%。

• 间隔封罩。它装在驾驶室和车箱之间，由驾驶室后端延至车箱前端，将驾驶室和车箱间的空隙密封。封罩由柔软的膜布制成，多与其他减少空气阻力的装置共用。安装这种装置后可节约燃油 12%。

- 导流器。轿车的车速较高，容易在汽车尾部形成吸气涡流，为避免这种情况，可以在轿车的尾部加装空气导流器，安装后节油效果明显。

3. 汽车轻量化技术

钢铁材料仍是汽车的主要用材，但其所占的比例呈下降趋势。有色金属和塑料所占的比例上升得最快。直接原因是对汽车轻量化的要求越来越高，而有色金属和塑料本身性能的改善和加工工艺的进步也为其扩大应用创造了条件。其他非金属材料比例的提高也是令人瞩目的。这主要是由于对车辆的舒适性要求逐年提高，装饰更为高级、豪华，各种涂料、皮革、织物等非金属材料的用量越来越多。也正是由于汽车趋向于快速、高级、豪华、舒适、安全，形形色色的附配装置大量使用，使汽车的总质量有了较大的增加。这进一步加剧了汽车轻量化的迫切性与难度。汽车材料的这种变化趋势还会继续下去。

1）汽车轻量化技术

轻量化技术可采用"比铁更轻的金属材料"、"可重复使用的塑料"、"车体和部件的结构更趋合理化的中空型结构"等对策。如，高强度钢板制的车体材料、铝制发动机机体、铝合金飞轮、塑料消声器等的使用已趋普遍，而悬架部件、燃油箱轻量化则刚开始。此外，还有把发动机的凸轮轴和曲轴等旋转部件制成中空化结构，以减轻质量。汽车轻量化往往是通过这些细小技术的实施来使整体轻量化的。

发动机的质量除决定于基本尺寸这一因素之外，还受材料的选择和制造技术所制约。使用薄壁铸造技术，用轻合金和塑料等所制造的汽缸体和汽缸套，铝合金制的发动机机体和曲轴，回转部分的中空结构，发动机凸轮轴和曲轴的以塑代钢、以陶代钢，以及采用陶瓷活塞销等，使零部件轻量小型，从而可实现提高功率、节能和燃料费降低的目标。

2）材料轻量化

（1）各种汽车材料的密度。

各种汽车材料的密度有很大差异，因此存在着轻量化材料替代高密度材料，从而减轻制件的可能性。但是由于材料性能各异，特别是强度和刚性不同，材料间未必能等容积互代，因此低密度材料往往需要加大制件的尺寸才能等效地替代高密度材料。

（2）现用轻量化材料。

具有代表性的汽车轻量化材料有轻金属、高弹力钢、塑料等。在构成材料中，这些材料所占有的比例渐渐增加。根据通用汽车公司的战略，今后将转向使用铝和塑料的轻量化材料。各汽车制造厂和研究所对轻型新材料研究虽十分盛行，但对大批量生产来说还存在成本平衡问题。在汽车界价格激烈竞争的情况下，轻量化带来的成本提高是不容易得到认可的。实施轻量化的过程中，尽可能降低成本的提高，是设计者们的目标。

（3）新型轻量化材料。

多数新材料是在航空宇宙领域开发过程中产生的，现在汽车上使用的高强度钢，也是在 20 世纪 60 年代火箭开发中成熟起来的。新陶瓷、碳纤维是航天飞机和火箭中必用的材料。新型轻量化材料现在的市场规模小，但在今后如进入成长期，并能迅速批量生产和低价格化时，才可在汽车上得到应用。

3）轻量化材料减轻汽车质量的潜力

目前汽车的主导材料是钢，其在汽车材料中的主导地位已受到密度较小的塑料和铝的竞争。钢的主要领域仍限于轿车车身，而不是动力和传动系统。这是因为后者所包含的零部件大多是高应力件，所用钢种是高强度的中碳钢或合金中碳钢，往往运用热处理以及渗碳等化学热处理增强工艺。但车身应用低强度的低碳钢，因而其地位受到塑料和铝的挑战。

轿车质量的很大份额是车身壳体及车门、发动机罩、行李舱盖板、前后保险杠以及汽油箱、座椅等薄板附件。现代汽车前后保险杠已基本实现了塑料代钢，汽油箱大体上也已被塑料占领，其他附件正处在激烈竞争状态。行李舱盖板和发动机罩等水平零部件是塑料和铝的发展热点。

传统的轿车车身是一种薄壳体，所用钢板已经很薄。由于钢的密度远远超过铝和塑料，因此从竞争的角度来说，还需继续减薄和降低质量。车身用钢的发展方向一个是提高强度，另一个是提高延性，第三是提高抗蚀性，还要在采用这些新材料的基础上，改善结构设计和制造成型技术。

不同种类的汽车对材料的需求是不同的，一般来说，轿车用铸铁和铸钢件较少，大多被铸铝件取代，相对来说轿车使用有色金属是比较多的。汽车所用的材料，由于节省能源、节省资源、轻量化的需要而有所变化，新材料相继被推出、应用。

4．汽车使用节能技术

1）汽车驾驶与节油

汽车节油驾驶是整个汽车驾驶操作技能的主要组成部分，因为节省燃油会有直接的经济效益。熟练地掌握和运用这项操作技能驾驶汽车，一般可节油 $2\%\sim12\%$。

要实现节油驾驶操作，首先要掌握基本的汽车驾驶操作规范，并做好车辆维护，包括针对节油要求的各项调整维修，发现故障及时维修，确保汽车处于完好的技术状况，不带病行车。还必须坚决改掉不符合规范的费油操作习惯，然后根据具体车况、路况灵活运用各种节油操作技能，就会得到良好的节油效果。

由于各种汽车的结构、性能有所不同，驾驶员还应随时随地按照所驾驶车辆的使用说明书中的要求操纵车辆，既能保证顺利地行车，也能做好节油驾驶。

2）发动机起动与升温

发动机的起动一般分为常温起动、冷起动和热起动三种。当大气温度或发动机温度高于 5℃时，起动发动机不需要采取辅助措施，这种操作称为常温起动。而大气温度或发动机温度低于 5℃时，起动发动机称为冷起动。发动机温度在 40℃以上起动发动机称为热起动。

（1）发动机的常温起动。

发动机常温起动的操作要领是：轻踩加速踏板，尽可能做到一次起动成功，起动后保持发动机低中速运转。试验表明：升温转速过低，升温时间加长，油耗增加；升温转速过高，油耗也增加，还会增加机件磨损。当发动机水温升到 40℃时，应尽快转到怠速运转和准备起步。

（2）发动机的冷起动。

我国北方地区寒冷的 1 月平均气温达-20℃以下，西北、东北及高原严寒地区最低温度达−30℃～−40℃。低温对汽车行驶的影响，首先是发动机的冷起动，如果不采取必要的冷起动措施，不但发动机起动困难，而且会使起动油耗增加和发动机磨损增大。低温冷起动汽油发动机的主要困难有以下三项：

① 低温下机油粘度变大，曲轴旋转阻力矩增大，发动机起动转速降低，气缸内气流扰动作用变差，燃料与空气混合不均匀。

② 随着温度降低，汽油的挥发性显著下降，粘度和相对密度增大、流动性变差，雾化不良，相当一部分汽油以液态进入气缸，造成混合气过稀。

③ 低温下蓄电池电解液粘度增大，向极板渗透能力下降，内阻增大，电瓶端电压下降，输出功率减少，以致起动机无力拖动发动机旋转或不能达到最低的起动转速。火花塞跳火能量也变小，不能点燃混合气。

在寒冷地区的汽车，发动机冷起动的措施首先是采用低温粘度的机油；还应预热进气系统，以提高发动机进气温度，改善燃油雾化；加热气缸体水套，以提高气缸内温度，改善燃烧过程。在严寒地区应采用电瓶加热保温箱，防止电瓶电解液温度过低而导致输出功率过低，并保证向电瓶正常充电；对进气系统应喷入起动汽油（柴油机为起动液）以改善混合气质量等。

目前在发动机气缸体中已普遍灌注乙二醇型冷却液。结合采用各低温粘度机油和发动机的预加热装置等，是冬季起动发动机节省燃油的有效措施。

（3）发动机的热起动。

汽车在行驶过程中经常有临时停车后重新起动发动机的情况，由于这时发动机水温较高，因而称为发动机的热起动。热起动时应轻踩加速踏板，做到一次顺利起动，如果重踩加速踏板起动发动机，则反而费油。

在发动机起动升温时，为了节省燃油，应该待发动机水温升到 40℃ 以上才起步行驶。由于起步水温低时，燃油雾化不良、发动机不能正常工作，加之机油粘度较大，摩擦损失功率增加，都会增加油耗。

3）汽车起步加速

汽车起步加速要求做到发动机既不熄火又能省油，关键在于正确掌握抬离合器踏板和踩加速踏板的要领。

汽车平路起步时，左脚完全踩下离合器踏板，将变速杆置于低挡位置，左手握转向盘，右手放松驻车制动器操纵杆。当左脚抬离合器踏板时，这个操作应分两个阶段，前一阶段动作适当快一些，待传动机件稍有振抖，发动机声音略有变化，即离合器与飞轮刚接合时，抬离合器踏板的动作（后一阶段）在这一位置稍作短暂停留，同时，右脚轻轻踩下加速踏板，左脚再缓慢抬起离合器踏板，使车辆平稳起步。

右脚踩下加速踏板的限度，可以听发动机的声音，以声音增高较柔和为宜。如果加速踏板踩下过猛，则发动机会出现发"闷"的吼声，说明加速过量，应稍抬踏板，防止发动机短期内出现高负荷，引起车辆加速过快向前冲动。如果加速踏板踩下不够，则会感到车辆动力不足。如果加速踏板踩得不够而离合器踏板抬起过猛，则会使发动机熄火，只能重新起步。以上三种操作都会增加油耗。关于踩加速踏板对提速和油耗的关系，一般来说踩加速踏板轻（缓加速）时，油耗较少但提速慢；踩加速踏板重（稍重）时，提速较快但费油。

汽车在坡道上起步时也要平稳起步，必须做到操纵驻车制动、离合器踏板和加速踏板的动作相互配合得当，即右手握住驻车制动操纵杆，右脚轻踩加速踏板，使发动机转速提高到中等程度，这时抬离合器踏板到半接合状态，当听到发动机声音发生变化时缓缓放松驻车制动，同时逐渐踩下加速踏板和慢抬离合器踏板，做到平稳起步。如果脚手操作配合不当，则会使汽车倒退，发动机熄火，这必将增加油耗。

汽车起步加速时还要做好初始挡位的选择，因为汽车起步要克服车辆的静止惯性，需要有较大的驱动力，由于发动机提供的转矩不能直接满足汽车起步的需要，因此要通过在汽车变速器上选择一挡、二挡位置的减速增扭作用，可加大车轮的驱动转矩，达到提高汽车起步的驱动力的目的。

汽车满载以及空载在坚实平坦的路面上可用二挡起步，这样既能满足汽车起步加速的动力要求，又能有效地节约燃油。当汽车起步阻力很大时，如在坑洼土路和泥泞道路以及拖带挂车和半挂车满载起步时，才采用一挡起步。

4）汽车行驶

汽车行驶过程中，随着道路状况、交通流量等具体情况的变化需要更换变速器的挡位，使驱动车轮获得所需的牵引力，以克服变化的行驶阻力，这就面临挡位选择及换挡时机的问题。

一般的变速器有四五个前进挡位和一个倒挡，其中一挡、二挡为低速挡，它的传动比大，减速增扭作用显著，主要用于汽车起步、爬陡坡等要求牵引力大的工况，但油耗大，不宜长时间使用。三挡为中速挡，是汽车由低速到高速或由高速到低速的过渡挡位，还适用于转急弯、窄路、窄桥会车和通过困难路段等工况，车速稍快，但油耗较大，仍不宜长距离行驶。四挡、五挡为高速挡，由于传动比小或直接传动，因而传递到驱动轮上的转矩较小，但车速快，是汽车在良好路面上行驶的常用挡位。

（1）汽车行驶时的换挡。

汽车行驶时应及时换挡，这对油耗的影响很大。及时换挡一般有以下几方面的内容：

① 汽车在平原或丘陵地带低挡起步后，在道路和交通条件良好、车速不受限制情况下，应及时逐级加挡，换入高速挡行驶，不仅可提高车速，而且节省油耗。

② 汽车在坡道行驶能用相邻较高一挡时，应及时换入较高的挡位，但换入高一挡位后行驶距离很短，或车速难以升起，则应及时减挡，仍用相邻较低一级的挡位行驶。

③ 汽车在陡坡行驶，如坡道不长，交通条件允许，并用高速挡能够冲上坡顶的情况下，不需减挡爬坡，尤其是柴油车在坡道上能以较高车速通过。对于较长坡道或较大陡坡道，汽车用高速挡不能爬过时，"高挡不硬撑"，应及时逐级减挡，不要等汽车惯性消失才换挡，否则等于汽车在陡坡上重新起步，将增加油耗。

（2）汽车行驶中掌握好换挡时机。

汽车及时换挡除了选用合适挡位外，关键是掌握好换挡时机，对节油十分重要。换挡时机一般用换挡时的车速来表示，可用距离或时间来表示。试验表明：汽车在平路上行驶时必须按最佳的换挡时机自低速挡依顺序换入高速挡，超前或滞后换挡都会费油。

由于各种车型的结构不同，最佳换挡车速和距离也不同，甚至同一类型的汽车也不尽相同。具体到某一车辆就需要驾驶员自己摸索，才能逐步掌握好最佳换挡时机。

（3）汽车行驶中的换挡操作。

汽车在坡道上的减挡操作相对于在平路上的换挡操作要突出一些。减挡过早指汽车在坡道速度下降很少，甚至没有下降，还不到换挡时机就换到低一级挡位行驶，致使不能充分利用汽车惯性来克服行驶阻力，反而抑制惯性，增加阻力，造成油耗增加。减挡过迟一般是指汽车在坡道上速度下降到该减挡的时刻而没有及时减挡，推迟了换挡时机。由此可知，汽车上坡减挡的关键是既要利用汽车惯性，又不可使汽车惯性过多消失，才能做到节约燃油。

一脚离合器换挡的加挡程序是：当车辆需要提高车速而增高一级挡位时（加挡），迅速抬加速踏板，同时踩下离合器踏板，将变速杆从原挡挂入空挡稍作停顿再挂入高挡，快抬离合器踏板和踩加速踏板使汽车继续行驶。减挡程序是：当车辆受到交通环境变化和坡道行驶使车速降低，以及道路阻力增大需要减低一级挡位时，可稍抬加速踏板，同时踩下离合器踏板，将变速杆摘下后迅速挂入低挡，快抬离合器踏板和踩加速踏板使汽车继续行驶。以上操作程序可以简化：

① 抬加速踏板（减挡时稍抬），同时踩下离合器踏板。

② 将变速杆从原挡摘下，并迅速挂入新挡位（加挡时稍缓）。

③ 抬起离合器踏板和踩加速踏板行车。

汽车行驶过程中运用一脚离合器换挡时，操作必须熟练、准确、敏捷，需要逐步领会和掌握，如果操作不当，会造成同步器早期磨损。

（4）汽车行驶速度的合理选择。

控制汽车行驶速度除了能确保安全地完成生产任务，也是为了节约汽车燃油和降低运输成本，合理地选择安全和节油的车速是驾驶员节油驾驶操作中最为主要的环节。

汽车行驶过程的燃油消耗，不仅取决于发动机的单位燃油消耗，还取决于汽车克服行驶阻力所需的功率。当车速低时，克服行驶阻力所需功率较小，但发动机负荷低而比油耗上升，导致油耗增加；当车速高时，发动机负荷高而比油耗下降，但车速提高克服行驶阻力所需的功率较大，超过了发动机比油耗下降的作用，也会使油耗增加。所以，汽车速度较低和较高都会增加油耗，只有在中间某一速度时油耗最低，这个车速称为经济车速。汽车在每个挡位行驶时，都有一个对应的油耗最低车速，这就是各挡位的经济车速。

根据国家标准测定汽车在平坦的水泥、沥青路面上，用最高挡等速行驶油耗特性曲线中最低燃料消耗量的车速称为技术经济车速。技术经济车速仅仅是评定汽车燃料经济性的一项指标。汽车在完成客货运输生产时必须服从运输任务的要求和适应各种主、客观条件，以此运用相应的最低油耗或较低的行车速度，做到既能较好地完成运输任务，又能节约燃油，这种行车速度称为运行经济车速。它可以通过公路行驶实地测试求得，也就是汽车使用说明书提供的该车满载、最高挡和一定的运行条件下的经济车速；但是这个运行经济车速只是一个车速点，经验丰富的驾驶员也不可能将车速长期稳定在某个点上。为了便于做好节油驾驶操作，将经济车速前后及油耗比较低的车速划为一组，称为运行经济车速范围，具有实用意义。在一般的情况下，汽车在整个运行过程中使用最高挡位行驶在良好公路上的总行程和总油耗所占的比例相当大（70%～90%），所以用上述最高挡位车速作为汽车的运行经济车速。对于其他挡位、低级公路和山区公路的运行经济车速也可通过测试得出。

汽车在公路上行驶时，驾驶员为了节约燃油，应该根据当时的道路和路面状况、交通流量、气候风向、车辆载重等不同工况随时调整加速踏板，尽可能保持在运行经济车速范围内运行,更应尽量避免不必要的高速行车而使油耗剧增。一般来说,汽车在良好的交通条件下行驶,用最高挡和运行经济车速范围的下限行驶;当汽车行驶阻力增大以及交通繁杂,不能用最高挡行驶时,应及时换入低挡并保持在该低挡的经济车速范围内行驶。驾驶员在生产实践中积累经验,便能做到灵活地运用好运行经济车速,创造出优良的节油效益。

学习测试

一、填空题

(1) 汽车的燃料经济性常用汽车行驶 _____ km 所消耗的燃料量来评价。燃料经济性指标要根据 _____ 试验或 _____ 试验结果来评定,也可以通过 _____ 进行估算。

(2) 汽车燃料经济性指标有 _____、_____、_____ 三大类。

(3) 多工况循环试验一般由 _____、_____、_____、_____ 四个段组成。

(4) 由汽车燃料消耗方程可知,汽车的燃料经济性主要取决于 _____ 和 _____。

(5) 在良好的路面上,汽车在一定车速范围内,既可用最高挡行驶,也可用次高挡行驶,应选用 _____ 行驶。

(6) 变速器设置超速挡的目的是 _____,所以超速挡又称 _____ 挡。

(7) 汽车制造厂生产的某车型燃料消耗量考核指标是 _____,其值必须 _____ 国家规定的限值指标,方能通过考核。

二、判断题

(1) 汽车行驶速度越快,燃油经济性越好。( )

(2) 汽车拖挂运输可使汽车的百公里油耗下降,从而起到节油效果。( )

(3) 一般来说,道路条件越好,发动机的功率利用率越低。( )

(4) 汽车列车之所以能节省燃料,是由于它的百公里油耗减少了。( )

(5) 试验表明,一般发动机在较低的转速范围和低负荷率时,其经济性较好。( )

(6) 为了降低吨公里耗油量,提高汽车燃料经济性,应尽量增加汽车重量,以提高负荷率。( )

(7) 汽车在良好路面上采用加速滑行的优越性是发动机功率利用率高和单位行驶里程油耗低。( )

(8) 为了提高汽车的经济性,变速器挡位设置应适当增加挡位数。( )

三、选择题

(1) 变速器挡位数增多,则( )。

A. 动力性提高,经济性提高　　　　B. 动力性提高,经济性下降

C. 动力性下降,经济性提高　　　　D. 动力性下降,经济性下降

(2) 我国规定的汽车燃油经济性的综合评价指标为( )。

A. 等速百公里燃油消耗量　　　　B. 加速油耗

C. 循环工况百公里油耗　　　　　D. 混合油耗

四、问答题

(1) 什么是等速百公里燃油消耗量?我国对汽车的燃油经济性评价是如何规定的?

　（2）为什么说汽车列车运输经济性好？

　（3）采用高速挡行驶为什么能够节油？

　（4）为什么加速滑行可以节油？

　（5）变速器为何设置超速挡？

　（6）保持发动机良好的技术状况以利于提高燃料经济性的主要措施有哪些？

　（7）汽车燃料消耗量试验方法有哪些？

　（8）从使用技术方面来讲，提高燃料经济性的措施有哪些？

学习任务 2　汽车燃油经济性检测

学习目标

　（1）掌握乘用车燃油消耗量试验方法；

　（2）掌握商用车燃油消耗量测试方法；

　（3）会使用油耗计。

任务分析

　　我们知道，对于汽车的动力性用三个特定状态的参数表示即可。而燃油的经济性则贯穿于汽车制造及使用的整个过程，包括汽车本身的结构设计、制造工艺、各总成的调整和所用燃料等，还受到道路状况、交通情况、驾驶习惯、气候条件等各种因素的影响。因此，在理论的分析计算中因有许多不确定因素而带来诸多不便。故实际上汽车燃料经济性的评价分析往往更着重利用试验手段，通过使用有关的仪器设备检测得到。

　　对于汽车燃油经济性的检测，目前主要使用台架试验、底盘测功机试验和道路试验的方法进行。通过试验，获得汽车燃油的消耗量以评价汽车的技术状况及综合性参数。试验常使用油耗计，用油耗计测量汽车燃料消耗量不仅可以诊断燃料供给系的技术状况，而且可以诊断发动机及整车的技术状况。国外一些汽车运输企业把油耗计作为诊断汽车是否需要维修的有效工具。油耗计也称为燃料流量计。

　　底盘测功机试验或道路试验测量燃油消耗量时，首先测定汽车通过一定路程时消耗的燃料量和通过时间，然后由燃料量、路程和时间，计算试验车速下汽车燃料消耗量。

　　台架试验时，通过测定发动机消耗一定体积燃料或一定质量燃料所经过的时间，然后由燃料消耗量和经过时间计算单位时间的燃料消耗量（该方法也称为容积法或质量法）。

任务实施

【项目 1】　乘用车燃油消耗量试验方法认知

1. 试验一般条件

试验条件有一般试验条件部分和其他规定。试验车辆的一般条件为：

(1) 试验车辆在试验前应进行磨合，至少应行驶 3000 km。

(2) 应根据制造厂规定调整发动机和车辆操纵件。特别应调整怠速装置（调整转速和排气中 CO 含量）、起动装置和排气净化系统。

(3) 为避免因偶然进气而影响混合气的形成，应检查试验车辆进气系统的密封性。

(4) 试验车辆的性能应符合制造厂规定，应能正常行驶，并顺利地冷、热起动。

(5) 试验前，试验车辆应放在环境温度为 20～30℃ 的环境下，至少保持 6 h，直至发动机机油温度和冷却液温度达到该环境温度的 ±2℃ 为止。车辆应在常温下运行之后的 30 h 之内进行试验。

(6) 试验车辆必须清洁，车窗和通风口应关闭，只能使用车辆行驶必需的设备。如果有手控进气预热装置，则其应处于制造厂根据进行试验时的环境温度规定的位置。

(7) 如果试验车辆的冷却风扇为温控型，则应使其保证正常的工作状态。乘客舱应关闭空调系统，但其压缩机应处于正常工作状态。

(8) 试验车辆如装有增压器，试验时增压器应处于正常工作状态。

(9) 对于四轮驱动的试验车辆，只使用同轴两轮驱动进行试验，应在试验报告中注明。

2. 其他条件

(1) 试验车辆应使用制造厂规定的润滑油，并在试验报告中注明。

(2) 轮胎应选用制造厂作为原配件所要求的类型，并按制造厂推荐的轮胎最大试验负荷和最高试验速度对应的轮胎充气压力进行充气。轮胎可以与车辆同时磨合或者花纹深度应在初始花纹深度的 80%～90% 之间。

(3) 试验燃油应符合车辆制造厂规定。

(4) 燃油消耗量的测量条件如下：

① 距离的测量准确度应为 0.3%，时间的测量准确度应为 0.2 s，燃油消耗量、行驶距离和时间的测量装置应同步起动。

② 燃油通过一个精度为 ±2% 的能测量质量的装置供给发动机，该装置使车辆上的燃油记录装置进口处的燃油压力和温度的改变分别不得超过 10% 和 ±5℃。如果选用容积法测量，则应记录测量点的燃油温度。

③ 也可以设置一套阀门系统以保证燃油从正常的供油管路迅速流入测量管路。改变燃油方向的操作时间不得超过 0.2 s。

(5) 标准条件：大气压力 $P_0 = 100$ kPa，温度 $T_0 = 293$ K（20℃）。此外，还需计算空气密度。

空气密度的计算公式为

$$d_t = d_0 \times \frac{P_T}{P_0} \times \frac{T_0}{T_1} \qquad (3-1)$$

式中：d_T——试验条件下的空气密度；

d_0——标准条件下的空气密度；

P_T——试验期间的大气压力；

T_1——试验期间的绝对温度。

按上式计算的试验时的空气密度与标准条件下的空气密度之差不得大于 7.5%。

（6）环境条件。

① 环境温度应为 5℃（278 K）～35℃（308 K），大气压力应为 91～104 kPa。相对湿度应小于 95%。

② 如果制造厂允许，可在最低到 1℃ 的环境温度下进行试验。此时，应采用规定的 5℃ 的温度校正系数。

（7）燃油消耗量的计算。

① 采用重量法确定燃油消耗量 C：

$$C = 100 \times \frac{M}{D \times S_g} \quad (1/100\text{km}) \tag{3-2}$$

式中：S_g——标准温度 20℃（293 K）下的燃油密度（kg/dm³）；

　　　α——试验期间的实际行驶距离（km）；

　　　M——燃油消耗量测量值（kg）。

② 采用容积法确定燃油消耗量 C：

$$C = 100 \times V \frac{[1 + \alpha(T_0 - T_F)]}{D} \tag{3-3}$$

式中：V——燃油消耗量（体积）测量值（L）；

　　　α——燃油容积膨胀系数。燃油为汽油和柴油时，该系数为 0.001/℃；

　　　T_0——标准温度为 20℃（293 K）；

　　　T_F——燃油平均温度，即每次试验开始和结束时，在容积测量装置上读取的燃油温度的算术平均值（℃）。

3. 模拟城市工况循环燃油消耗量试验

该试验应按要求在底盘测功机（以下简称测功机）上进行，试验运转循环见图 3-5、表 3.3 和表 3.4。M1 类车辆的试验质量为整车整备质量加上 100 kg；N1 类车辆试验质量为整车整备质量加上 180 kg；当车辆的 50% 装载质量大于 180 kg 时，试验质量整备质量加上 50% 的装载质量（包括测量仪器和人员的质量）为整车。N1 类车辆的载荷分布应符合规定。

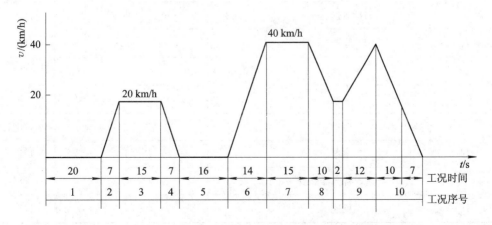

图 3-5　微型汽车试验循环

表 3.3 模拟城市工况循环燃油消耗量试验运转循环

工况序号	运转次序	加速度	速度	每次时间 运转	每次时间 工况	累计时间
1	1 怠速	—	—	11	11	11
2	2 加速	1.04	0→15	4	4	15
3	3 等速	—	15	3	3	23
4	4 等速	0.69	15→10	2	5	25
	5 减速、离合器断开	0.92	10→0	3		28
5	6 怠速	—	—	21	21	49
6	7 加速	0.83	0→15	5	12	54
	8 换挡	—	—	3		56
	9 加速	0.94	15→32	5		61
7	10 等速	—	32	24	24	35
8	11 减速	0.75	32→10		11	93
	12 减速、离合器断开	0.92	10→0	3		95
9	13 怠速	—	—	21	21	17
10	14 怠速	0.83	0→15	5	28	122
	15 换挡	—	—	2		124
	16 加速	0.62	15→35	9		133
	17 换挡	—	—	3		135
	18 加速	0.62	35→50	8		143
11	19 等速	—	50	12	12	155
12	20 等速	0.52	50→35	8	8	163
13	21 等速	—	35	13	13	176
14	22 换挡	—	—	2	12	178
	23 减速	0.86	32→10	7		185
	24 减速、离合器断开	0.92	10→0	3		188
15	25 怠速	—	—	7	7	195

注：如车辆装备自动变速器，驾驶员可根据工况选择合适的挡位。

表 3.4　当量惯量下的试验车辆质量

试验车辆总质量/kg	当量惯量下的试验车辆质量/kg
$T \leqslant 480$	455
$480 < T \leqslant 540$	510
$540 < T \leqslant 595$	570
$595 < T \leqslant 650$	625
$650 < T \leqslant 710$	680
$710 < T \leqslant 765$	740
$765 < T \leqslant 850$	800
$850 < T \leqslant 965$	910
$965 < T \leqslant 1080$	1020
$1080 < T \leqslant 1190$	1130
$1190 < T \leqslant 1305$	1250
$1305 < T \leqslant 1420$	1350
$1420 < T \leqslant 1530$	1475
$1530 < T \leqslant 1640$	1590
$1640 < T \leqslant 1760$	1700
$1760 < T \leqslant 1930$	1800
$1930 < T \leqslant 2155$	2040
$2155 < T$	2270

应按表 3.4 规定的车辆试验质量对应的当量惯量调整测功机。如果推荐的当量惯量无法在所使用的测功机上得到，则应采用大于基准质量的最接近等效当量惯量试验质量。

应设定测功机的载荷，并按照规定的车辆试验质量来确定有效道路总行驶阻力。

燃油消耗量值由两个连续的模拟城市工况循环所消耗的燃油量来决定。进行循环之前，应使发动机在规定条件下进行足够次数（至少进行五次循环）的模拟城市工况循环试验，直到温度稳定，特别应使机油温度稳定。发动机温度应保持在制造厂规定的正常工作范围内。如有必要，可采用附加冷却装置。为了便于测量燃油消耗量，两个连续的模拟城市工况循环之间的间隔时间（怠速状态）不应超过 60 s。

试验结果：按模拟城市工况循环测量的燃油消耗量应等于按上述规定进行的三次连续测量的算术平均值。如果进行三次试验后的燃油消耗量极限值与平均值之差超过 5%，则按上述规定继续试验，直至获得至少 5% 的测量精度为止。

4. 等速行驶燃油消耗量试验

等速行驶燃油消耗量试验既可在测功机上进行，也可在道路上进行。车辆试验质量为整车整备质量加上 180 kg，当车辆的 50% 装载质量大于 180 kg 时，车辆试验质量为车辆整车整备质量加上 50% 的装载质量（包括测量人员和仪器的质量）。对于 M1 类车辆，载荷的质心应位于前排外侧座椅 R 点连线的中点。其中，对于最多两排座椅的车辆，载荷的质心应位于前排外侧座椅 R 点连线的中点；对于多于两排座椅的车辆，最初的 180 kg 载荷的质心应位于前排外侧座椅 R 点连线的中点，附加载荷的质心应位于车辆中心线上，且应在前排外侧座椅 R 点连续中点和第二排外侧座椅 R 点连线中点之间。对于 N1 类车辆，附加载荷(指试验总载荷减去测量仪器和人员的质量)的质心应位于车辆货厢的中心。如果车辆在最高挡 n 时的最大速度超过 130 km/h,则只能使用该挡位进行燃油消耗量的测定。如果在 $n-1$ 挡的最大速度超过 130 km/h,而 n 挡的最大速度仅为 120 km/h,则 120 km/h 的试验应在 $n-1$ 挡进行,但制造厂可要求 120 km/h 的燃油消耗量在 $n-1$ 挡和 n 挡同时测定。

1)道路试验

(1)道路条件和气象条件。道路应干燥,路面可以有湿的痕迹,但不得有任何积水;平均风速小于 3 m/s,阵风不应超过 5 m/s,在第一次测量之前,车辆应进行充分的预热,并达到正常工作条件。在每次测量之前,车辆应在试验道路上以尽可能接近试验速度的速度(该速度在任何情况下与试验速度相差不得大于±5%)行驶至少 5 km,以保持温度稳定。在测量燃油消耗量时,若速度变化超过±5%,则冷却液、机油和燃油温度变化不应超过±3℃。

(2)测量用试验道路。测量路段的长度至少应为 2 km,可以是封闭的环形路(测量路程必须为完整的环形路),也可以是平直路(试验在两个方向上进行)。试验道路应保证车辆按规定等速稳定行驶,路面应保持良好状态,在试验道路上任意两点之间的纵向坡度不应超过±2%。

(3)为了确定在规定速度时的燃油消耗量,应至少在低于或等于规定速度时进行两次试验,并在至少等于或高于规定速度时进行另两次试验,在每次试验行驶期间,速度误差为±2 km/h。每次试验的平均速度与试验规定速度之差不得超过 2 km/h。

(4)使用规定的公式计算每次试验行程的燃油消耗量。指定速度的燃油消耗量应按规定的方法取得的试验数据用线性回归法来计算。在试验道路上两个方向上进行试验时,应分别记录在每个方向上获得的值。如果在平均速度等于指定速度±0.5 km/h 时测量燃油消耗量,则可用获得的试验数据的平均值计算规定速度下的燃油消耗量。

2)测功机试验

测功机的特性应符合本标准的规定。试验室的条件应能调整,以便车辆在润滑油、冷却液和燃油的温度同在道路上用同一速度行驶时的温度范围相一致的正常运行条件下进行试验。该温度范围是基于制造厂使用结构类似的发动机/车辆在道路试验期间事先收集的数据,并进行确认后得到的。车辆的装载质量应与在道路上试验时相同。驱动轮轮胎应符合规定。将车辆停在测功机上进行以下检查:

(1)车辆的纵向中心对称平面是否与一个或多个滚筒轴线垂直;

(2)车辆的固定系统不应增加驱动轮的载荷。

车辆一达到试验温度,就应以接近试验速度的速度在测功机上行驶足够长的距离,以便调节辅助冷却装置来保证车辆温度的稳定性。该阶段持续时间不得低于 5 min。

试验程序:按适当的试验速度和试验质量设定测功机,以达到总的道路行驶阻力。测量行驶距离不应少于 2 km。试验时,速度变化幅度不大于 0.5 km/h。此时,可以断开惯性装置,至少应进行四次测量。

【项目 2】 商用车油消耗量测试方法认知

1. 试验条件

试验车辆载荷:除了特殊规定外,适用于 M2、M3 类城市客车为装载质量的 65%;其他车辆为满载,乘员质量及装载要求按 GB/T 12534 的规定。

试验仪器精度:车速测定仪器精度为 0.5%燃油流量计精度为 0.5%,计时器最小读数为 0.1 s。

2. 试验的一般规定

试验车辆必须清洁,关闭车窗和驾驶室通风口,只允许为驱动车辆所必需的设备工作。由恒温器控制的空气流必须处于正常调整状态。试验车辆必须按规定进行磨合,道路试验的其他试验条件、试验车辆准备按 GB/T 12534 的规定。在底盘测功机上所进行的试验,试验条件可参照 GB/T 12545.1 乘用车燃油消耗量试验方法规定执行。试验用燃油应符合车辆制造厂的规定。轮胎应选用车辆制造厂作为原配件所要求的类型,并按制造厂推荐的轮胎最大试验负荷和最高试验速度对应的轮胎充气压力进行充气。轮胎可以与车辆同时磨合或者花纹深度应在初始花纹深度 50%~90% 之间。

3. 等速行驶燃油消耗量试验

测试路段长度为 500 m,挡位采用直接挡或直接挡和超速挡。对带自动变速器的车辆,应采用高挡。等速行驶通过 500 m 的测试路段,测量通过该路段的时间及燃油消耗量。试验车速从 20 km/h(最小稳定车速高于 20 km/h 时,从 30 km/h)开始,以车速 10 km/h 的整数倍均匀选取车速,直至最高车速的 90%,至少测定 5 个试验车速。同一车速往返各进行两次。

以试验车速为横坐标,燃油消耗量为纵坐标,绘制等速行驶燃油消耗量散点图,根据散点图绘制等速行驶燃油消耗量的特性曲线。

本项试验也可以在底盘测功机上进行,具体试验条件、试验方法可参照 GB/T 12545.1 规定执行。

4. 多工况循环燃油消耗量试验

1) 工况循环

六工况循环见图 3-6,适用于城市客车及双层客车之外的车辆。四工况循环见图 3-7,适用于城市客车和双层客车(包括城市铰接式客车)。

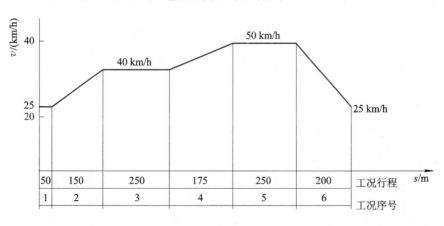

图 3-6 六工况循环图

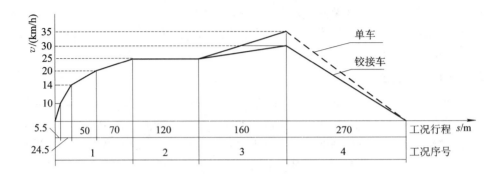

图 3-7　四工况循环图

2）道路试验

（1）试验方法。

① 汽车尽量用高挡进行试验，当高挡位达不到工况要求，超出规定偏差时，应降低一挡进行，当车辆进入可使用高挡行驶的等速行驶段和减速行驶段时，再换入高挡进行试验。换挡应迅速、平稳。

② 减速行驶中，应完全放松加速踏板，离合器仍接合。当试验车速降至 10 km/h 时，分离离合器，必要时，减速工况中允许使用车辆的制动器。

（2）试验值偏差。试验车辆在多工况的终速度的偏差为±3 km/h，其他各工况的速度偏差为±1.5 km/h。在各种行驶工况改变过程中允许车速的偏差大于规定值，但在任何条件下超过车速偏差的时间不大于 1 s，即时间偏差为±1 s。

（3）燃油消耗量的确定。循环试验后，应记录通过循环试验的燃油消耗量和通过的时间。当按试验循环完成一次试验后，车辆应迅速调头，重复试验。试验往返各进行两次。取四次试验结果的算术平均值为多工况燃油消耗量试验的测定值。

3）底盘测功机试验

四工况循环和六工况循环试验也可在底盘测功机上进行，具体方法可参照 GB/T12545.1 有关规定执行。

【项目 3】　油耗计的初步认知

汽车的燃油消耗量是用油耗计（包括油耗传感器和两次仪表）来测量的。油耗计种类繁多，按测量方法可分为容积式油耗计、重量式油耗计、流量式油耗计、流速式油耗计。大多数油耗计都能连续、累计测量，但测试的流量范围和流量误差各不相同。

1. 常见油耗传感器的结构原理

1）容积式油耗传感器的结构原理

容积式油耗传感器有容量式和定容式两种。容量式油耗传感器通过累计发动机工作中所消耗的燃油总容量，用时间和里程来计算油耗量。它可以连续测量，其结构有行星活塞式、往复活塞式、膜片式、油泡式等。现以行星活塞式油耗传感器为例予以说明。

其流量检测装置是由流量变换机构及信号转换机构组成的。流量变换机构能将一定容积的燃油流量变为曲轴的旋转运动，它是由十字形配置的四个活塞和旋转曲轴构成的。其工作原理如图 3-8 所示。

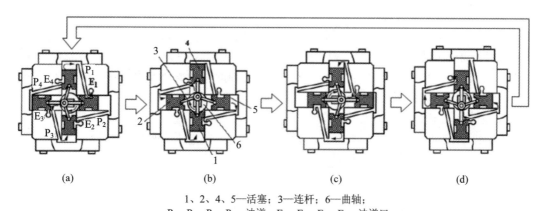

1、2、4、5—活塞；3—连杆；6—曲轴；
P_1、P_2、P_3、P_4—油道；E_1、E_2、E_3、E_4—油道口

图 3-8　活塞式油耗传感器

　　燃油在泵油压力作用下推动活塞运动，再由活塞运动推动曲轴旋转，曲轴旋转一周即四个活塞各往复运动一次，完成一个进排油循环。活塞在油缸中处于进油行程还是排油行程，取决于活塞相对于进排油口的位置。图 3-8(a)表示活塞 1 处于进油行程，从其曲轴箱来的燃油通过 P_3 推动活塞 1 下行，并使曲轴作顺时针旋转，此时活塞 2 处于排油行程终了，活塞 3 处在排油行程中，燃油从活塞 3 上部通过 P_1 从排油口 E_1 排出，活塞 4 处于进油终了。当活塞和曲轴位置如图 3-8(b)所示时，活塞 1 进油终了，活塞 2 处于进油行程，通道 P_4 导通，活塞 3 排油终了，活塞 4 处于排油行程，燃油从 P_2 经排油口 E_2 排出。同理，可描述图 3-8(c)、图 3-8(d)所示位置各活塞的进排油状态。如此反复在燃油泵泵油压力的作用下，就可完成定容量、连续泵油的作用。曲轴旋转一周，各缸分别排油一次，其排油量为

$$V = 2h\pi D^2 \tag{3-4}$$

式中：V——四缸排油量(cm^3)；

　　　　πD^2——某一活塞的 4 倍截面积(cm^2)；

　　　　$2h$——2 倍制的曲轴偏心距(cm)，即活塞行程。

　　信号转换机构如图 3-9 所示。

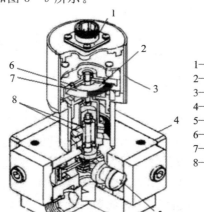

1—信号端子；
2—转动光栅；
3—转速/脉冲转换部件；
4—流量/转速转换部件；
5—活塞；
6—磁性连轴节；
7—固定光栅；
8—光敏管LED(对置)

图 3-9　信号转换机构

信号转换机构装在曲轴的另一端，由主动磁铁、从动磁铁、转轴、光栅板、发光二极管、光敏管、电缆插座及壳体等组成。主动磁铁装在曲轴上，从动磁铁装在转轴上，转轴通过轴承支承在壳体内，转轴的上端固定有转动光栅板，在固定光栅上、下方有发光二极管和光敏管。当曲轴转动时，由于一对永久磁铁的吸引作用，转轴及其上的转动光栅也随之转动，通过发光二极管和光敏管的光电作用，把曲轴的转动变成光电脉冲信号送入计量显示仪，经过内部运算处理后，即可显示出流经的燃油量。

2）质量式油耗传感器的结构原理

质量式油耗传感器由称量装置、计数装置和控制装置组成，见图 3-10。

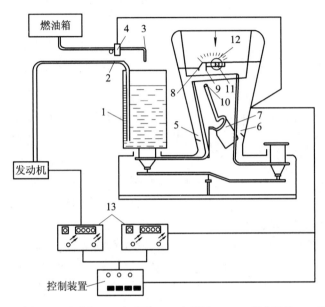

1—油杯；2—出油管；3—加油管；4—电磁阀；5、6—限位开关；7—限位器；
8、9—光电二极管；10—光源；11—鼓轮机构；12—鼓轮；13—计数器

图 3-10　质量式油耗传感器

在测量消耗一定质量的燃油所需的时间后，即可按下式算出单位时间内发动机的燃油消耗量：

$$G = 3.6 \frac{W}{t} \qquad (3-5)$$

式中：G——燃油消耗量（kg/h）；

$\quad\quad W$——燃油质量（g）；

$\quad\quad t$——测量时间（s）。

称量装置通常由台秤改制而成，量程为 10 kg，称量误差为 ±0.1%。称量装置的秤盘上装有油杯 1，燃油经电磁阀 4 加入油杯。电磁阀的开闭由装在平衡块上的行程限位器 7 拨动两个微型限位开关 5 和 6 来控制。光电传感器给出油耗始点和终点信号，它由两个光电二极管 8、9 和装在棱形指针上的光源 10 组成，光电二极管 8 为固定式，光电二极管 9 装在活动滑块上，滑块通过齿轮齿条机构移动，齿轮轴与鼓轮 12 相连，计量的燃油量通过转动鼓轮 12 从刻度盘上读出。计量开始时，光源 10 的光束射在光电二极管 8 上，光电二极管发出信号，使计数器 13 开始计数，随着油杯中燃油的消耗，指针移动。当光束射到光

电二极管 9 上时，光电二极管 9 发出信号，使计数器停止计数。上述质量式油耗计有一个系统误差，即测量时油杯中油面高度发生变化时，伸入油杯中的油管浮力的反作用力也会发生变化，造成称量时的系统误差。此项系统误差必须根据汽车耗油量及油杯液面高度变化进行修正。此外在用 l/100km 作为油耗量单位时，换算中必须考虑燃油密度与温度之间的关系。

2. 常见油耗计的使用方法

在路试检测油耗时，一般采用油耗传感器与非接触式或接触式第五轮仪配合使用。在所有条件满足 GB/T 12545 下开始路试，以非接触式第五轮仪为例，首先在非接触式第五轮仪上定好测量距离(500 m)，测量挡位，然后开始检测，当车速稳定到某一测量速度(例如 50 km/h)时，在车速仪上按下"开始"，直至该车跑满 500 m 里程(该车速仪由于定好500 m 距离，故在 500 m 自动停止计量)，随后按下"停止"键。此时，该车在某一车速下500 m 里程所消耗的燃油量和已被换算好的百公里耗油量即被打印输出。

3. 汽车油耗计的维护

由于汽车油耗计的使用频率较高，为了保证其检测数据的公正性和确保其检测精度，必须有专人维护保管而且应每年进行计量检定。行星活塞式油耗计在维护不当时一般有以下两种最常见的故障。

1) 油耗传感器活塞在传感器缸体中卡死

此故障多发生在使用不干净燃油做油耗试验的过程中，由于燃油中有微小颗粒(异物)，如果没有清除，那么小颗粒通过油耗传感器入口进入缸内，再由活塞运动到达缸壁，容易形成拉缸或卡死现象。故一定要在传感器入口前安装一个燃油滤芯以防止异物进入油耗计，而且在不使用油耗计的情况下，在其进出油口加套保护，并且保证其表面清洁。

2) 油耗传感器无脉冲信号

此故障多发生在传感器被强烈碰撞后，其机械部分尚能正常工作，但无脉冲信号输出。这是由于传感器壳体上部的从动磁铁与下部的主动磁铁之间的磁场相位因外力而发生变化，故无脉冲信号输出。所以，一定要在检测油耗时固定住油耗传感器，以防止发生碰撞后出现上述故障。如果发生上述故障，则只需备用一块磁铁在油耗传感器外部顺时针方向旋转几次，即可恢复传感器内原磁场相位。

学习测试

一、填空题

(1) 在燃油消耗试验中，需将实际试验得到的燃油消耗量测量值按公式校正到标准状态下的数值。此处的标准状态是指气温为_____℃，气压为_____Pa。

(2) 按传感器的结构，容积式油耗仪可分为_____、_____和_____等。

(3) 油耗仪的安装应注意：油耗仪传感器应_____在燃料系供油管道上；应_____在化油器式汽油机的汽油泵与化油器之间；应_____在柴油机的柴油滤清器与喷油泵之间。

(4) 汽油燃油消耗量道路试验按国家标准_____执行。

(5) 台架试验方法是整车在_____上模拟道路试验条件进行汽车燃料消耗量试验的

一种方法。

二、判断题

(1) 对汽车燃油经济性的评价，一般是通过汽车燃油消耗量试验来确定的，它是用于评价在用汽车技术状况与维修质量的综合性参数，在诊断和分析汽车故障时可作为参考。（   ）

(2) 模拟城市工况循环燃油消耗量试验是在测功机上进行的。（   ）

(3) 由于汽车油耗计的使用频率较高，为了保证其检测数据的公正性和确保其检测精度，必须有专人维护保管而且应每年进行计量检定。（   ）

(4) 油耗计的系统误差不需要根据汽车耗油量及油杯液面高度变化进行修正。（   ）

三、选择题

(1)（   ）表示发动机的单位有效功率在单位时间内所消耗的燃料量。

A. 每小时耗油量   B. 每升燃料行驶里程

C. 百吨公里耗油量   D. 比油耗

(2) 计算汽车的燃料消耗量时，须考虑（   ）。

A. 湿度修正系数   B. 道路修正系数

C. 温度修正系数   D. 海拔高度修正系数

四、问答题

(1) 请叙述燃油消耗量道路试验的方法和步骤。

(2) 在燃油消耗试验中，为什么要进行试验数据的校正？

模块 4　汽车制动性与检测

学习任务 1　汽车制动性理论认知

学习目标

(1) 会分析汽车的制动过程；

(2) 能说出汽车动力性评价指标；

(3) 理解前、后轮制动器制动力的比例对汽车制动稳定性的影响；

(4) 会分析汽车动力性的主要影响因素；

(5) 了解制动防抱死系统的结构与基本工作原理。

任务分析

汽车的制动过程实质上是将汽车的机械能转换为摩擦热能的过程。通过分析汽车的制动过程及制动时车轮的受力情况，掌握影响车轮制动时的主要影响因素，再通过试验台检测或道路试验来对汽车制动性能的主要指标进行检测，将检测结果同 GB 7258—2004《机动车安全技术条件》中所规定的检测标准进行对比，便可判断该车的制动性能是否合格。

任务实施

【项目 1】　汽车制动过程分析

汽车制动的目的是使汽车从一定的车速制动到较低的速度或直至停车，以保障汽车安全行驶。为此，就必须使汽车受到一个与行驶方向相反的外力的作用。这个外力只能由空气和路面提供。汽车行驶时受到了空气阻力和滚动阻力等路面阻力的作用，但是，汽车行驶时的空气阻力和路面阻力是随机的、不可控的，虽然作用在汽车上的这些阻力能起到制动作用，可用于制动却显得太小，靠它们实现不了制动的目的。因此，还必须由路面提供汽车制动所需的阻力，这个阻力便称之为地面制动力。为在地面生成制动力，需在汽车上设置制动装置，以确保地面能生成汽车制动时所需要的制动。

下面分析一个车轮在制动时的受力状况，以说明影响汽车地面制动力的主要因素。

1. 地面制动力

图 4-1 画出了在良好的硬路面上制动时车轮的受力情况。图中滚动阻力偶矩和减速时的惯性力、惯性力偶矩均忽略不计。T_μ 是车轮制动器中摩擦片与制动鼓或制动盘相对滑转时的摩擦力矩，单位为 N·m；F_{xb} 是地面制动力，单位为 N；W 为车轮垂直载荷，T_p 为车轴对车轮的推力，F_z 为地面对车轮的法向反作用力，它们的单位均为 N。

显然，从力矩平衡得到：

$$F_{xb} = \frac{T_\mu}{r} \tag{4-1}$$

式中，r——车轮半径（m）。

地面制动力由车轮经车轿和悬架传给车架及车身，迫使整部汽车产生一定的减速度。显然，地面制动力越大，汽车制动减速度也越大。

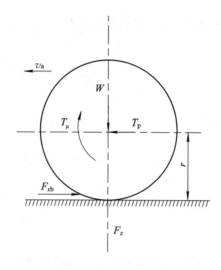

图 4-1 车轮在制动时的受力分析

2. 制动器制动力

汽车制动时，车轮制动器的摩擦力矩 T_μ 通过车轮传给路面的周缘力称为制动器制动力 F_μ。制动器制动力是相当于把汽车架离地面促动制动装置后，在车轮周缘沿切线方向推动车轮直至车轮能转动所需的力，显然：

$$F_\mu = \frac{T_\mu}{r} \tag{4-2}$$

由式（4-2）可知，制动器制动力仅取决于制动器的结构参数，即取决于制动器的形式、结构尺寸、制动器摩擦副的摩擦系数以及车轮半径。

3. 地面附着力

制动器制动力是生成路面制动力的源泉。因此，在汽车制动时，地面制动力的大小首先取决于制动器制动力，只有足够的制动器制动力才能产生足够的地面制动力。但是，地面制动力又是车轮与路面间滑动摩擦的约束反力，受车轮与路面间的摩擦条件制约，其最大值受车轮与路面间的摩擦力的限制。

由于车轮与路面间摩擦的特殊性、复杂性，汽车工程将车轮与路面间的摩擦条件称为附着条件,将其间的摩擦力称为附着力 F_φ,将其间的摩擦系数称为附着系数 φ。这样,地面制动力既取决于制动器制动力,又受地面附着力的制约,有图 4-2 所示的关系。

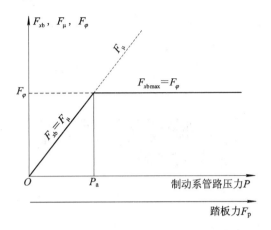

图 4-2 汽车制动过程中地面制动力、制动器制动力和地面附着力间的关系

从图可见,当制动系管路压力或制动踏板力较小,未达到某一限值时,制动器摩擦力矩不大,地面制动力足以克服制动器摩擦力矩推动车轮滚动。此时地面制动力就等于制动器制动力,并随制动系管路压力(制动器制动力)的增长成正比地增大,直至某一限值,地面制动力便不再随制动管路压力继续增加,而达最大值,制动器制动力却随制动管路压力继续增大,这是由于地面附着力制约了地面制动力的继续增大。地面附着力便成了地面制动力的极限,地面制动力 F_{xb} 不可能大于地面附着力 F_φ,即

$$F_{xb} \leqslant F_\varphi = F_z \varphi \tag{4-3}$$

最大地面制动力 F_{xbmax} 为

$$F_{xbmax} = F_z \varphi \tag{4-4}$$

地面制动力达最大值,即等于地面附着力时,车轮将"抱死"停转而拖滑。此时若要继续提高路面制动力以使汽车具有更大的制动能力,则只有靠改善车轮与路面间的附着条件,提高附着系数了。

4. 硬路面上的附着系数

汽车制动过程中,地面附着系数不是固定不变的,不是常数,而是随制动车轮的运动状况而发生变化,即与车轮的滑动程度有关。制动时车轮的滑动状况常用滑移率 S 表征。滑移率 S 定义为汽车速度与车轮速度之差对汽车速度之百分比,表示制动过程中滑动成分的多少。其值可按下式计算:

$$S = \frac{v - \omega r}{v} \times 100\% \tag{4-5}$$

式中:v——汽车速度(m/s);

ω——车轮转速(rad/s);

r——车轮滚动半径(m)。

通过观察胎面留在地面上的印痕,我们发现车轮的运动状况变化是从车轮滚动到边滚边滑,再到抱死拖滑一个渐变的连续过程。图 4-3 是汽车制动过程中逐渐增大踏板力时轮胎留在地面上的印痕。

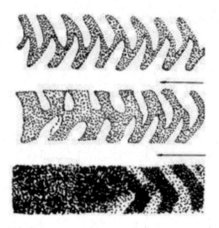

图 4 - 3　制动时轮胎在地面上的印痕

印痕基本上可分三段：

第一段内，印痕的形状与轮胎胎面花纹基本上一致，车轮还接近于单纯的滚动，可以认为

$$v = r\omega \qquad (4-6)$$

第二段内，轮胎花纹的印痕可以辨别出来，但花纹逐渐模糊，轮胎不只是单纯的滚动，胎面与地面发生一定程度的相对滑动，即车轮处于边滚边滑的状态，此时

$$v > r\omega \qquad (4-7)$$

且随着制动强度的增加，滑动成分的比例越来越大。

第三段形成一条粗黑的印痕，看不出花纹的印痕，车轮被制动器抱住，在路面上作完全的拖滑，此时

$$\omega = 0 \qquad (4-8)$$

从这三段的变化情况可以看出，随着制动强度的增加，车轮滚动成分越来越少，而滑动成分越来越多。

因此，根据定义，在纯滚动时，$v = r\omega$，滑动率 $S = 0$；在纯拖滑时，$\omega = 0$，$S = 100\%$；在边滚边滑时，$0 < S < 100\%$。所以，滑动率的数值说明了车轮运动中滑动成分所占的比例。滑动率越大，滑动成分越多。

实验证明，当车轮在路面上滑动时，车轮与路面间的附着系数 φ 与滑移率 S 有如图 4 - 4 所示的关系。

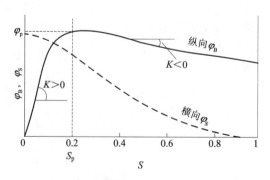

图 4 - 4　附着系数随滑动率变化的关系

图 4 - 4 中，φ_B 为沿车轮旋转平面方向的附着系数，称为纵向附着系数，即通常所说的附着系数。φ_S 为垂直于车轮旋转平面方向的附着系数，称为横向附着系数。从图可见，附

着系数随滑移率 S 的增大近似直线上升，达最大值后，便随滑移率 S 继续增大而逐渐减小。这是由于车轮与路面间的滑动摩擦系数小于静摩擦系数，因此地面附着系数在达到最大值后便逐渐降低。

附着系数的最大值称为峰值附着系数 φ_p，对应的滑移率称为峰值滑移率 S_p，$S_p=15\%\sim20\%$。在峰值滑移率左边，虽然有一定的滑移率，但车轮并没有同路面发生真正的相对滑动。滑移率大于零的原因是轮胎的滚动半径变大。当出现路面制动力时，轮胎前面即将与路面接触的胎面受到拉伸而伸长，轮胎滚动半径与路面制动力成正比增大，直至峰值滑移率后，轮胎接地面积中才出现局部的相对滑移。

在峰值滑移率 S_p 的左边，地面附着力能跟随汽车制动力矩的增加而提供足够的路面制动力（矩），这时的横向附着系数 φ_S 也较大，具有足够的抗侧滑能力。一般称峰值滑移率 φ_p 的左边为制动稳定区。

在峰值滑移率 S_p 的右边，附着系数 φ 随滑移率 S 的增大而减小，即随着车轮制动器摩擦力矩的继续增大，地面制动力反而在逐渐减小。制动器摩擦力矩与路面制动力差值的急剧扩大，就使车轮迅速减速而趋向"抱死"停转，发生拖滑。从峰值滑移率 S_p 增长到 100% 滑移率的这一过程几乎是瞬间完成的，仅需 $0.1\,s$ 左右的时间。在滑移率达到 100% 时，纵向附着系数 φ_B 大约降低 $1/3\sim1/4$。横向附着系数却按图 4-4 中的虚线趋势递减而接近于零。从而，不但降低了汽车的制动效果，还使汽车丧失了抗侧滑的能力。因此，称峰值滑移率右边的这一区域为制动不稳定区。

附着系数的数值主要取决于道路的材料、路面的状况、轮胎结构、胎面花纹、轮胎材料和汽车行驶速度等因素。

图 4-5 表示不同路面状况对附着系数的影响。从图可见，路面虽然不同，附着系数与滑移率的特性是一致的，只是附着系数的数值不同而已。

轮胎对附着系数有重要的影响，胎面花纹影响轮胎的"抓地"能力、排水能力。增大轮胎与其地面的接触面积会提高附着性能，因此低气压、宽断面的轮胎和子午线轮胎的附着系数就较一般轮胎高。轮胎的磨损会影响轮胎的附着能力，轮胎的附着系数将随胎面花纹深度的减低显著下降。图 4-6 显示了胎面花纹深度对附着系数的影响。

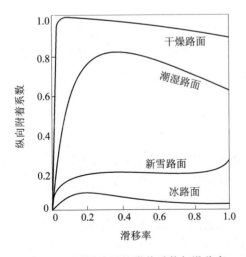

图 4-5　不同路面的附着系数与滑移率

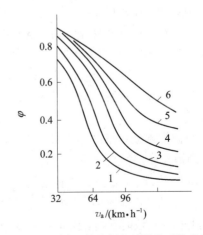

图 4-6　轮胎胎面花纹深度对附着系数的影响

汽车的行驶速度对附着系数的影响也较大，行驶速度越高，附着系数就越低。图 4 - 7 显示了载货汽车行驶速度与附着系数的关系。

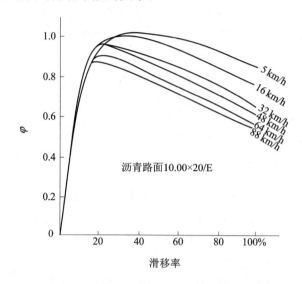

图 4 - 7 汽车行驶速度与附着系数的关系

【项目 2】 汽车制动性能的评价指标

汽车制动性是指汽车行驶时，能在短距离内停车且维持行驶方向稳定和下长坡时能维持较低车速的能力。汽车制动性能主要从制动效能、制动抗热衰退性和制动时汽车的方向稳定性三个方面来评价。

1. 汽车的制动效能

制动效能是指汽车迅速降低行驶速度直至停车的能力，是制动性能中最基本的评价指标。它由制动力、制动减速度、制动距离等参数来评定。GB 7258—2004《机动车运行安全技术条件》规定，用制动力法、制动减速度法或制动距离法三者之一来评价汽车的制动效能。

1）制动距离法

各国对制动距离的定义不一致，在我国安全法规中，是指在指定的道路条件下，机动车在规定的初速度下急踩制动时，从脚接触制动踏板（或手触动制动手柄）时起至车辆停住时止车辆驶过的距离（见 GB 7258—2004）。制动距离的长短直观地体现了汽车制动效能的高低，是表征汽车制动性能最基本的特性参数。

为便于理解，我们用图 4 - 8 所示的制动减速度 j 与制动时间 t 的关系曲线来分析制动全过程。

汽车获取制动效果基本上要经历这样几个阶段：驾驶员得到制动信息，发出制动指令；制动器起作用产生制动力，地面生成制动力，出现减速度；汽车稳定减速；解除制动，彻底释放制动力。下面进行具体说明。

t_0 为驾驶员反应时间，是从出现危险信号开始，到驾驶员的脚刚接触制动踏板为止所经历的时间。在该时间内，汽车以 u_0 的初速度作等速运动。一般 t_0 为 0.3～1 s。

t_1 为制动系响应时间，是从驾驶员刚踩着制动踏板到汽车出现制动减速度为止所经历

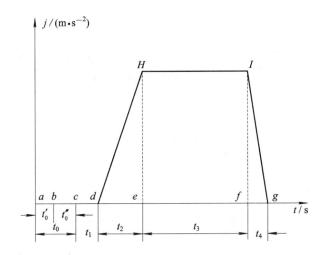

图 4 - 8　制动减速度与制动时间的关系曲线

的时间。它用以克服制动系机械传动部分的间隙，克服制动踏板的自由行程及气压或液压沿管路传递，克服制动蹄片与制动鼓（盘）的间隙等。一般液压制动系的响应时间为 $0.015\sim 0.03$ s，气压制动系为 $0.05\sim 0.06$ s。在 t_1 时间内，汽车的减速度为零，作等速运动。

t_2 为制动力由零增加至稳定值，制动减速度由零增至稳定值所经历的时间。每辆在用车的稳定制动减速度值各不相同。液压制动系为 $0.15\sim 0.3$ s，气压制动系为 $0.3\sim 0.8$ s。

常将 t_1+t_2 称为制动系的协调时间，一般为 $0.2\sim 0.9$ s。其长短主要取决于制动器的结构形式和驾驶员踩踏板的速度。

制动力、制动减速度达最大值后，其值基本不变，称为持续制动过程。t_3 称为稳定减速度持续制动时间。

t_4 是从开始放松制动踏板的瞬时起，到制动力完全消除所经历的时间，称为制动解除时间，一般为 $0.2\sim 1$ s。该段时间对制动过程没有影响，但该时间过长会延迟随后起步行驶的时间。

根据定义，制动系的协调时间内，汽车驶过的距离 s_1 可按下式计算：

$$s_1 = \left(t_1 + \frac{t_2}{2}\right)u_0 \tag{4-9}$$

式中：t_1——制动系响应时间(s)；

　　　t_2——制动力由零增加至稳定值，制动减速度由零增至稳定值所经历的时间(s)；

　　　u_0——制动初速度(m/s)。

持续制动阶段汽车驶过的距离 s_2 为

$$s_2 = \frac{u_0^2}{2j} \tag{4-10}$$

式中：u_0——制动初速度(m/s)；

　　　j——制动减速度(m/s^2)。

$$j = \frac{F_{\mu\max} \cdot g}{G} \tag{4-11}$$

式中：$F_{\mu\max}$——制动器最大制动力(N)；

G——汽车重力（N）；

g——重力加速度（m/s^2）。

汽车制动时，若制动器的最大制动力 $F_{\mu max}$ 尚未达到或不能达到路面附着力 F_φ，且在制动过程是恒定不变的，则汽车在持续制动阶段内驶过的距离为

$$s_2 = \frac{u_0^2 G}{2 F_{\mu max} g} \qquad (4-12)$$

若在持续制动阶段内制动器的最大制动力达到或超过路面附着力，且最大制动力稳定不变，则此时的汽车制动减速度达最大值，$j = \varphi g$，汽车驶过的距离为

$$s_2 = \frac{u_0^2}{2 \varphi g} \qquad (4-13)$$

因此，汽车在制动两阶段内驶过距离的和便是制动距离 s，即

$$s = s_1 + s_2 = \left(t_1 + \frac{t_2}{2}\right) u_0 + \frac{u_0^2}{2j} \qquad (4-14)$$

从上式可见，决定汽车制动距离的主要因素是：制动系协调时间和制动器的最大制动力。汽车行驶速度与制动距离是平方的关系，其对制动距离的影响尤为显著，但车速是由驾驶员控制的，是与制动系结构无关的汽车运行参数。

真正使汽车减速停车的是持续制动时间，但制动系协调时间对制动距离的影响不容忽视。例如，一辆汽车在良好的硬路面上，以 30 km/h 速度制动到停车的距离为 5.7 m。若设制动系协调时间为 0.2 s，则在 0.2 s 内汽车驶过的距离为 1.25 m，占总制动距离的 22% 左右。若制动系协调时间为 0.6 s，则相应的行驶距离延长到 3.75 m，总制动距离增加到 8.18 m，就已超出有关交通法规的容许值了。

制动系协调时间、制动器最大制动力均取决于制动系的结构形式和结构参数。改进制动系结构，减少制动系协调时间，是缩短制动距离的有效措施。例如，早年的"红旗" CA770 轿车制动系由真空助力改为压缩空气助力（气顶油）后，以 30 km/h 车速的制动试验表明，制动距离缩短了 32%，制动时间减少了 31.6%，最大制动减速度提高 3.6%。虽然试验未单独列出制动系协调时间的变化，但由于最大减速度提高不多，说明持续制动时间缩短不多，因此可以认为缩短制动距离主要是制动系协调时间减少的结果。

2）制动减速度法

制动减速度的大小是汽车降低行驶速度能力强弱的量化体现。制动减速度按测试、取值和计算的方法不同，可分为制动稳定减速度和充分发出的平均减速度。

众所周知，汽车制动过程中，减速度不是固定不变的，不是常量而是变量。因此，究竟是选用制动减速度的瞬时值、最大值还是均值才能准确地反映汽车的制动性呢？通常情况下，都是用制动减速度的均值，即平均制动减速度表征汽车的制动性。

（1）制动稳定减速度 j_a（m/s^2）。

用制动减速度仪测取的制动减速度随时间的变化曲线，取其最大稳定值为制动稳定减速度，用 j_a 表示。

一般认为，制动到抱死状态具有最大的地面制动力，因而产生最大制动减速度。这时车轮在路面上拖滑，在路面上留下黑色的印痕。

在平直路面上，当所有车轮都抱死时，汽车的地面制动力为

$$F_{xb\max} = \sum Z\varphi = G\varphi \tag{4-15}$$

制动时的空气阻力 F_w 相对于 $F_{xb\max}$ 较小，可忽略不计。按牛顿第二定律有：

$$G\varphi = \frac{Gj_a}{g}$$

$$j_a = g\varphi \tag{4-16}$$

上式表明：制动到所有车轮都处于抱死状态时，所能达到的制动稳定减速度和车轮与路面的附着系数 φ 成正比，比例系数为重力加速度，与汽车的总质量无关。

（2）充分发出的平均减速度 MFDD(m/s^2)。

充分发出的平均减速度是在车辆制动试验中用速度计测得了制动距离和速度的情况下，从 u_b 到 u_e 速度间隔车辆驶过的距离，根据下列公式计算得到的平均减速度：

$$MFDD = \frac{u_b^2 - u_e^2}{25.92(s_e - s_b)} \tag{4-17}$$

式中：u_b——$0.8u_0$ 车辆的速度（km/h）；

u_e——$0.1u_0$ 车辆的速度（km/h）；

s_b——在初速度 u_0 和 u_b 之间车辆驶过的距离（m）；

s_e——在初速度 u_0 和 u_e 之间车辆驶过的距离（m）。

上式中的速度和距离应采用速度精度为 $\pm 1\%$ 的仪器进行测量。MFDD 的精度应在 $\pm 3\%$ 以内。实际上也可以认为充分发出的平均减速度是采样时段的平均加速度，即

$$MFDD = \frac{u_b - u_e}{3.6 t_{be}} \tag{4-18}$$

式中，t_{be}(s)为机动车速度由 u_b 降至 u_e 所花的时间，u_b 和 u_e 与标准 MFDD 中 u_b 和 u_e 的定义相同。

充分发出的平均减速度不受测试时车辆倾角的影响，能较准确地反映车辆的制动减速特性。

一般将制动减速度控制在 $j < (0.4 \sim 0.5)g$，点制动时 $j = 0.2g$。当 $j = (0.7 \sim 0.9)g$ 时，将有害于乘客或货物的安全。因此应在保证行车安全的前提下，尽量避免紧急制动。

该方法对车辆检测的初速度要求不很严格，容易操作。

3）制动力法

制动力是制动过程的基本输出参数。制动力的变化特性表征了减速度的变化特性，间接地反映了制动距离的变化。因此，制动力既可用于评定汽车的制动效能，也可用于评定汽车制动时的方向稳定性。评定汽车的制动效能用各轮制动力的总和值，评定制动时的方向稳定性用同轴左右轮的制动力差。

制动力可以采用试验台的方法检验。其中，在用车按空载的要求检验，出厂新车按满载的要求检验。这里的满载并不是指货厢内一定要装载，而是说各轮制动器制动力的总和应不小于满载总质量的 50%，主要承载轴（4×2 货车为后轴）制动力之和不小于满载该轴轴荷的 50%。在用车各轮制动器制动力总和不小于汽车空载质量的 60%，主要承载轴左、右制动力之和不小于空轴轴荷的 60%。因此，按满载检验要求较高。

为了较全面地检验车辆的制动性能，用制动力作为单独的检验指标时，在规定了制动力的大小、制动力的合理分配及平衡制动力平衡性的同时，还要规定制动协调时间。

由于制动器制动力是指紧急制动中，制动鼓与制动蹄发生滑磨时，在轮胎周缘上施加的切向力，因此，制动力测试过程中轮胎与滚筒之间不能打滑，以免影响制动力的测试结果。

用制动力这一参数检验车辆的制动性能时，因用测力试验台测试，所以主要反应制动系统对整车制动性能的影响，而反应不出制动系以外的因素（例如，钢板弹簧的刚度不同等）对整车制动性能的影响。

安全条件规定：用制动距离法、制动力法、制动减速度法三者之一检验合格，即认为汽车的制动效能合格。当车辆经台架检验后对其制动性能有质疑时，可用规定的路试检验进行复检，并以满载路试的检验结果为准。

4）改善制动效能的措施

改善制动效能主要从增大制动器制动力和缩短制动协调时间两个方面着手。

（1）增大制动器制动力：增大制动蹄与制动鼓接合面积，采用制动蹄摩擦面圆弧半径稍大于制动鼓内径及合理调整蹄、鼓间隙的办法可以达到这一要求；应保持摩擦表面的摩擦系数；必要时重新调整制动控制阀的平衡弹簧，加大预紧力，使制动气室的气压和储气筒的气压接近，以增大制动蹄对制动鼓的压紧力。

（2）缩短制动协调时间：减少制动系机械部分的旷量；适当减少制动踏板的自由行程；保持制动管路畅通和气、液路系统的密封；适当缩小蹄、鼓间隙。

2. 制动效能的稳定性

制动效能的稳定性是指汽车抗制动效能下降的能力。汽车制动系在不同的使用环境下，制动效能会发生变化，会衰退、降低。根据导致制动效能衰退的原因，可将制动效能的衰退现象分为热衰退和水衰退。

1）制动效能的热衰退

热衰退是指由于摩擦热的影响使制动器摩擦材料的摩擦系数下降，导致制动效能暂时降低的现象。热衰退是目前制动器不可避免的现象，只是有程度上的差别。制动器热衰退程度用热衰退率评价。在产生相同制动力的条件下，制动器冷状态下所需的操纵力（制动系统压力）与热状态下所需的操纵力之比称为热衰退率。

从能量观点看，汽车的制动过程是将汽车的机械能（动能和势能）的一部分或全部通过制动器的摩擦转化为热能，并向大气耗散的过程。能量的这种转换和耗散就使制动器摩擦副发热、温度升高、摩擦系数下降，并产生磨损，从而影响汽车制动性能和制动器的寿命。汽车在高速下紧急制动，制动时间短，汽车全部动能的转换和耗散任务几乎全部由制动器承担；而在短时间内连续制动，尤其是下长坡连续和缓制动、重复制动，制动时所产生的热量难以及时散出，就将使制动器温度迅速升高而超出正常范围，导致制动效能明显下降。制动时制动器所达到的温度取决于制动产生热量的条件（如制动初速、制动终速、制动减速度、制动频繁程度、汽车总质量等）和散热条件（如大气温度、行驶速度、制动器通风环境、制动器受热零件的热容量、散热面积等）。汽车行驶的环境条件和行驶工况是随机的，因此制动器的热衰退程度主要还是取决于制动器摩擦副材料和制动器结构。

在制动过程中制动器摩擦衬片表面的温度经常可达到300℃～400℃。摩擦衬片一般都是用石棉摩擦材料制造的，石棉摩擦材料在温度升到一定程度时，摩擦系数将显著下降。当温度升到300℃以上时，石棉分解出焦油状物，在摩擦表面上起到润滑作用，使摩擦系数下降；而在温度达到800℃时，石棉就会完全脱去结晶水而分解，助长了热衰退现象。为提高制动器的热稳定性，除改进石棉摩擦材料的组成成分和压制工艺外，最好采用热稳定性好的、无石棉摩擦材料作摩擦衬片，如金属摩擦材料。

此外，制动器结构也会对抗热衰退产生影响。盘式制动器的热稳定性优于鼓式制动器，这是由于盘式制动器散热效果好。采用非金属材料摩擦衬片的制动器，由于非金属材料摩擦衬片的绝热性能，其所能吸收的热量很少，绝大部分由制动鼓（制动盘）吸收，鼓式制动器散热条件差，制动鼓受热胀大变形，就使制动蹄与制动鼓只在中部接触，因此，鼓式制动器的热稳定性不如盘式制动器。

2）制动效能的水衰退

水衰退是指制动器摩擦表面浸水使制动效能下降的现象。制动器摩擦表面浸水后，由于水的润滑作用使摩擦系数下降，从而导致制动器制动效能降低。

水衰退的程度可用制动器浸水后的制动效能与浸水前的制动效能的比值（％）表征。

若水衰退发生在汽车一侧车轮制动器上，就将造成左右车轮制动力不等，进而恶化汽车制动时的方向稳定性。

汽车制动时产生的热量可使制动器摩擦衬片干燥。因此，为了保证安全，汽车涉水后应踩几脚制动踏板，使制动蹄与制动鼓发生摩擦产生热量，制动器便可迅速干燥，恢复正常。这种现象称为水恢复。

实验研究表明，盘式制动器的水衰退影响比鼓式制动器要小，水恢复也较鼓式制动器快。这是由于盘式制动器的效能因数（在制动盘或制动鼓的作用半径上所得到的摩擦力与输入力之比）受摩擦系数下降的影响较小，而且制动器中的水分会被旋转的制动盘甩出，同时制动器摩擦块的压力较高，也易于将摩擦衬片上的水分挤出和擦干。鼓式制动器的排水干燥就较为困难，需经较多次数的制动才能恢复原有制动性能。盘式制动器的抗水衰退性和水恢复性明显优于鼓式制动器。

3. 制动时的方向稳定性

汽车制动时的方向稳定性是指在制动过程中，汽车按驾驶员给定的轨迹行驶的能力，也即维持直线行驶或按预定弯道行驶的能力。在制动过程中，会出现因制动跑偏、侧滑或失去转向能力而导致汽车失控、偏离原来的行驶方向，从而引发严重的交通事故。调查表明，发生人身伤亡的交通事故中，与侧滑有关的比例在潮湿路面上约为 30％，在冰雪路面上为 70％～80％，而侧滑的产生有 50％ 是由制动引起的。

1）制动跑偏

制动跑偏是指汽车直线行驶制动时，在转向盘固定不动的条件下，汽车自动向左侧或右侧偏驶的现象。

制动跑偏主要是由于汽车左、右车轮，特别是转向轴左、右车轮制动力不相等造成的。

图 4-9 为汽车转向轴左、右轮制动力 F_{l1}、F_{lr} 不等引起的汽车制动跑偏的受力分析。图中左轮制动力大于右轮制动力（$F_{l1} > F_{lr}$），它们对各自主销形成的力矩便不相等，且方向相反，并使转向轮左偏转一个角度（向力矩大的方向偏转）。尽管转向盘不动，但由于转向杆系中存在间隙及杆件弹性的影响，转向轮左、右轮制动力不等所形成的力矩仍会引起转向轮跑偏。左、右轮制动力不相等，还会对汽车质心形成一个不平衡力矩。为平衡左、右轮制动力不等所产生的绕质心的力矩，必然会在前、后轴地面引起侧向作用力 F_{y1}、F_{y2}。

当转向轮主销有后倾时，这个侧向力 F_{y1} 也会对转向轮产生一偏转力矩，从而加大了车轮的偏转，使汽车跑偏增强。

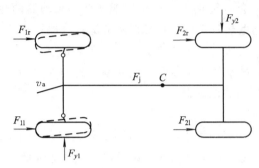

C—质心；F_j—汽车惯性力

图 4-9 制动跑偏时的受力分析

转向轴左、右轮制动力不等是难以避免的，因为各轮制动器摩擦副表面状况、轮胎状况、制动器的调整状况，以及左、右轮与路面接触状况不可能完全一致。问题是，左、右轮制动力不相等到什么程度才会造成汽车不容许的跑偏。

根据国外相关研究实验证明，制动跑偏随转向轴左、右轮制动力不等度的增加而增大；同一左、右轮制动力不等度的制动跑偏随制动过程延续时间的延长而增大。在其他条件一定时，制动过程延续时间的长短就取决于制动初速，制动初速越高，制动过程的延续时间就越长，同一制动力不等度的制动跑偏也就越严重；在左、右轮制动力不等度相同的条件下，锁住转向盘的制动跑偏比转向盘撒手时小；制动跑偏的程度还受后轮抱死与否的影响。左、右轮制动力不等度相同，后轮抱死时的制动跑偏的程度明显大于后轮未抱死时的跑偏；后轮未抱死时，一般允许转向轴左、右轮制动力相差 10%～30%，若差值太大，肯定会引起明显的制动跑偏。

此外，制动时汽车悬架导向杆系与转向系拉杆在运动学上不协调，发生杆系间的运动干涉，也会导致转向轮偏转引起跑偏。

杆系运动干涉引起的制动跑偏方向是固定的，因此是系统性的，通过正确的设计就可避免。定型汽车使用过程中，因转向杆系间的运动干涉所导致的制动跑偏是转向轴变形、杆系变形、调整不当等汽车使用因素造成的，因此只要正确、合理使用汽车，基本上可以避免。

为防止车辆出现跑偏现象，用制动力法检测汽车的制动效能时，提出了左、右轮制动器动力平衡性的要求。

2）前轮抱死时的方向稳定性

当前轮抱死或先于后轮抱死时，前轮的横向附着系数为零，尽管操纵转向盘使前轮偏转，但路面却产生不了对前轮的侧向力，汽车因而丧失了转向能力。这个时候，汽车若受外界侧向力作用，或因左、右轮制动力不等引起的侧向力作用，由于前轮已丧失了横向附着能力，前轴就将沿横向滑动，即产生侧滑，受力分析见图 4-10(a)。

汽车直线行驶，前轴产生侧滑时，前轴中点的前进速度 v_a 偏转一个角度；而后轴未发生侧滑，后轴的前进速度 v_b 仍沿汽车轴线方向。此时，汽车相当于绕其质心作圆周运动，其瞬时回转中心为速度 v_a、v_b 两垂线的交点 O，在侧滑的同侧。同时，汽车在作圆周运动时将产生作用于质心的离心惯性力 F_j。很显然，离心惯性力 F_j 的方向与侧向力相反，其作用效果总是起抵消侧向力的作用，消减侧滑，且一旦侧向力消失，F_j 有使汽车自动回正的作用。因此，前轮抱死或先于后轮抱死产生的侧滑在汽车前进方向上的改变不大。根据国外的研究实验，当汽车制动初速度为 65 km/h，前轮抱死，汽车纵向轴线的偏角≤10°时，汽车基本上维持直线行驶，汽车处于一种稳定状态。

汽车在弯道制动时与此相同，汽车将不再按原来的弯道行驶而是沿弯道切线方向驶出。

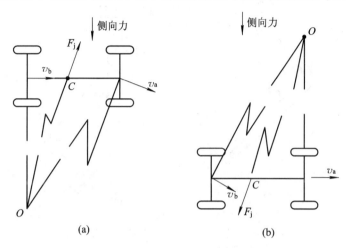

图 4 - 10　汽车侧滑时的运动状况
（a）前轴侧滑；（b）后轴侧滑

3）后轮抱死时的方向稳定性

汽车制动过程中，后轮先于前轮抱死时，只要有侧向力作用，就会发生后轴侧滑。其受力分析见图 4 - 10(b)。图为前轮滚动、后轴制动到抱死拖滑，后轴左、右轮便丧失了横向附着力，如有侧向力作用，后轴就会发生侧滑，后轴中点的速度 v_b 便绕纵轴线偏转一个角度，而前轴中点的速度 v_b 仍沿汽车纵轴线方向。此时，汽车也会发生类似转弯运动，其瞬时转向中心 O 却在后轴侧滑方向的另一侧，这样作用于汽车质心 C 的惯性力 F_j 就与后轴侧滑方向一致，从而加剧了后轴的侧滑，后轴侧滑又使惯性力 F_j 增强，又将加剧汽车转动，这样循环不已的互相影响，严重时汽车就发生甩尾转向，失去控制汽车方向的能力。因此，后轴侧滑是一种不稳定的危险工况。

制动初速对后轴侧滑引起的方向稳定性有较大的影响。试验表明，在一般的道路条件下，汽车制动初速在 25 km/h 以下时，后轴的侧滑较轻微，制动初速超过 25 km/h 时，后轴的侧滑就随制动初速度的增加迅速增大，后轴侧滑将发生质变，直至出现汽车掉头现象，成为非常危险的侧滑。

试验发现，汽车制动过程中，若只有一个后轴车轮先抱死，则汽车不会发生侧滑，侧滑的程度取决于晚抱死的后轮与晚抱死的前轮两者的时间差。

总之，从保证汽车方向稳定性的角度出发，首先不能出现只有后轴车轮抱死或后轴车轮比前轴车轮先抱死的情况，以防止后轴侧滑。其次，尽量减少只有前轮抱死或前、后轮都抱死的情况，以维持汽车的转向能力。最理想的状况就是避免任何车轮抱死，以确保制动时的方向稳定性。

4）汽车列车制动时的方向稳定性

汽车列车是由牵引车通过铰接与半挂车（或牵引杆挂车）连接组成的。列车制动时，车轴的侧滑或牵引车与挂车间的制动时间不协调，就会使制动方向稳定性变差，严重时会出现列车折叠、挂车摆动，如图4-11所示。

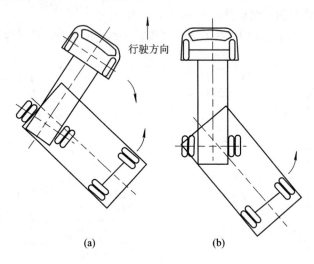

图4-11　汽车列车的折叠和摆动
（a）列车折叠；（b）挂车摆动

汽车列车制动时的折叠，一般是由牵引车后轴先抱死侧滑引起的，若在后轴侧滑的同时，半挂车的惯性推力方向偏离牵引车的纵轴线，就会促进牵引车和半挂车间的相对转动，使列车发生折叠的不稳定现象。

列车制动时，半挂车的摆动一般是由于挂车后轴抱死侧滑引起的，若此时牵引铰接点又受惯性推力作用，就将使半挂车发生摆动；若此时牵引铰接点是受拉力作用，半挂车的摆动就不明显。

为避免和减轻汽车列车制动时的折叠和摆动，列车各轴的抱死顺序应为：牵引车前轴先抱死，半挂车车轴次之，牵引车后轴最后抱死。同时应尽可能减少半挂车制动的滞后时间，以避免出现挂车推牵引车的制动不稳定状况。

【项目3】　前后轮制动器制动力的比例关系

前面在分析汽车的制动过程中，可能出现如下两种情况：

（1）前轮先抱死拖滑，然后后轮抱死拖滑；

（2）后轮先抱死拖滑，然后前轮抱死拖滑。

其中（1）是稳定工况，但在制动时汽车将丧失转向能力；情况（2）中，后轴可能出现侧滑，是不稳定工况。

因此，前、后轮抱死拖滑的次序对方向稳定性和制动系工作效率都有很大的影响。而前、后轮抱死拖滑的次序取决于前、后制动器制动力和附着力之间的关系，这就是研究前、后制动器制动力分配比例的重要性所在。

在分析前、后制动器制动力分配比例以前，必须先了解在制动时地面作用于前、后车轮的法向反作用力。

1. 地面法向反作用力

汽车在水平路面上制动时的受力如图 4 - 12 所示。图中忽略了滚动阻力偶矩、空气阻力以及旋转质量惯性力偶矩。若忽略制动时车轮边滚边滑的过程，并对后轮接地点取力矩，则得

$$F_{z1} L = Gb + m \frac{\mathrm{d}u}{\mathrm{d}t} h_g \tag{4-19}$$

式中：F_{z1}——地面对前轮的法向作用力；

　　G——汽车重力；

　　b——汽车质心至后轴中心线的距离；

　　m——汽车质量；

　　h_g——汽车质心高度；

　　$\mathrm{d}u/\mathrm{d}t$——汽车减速度。

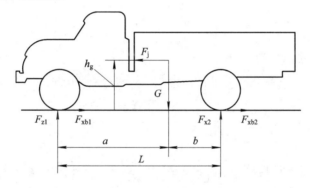

图 4 - 12　制动时汽车受力图

对前轮接地点取力矩，则得

$$F_{z2} L = Ga - m \frac{\mathrm{d}u}{\mathrm{d}t} h_g \tag{4-20}$$

式中：F_{z2}——地面对后轮的法向反作用力；

　　a——质心至前轴中心线的距离。

　　所以

$$\begin{cases} F_{z1} = \dfrac{G}{L} \left(b + \dfrac{h_g}{g} \dfrac{\mathrm{d}u}{\mathrm{d}t} \right) \\[3mm] F_{z2} = \dfrac{G}{L} \left(a - \dfrac{h_g}{g} \dfrac{\mathrm{d}u}{\mathrm{d}t} \right) \end{cases} \tag{4-21}$$

　　若在不同附着系数的路上制动，前、后轮都抱死（不论次序如何），则 $F_{xb} = F_\varphi = G\varphi$，此时有

$$\begin{cases} F_{z1} = \dfrac{G}{L} (b + \varphi h_g) \\[3mm] F_{z2} = \dfrac{G}{L} (a - \varphi h_g) \end{cases} \tag{4-22}$$

　　式(4 - 21)和式(4 - 22)均为直线方程。随着附着系数的变化，前、后轮的法向反作用力变化很大。

若在制动过程中，附着系数为常值，则式(4-22)为直线方程。随着附着系数的变化，前、后轮的法向反作用力的变化是很大的。例如 NJ130 型汽车，当 $du/dt=0.7g$ 时，亦即 $\varphi=0.7$ 时，前轴法向反作用力增加了 90%，而后轴减少了 38%。

2. 理想的前、后轮制动器制动力分配

制动时前、后轮同时抱死拖滑，是制动的理想状态，制动效果最佳。在任意附着系数 φ 的路面上，均能保证前、后轮同时抱死拖滑的前、后轮制动器制动力分配，称为理想分配。

在任何附着系数的路面上，前、后车轮同时抱死的条件为：前、后轮制动器制动力之和等于附着力，并且前、后轮制动器制动力分别等于各自的附着力，即

$$\begin{cases} F_{\mu 1} + F_{\mu 2} = \varphi G \\ F_{\mu 1} = \varphi F_{z1} \\ F_{\mu 2} = \varphi F_{z2} \end{cases} \tag{4-23}$$

因

$$\frac{F_{\mu 1}}{F_{\mu 2}} = \frac{F_{z1}}{F_{z2}} \tag{4-24}$$

并将式(4-22)代入式(4-23)，得

$$\begin{cases} F_{\mu 1} + F_{\mu 2} = \varphi G \\ \dfrac{F_{\mu 1}}{F_{\mu 2}} = \dfrac{b + \varphi h_g}{a - \varphi h_g} \end{cases} \tag{4-25}$$

消去变量 φ 得

$$F_{\mu 2} = I(F_{\mu 1}) = \frac{1}{2}\left[\frac{G}{h_g}\sqrt{b^2 + \frac{4h_g L}{G}F_{\mu 1}} - \left(\frac{Gb}{h_g} + 2F_{\mu 1} \right) \right] \tag{4-26}$$

由式(4-26)画成的曲线，即为理想的前、后轮制动器制动力分配曲线，简称 I 曲线。I 曲线的作法为：将不同的 φ 值($\varphi=0.1, 0.2, \cdots$)代入式(4-25)中的第一式，则在图 4-13 上可得到一组与坐标轴成 45°的平行线。再将不同的 φ($\varphi=0.1, 0.2, \cdots$)代入式(4-25)中的第二式，则得到一组通过坐标原点、斜率不同的射线。

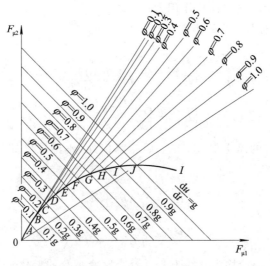

图 4-13　理想的前、后制动器制动力分配曲线

在这两组直线中，对应某一 φ 值，均可找到两条直线，两直线的交点便是满足式（4 - 25）中两式的点，即为 I 曲线上的点。把对应不同 φ 值的两直线交点 A，B，C…连接起来，便得到 I 曲线。

I 曲线是踏板力增长到前、后车轮同时抱死时前、后轮制动器制动力分配曲线。因为车轮抱死时，$F_\mu = F_\varphi = F_{xb}$，所以 I 曲线也是车轮抱死时 $F_{\varphi1}$ 和 $F_{\varphi2}$ 的关系曲线。

还应进一步指明，汽车前、后制动器制动力常不能按 I 曲线的要求来分配。制动过程中常是一根车轴的车轮先抱死，随着踏板力的进一步增加，接着另一根车轴的车轮抱死。显然，I 曲线还是前、后轮都抱死后的地面制动力 F_{xb1} 与 F_{xb2}，即 $F_{\varphi1}$ 与 $F_{\varphi2}$ 的关系曲线。

3. 具有固定比值的前、后制动器制动力与同步附着系数

不少两轴汽车的前、后制动器制动力之比为一固定值。常用前制动器制动力与汽车总制动器制动力之比来表明分配的比例，称为制动器制动力分配系数，并以符号 β 表示，即

$$\beta = \frac{F_{\mu1}}{F_\mu} \tag{4-27}$$

式中：$F_{\mu1}$——前制动器制动力；

　　　F_μ——汽车总制动器制动力；

　　　$F_{\mu2}$——后制动器制动力。

故

$$\frac{F_{\mu1}}{F_{\mu2}} = \frac{\beta}{1-\beta} \tag{4-28}$$

若用 $F_{\mu2} = B(F_{\mu1})$ 表示，则 $F_{\mu2} = B(F_{\mu1})$ 为一直线，此直线通过坐标原点，且其斜率为

$$\tan\theta = \frac{1-\beta}{\beta} \tag{4-29}$$

这条直线称为实际前、后制动器制动力分配线，简称 β 线。图 4 - 14 给出了某一货车的 β 线，同时还给出了该货车空载和满载时的 I 曲线。

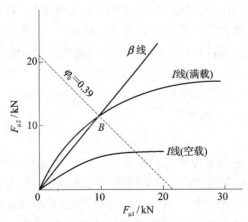

图 4 - 14　某货车的 β 线与 I 曲线

可以看出，β 线与 I 曲线在 B 点相交，我们称对应于这一点的附着系数 φ_0 为同步附着

系数。它是反映汽车制动性能的一个重要参数，它说明前、后制动器制动力为固定比值的汽车只有在附着系数为 φ_0 的路面上制动时，才能使前、后轮同时抱死。

同步附着系数由汽车的结构参数决定，主要根据道路条件和常用车速来选择。

4. 前、后制动器制动力具有固定比值的汽车在各种路面上制动过程的分析

利用 β 线与 I 曲线的配合，就可以分析前、后制动器制动力具有固定比值的汽车在各种路面上的制动情况。

(1) 在 $\varphi < \varphi_0$ 的路面上，I 曲线位于 β 线的上方，前后车轮不能同时抱死。设 $\varphi_0 = 0.55$，如在 $\varphi = 0.3$ 路面上，当制动系统压力为 P_{p1} 时，前轮制动器制动力 $F_{\mu1}$ 达到附着极限等于 $F_{\varphi1}$，后轮制动器制动力只达到 $F_{\mu2}$，小于后轮附着力 $F_{\varphi2}$，只有当制动系统压力由 P_{p1} 增加到 P_{p2} 时，后轮才能达到附着力 $F_{\varphi2}$。因此，在 $\varphi < \varphi_0$ 的路面上制动时，前轮先于后轮抱死拖滑。

(2) 在 $\varphi > \varphi_0$ 的路面上，I 曲线位于 β 线的下方，这时前、后轮也不能同时抱死拖滑。设 $\varphi_0 = 0.55$，如在 $\varphi = 0.70$ 的路面上，当制动系统压力为 P_{p1} 时，后轮制动器制动力 $F_{\mu2}$ 达到附着极限等于 $F_{\varphi2}$，前轮制动器制动力只达到 $F_{\mu1}$，小于前轮附着力 $F_{\varphi1}$，只有当制动系统压力由 P_{p1} 增加到 P_{p2} 时，前轮才能达到附着力 $F_{\varphi1}$。因此，在 $\varphi > \varphi_0$ 的路面上制动时，后轮先于前轮抱死拖滑。

可见，β 线位于 I 曲线下方，制动时总是前轮先抱死。前已指出，前轮先抱死虽是一种稳定工况，但丧失转向能力；β 线位于 I 曲线上方，制动时总是后轮先抱死，因而容易发生后轴侧滑，使汽车失去方向稳定性。

(3) 在 $\varphi = \varphi_0$ 的路面上，制动时汽车的前、后轮将同时抱死，此时的减速度为 $g\varphi_0$，即 0.55g，也是一种稳定工况，但也失去转向能力。

【项目4】 影响汽车制动性的主要因素分析

1. 轴间负荷分配的影响

汽车的制动性与汽车的结构及其使用条件有关。诸如汽车轴间负荷的分配、载质量、制动系的结构、利用发动机制动、行驶速度、道路情况、驾驶方法等，均对制动过程有很大影响。

汽车制动时，前轴负荷增加，后轴负荷减小。如果前、后轮制动器制动力根据轴间负荷的变化分配，符合理想分配的条件，则前、后轮同时抱死。如果前、后轮制动器制动力的比例为定值，则只有在具有同步附着系数的路面上，前、后轮才能同时抱死。当 $\varphi > \varphi_0$ 时，后轮先抱死，当 $\varphi < \varphi_0$ 时，前轮先抱死。空载时总是后轮先抱死。

2. 制动力的调节和车轮防抱死

1) 制动力的调节

为了防止制动时后轮抱死而发生危险的侧滑，汽车制动系的前、后轮制动器制动力的实际分配线（β 线）应当总在理想的前、后轮制动器制动力分配曲线（I 曲线）下方。为了减少前轮失去转向能力的倾向和提高制动系效率，β 线越接近 I 曲线越好。如果能按需要改变 β 线使之达到上述目的，将比前、后轮制动器制动力具有固定比值的汽车具有更大的优越性。为此，在现代汽车制动系中装有各种压力调节装置。

常见的压力调节装置有限压阀、比例阀、载荷控制比例阀、载荷控制限压阀。

采用比例阀时,在制动系油压达到某一值以后,比例阀自动调节前、后轮制动器油压,使前、后轮制动器制动力仍维持直线关系,但直线的斜率小于 $45°$ 线变为折线,β 线总在 I 曲线之下且接近 I 曲线,但它仅适合于一种载荷下的 β 线与 I 曲线配合。

2)车轮的防抱死

采用按理想制动器制动力分配曲线来改变 β 线的制动系能提高汽车制动时的方向稳定性,且制动系效率也较高。但各种调节装置的 β 线常在 I 曲线的下方,因此不管在什么 φ 值的路面上制动时,前轮仍将抱死而可能使汽车失去转向能力。另外,从 φ-s 曲线可知,汽车的附着能力和车轮的运动状况有关。当滑动率 $s=10\%\sim20\%$ 时,附着系数最大;而车轮完全抱死,$s=100\%$ 时,附着系数反而下降。一般汽车的制动系(包括装有调节阀能改变 β 线的制动系)都无法利用峰值附着系数,在紧急制动时,常常是利用较小的滑动附着系数使车轮抱死。

为了充分发挥轮胎与地面间的潜在附着能力,全面满足对汽车制动性的要求,已采用了多种型式的制动防抱死装置。有了防抱死装置,在紧急制动时,能防止车轮完全抱死,而使车轮处于滑动率为 $10\%\sim20\%$ 的状态。此时,纵向附着系数最大,侧向附着系数也很大,从而使汽车在制动时不仅有较强的抗后轴侧滑能力,保证汽车的行驶方向稳定性,而且有良好的转向操纵性。由于利用了峰值附着系数,因而也能充分发挥制动效能,提高制动减速度和缩短制动距离。

3. 汽车载质量的影响

对于载质量较大的汽车,因前、后轮的制动器设计一般不能保证在任何道路条件下都使其制动力同时达到附着极限,所以汽车的制动距离就会因载质量的不同而发生差异。实践证明,对于载质量为 3 t 以上的汽车,大约载质量每增加 1 t,其制动距离平均要增加 1.0 m。即使是同一辆汽车,在装载质量和方式不同时,由于重心位置变动,也会影响汽车的制动距离。

4. 车轮制动器的影响

车轮制动器的摩擦副、制动鼓的构造和材料,对于制动器的摩擦力矩和制动效能的热衰退都有很大影响。在设计制造中应选用好的结构形式及材料,在使用维修中也应注意摩擦片的选用。

在制动器张力相同的条件下,制动器所能产生的制动力矩也大。但当制动器摩擦副的摩擦系数下降时,其制动力矩将显著下降,制动性能的稳定性较差。

制动器的技术状况不仅和设计制造有关,而且和使用维修情况有密切关系。制动摩擦片与制动鼓的接触面积不足或接触不均匀时,将降低制动摩擦力矩。而且局部接触的面积和部位不同,也将引起制动性能的差异。

制动摩擦片的表面不清洁,如沾有油、水或污泥时,摩擦系数将减小,制动力矩即随之降低。如汽车涉水之后水渗入制动器,其摩擦系数将急剧下降 $20\%\sim30\%$。

5. 制动初速度的影响

制动初速度高时,需要通过制动消耗的运动能量也大,故制动距离会延长。制动初速度愈高,通过制动器转化产生的热量也愈多,制动器的温度也愈高。制动蹄片的摩擦性能会随温度的升高而降低,导致制动力衰减,制动距离增长。

6. 利用发动机制动

发动机的内摩擦力矩和泵气损耗可用来作为制动时的阻力矩,而且发动机的散热能力要比制动器强得多。一台发动机在单位时间内大约有相当于其功率 1/3 的热量必须散发到冷却介质中去,因此,可把发动机当作辅助制动器。

发动机常用作减速制动和下坡时保持车速不变的惯性制动,一般用上坡的挡位来下坡。必须注意的是,在紧急制动时,发动机不仅无助于制动,反而需要消耗一部分制动力去克服发动机旋转质量的惯性力。因此,这时应脱开发动机与传动系的连接。

发动机的制动效果对汽车制动性的影响很大。它不仅能在较长的时间内发挥制动作用,减轻车轮制动器的负担,而且由于传动系中差速器的作用,可将制动力矩平均地分配在左、右车轮上,以减少侧滑甩尾的可能性。在光滑的路面上,这种作用就显得更为重要。此外由于发动机的制动作用,在行车中可显著地减少车轮制动器的使用次数,对改善驾驶条件颇为有利。同时,又能经常保持车轮制动器处于低温而能发挥最大制动效果的状态,以备紧急制动时使用。

有些适合山区使用的柴油车,为了加强发动机的制动效果,在排气歧管的末端安装有排气制动器。排气制动器中设有阀门,制动时将阀门关闭,以增大排气歧管中的反压力,从而产生制动作用。这种方法称为排气制动。这时发动机作为“耗功机”(压缩机)。特别是在下长坡时,用发动机进行辅助制动,更能发挥其特殊的优越性。应用这种方法,一般可使发动机制动时所吸收的功率达到发动机有效功率的 50% 以上。

7. 驾驶技术的影响

驾驶技术对汽车制动性有很大影响。制动时,如能保持车轮接近抱死而未抱死的状态,便可获得最佳的制动效果。经验证明,在制动时,如迅速交替地踩下和放松制动踏板,即可提高其制动效果。因为,此时车轮边滚边滑,轮胎着地部分不断变换,故可避免由于轮胎局部剧烈发热使胎面温度上升而降低制动效果。在紧急制动时,驾驶员如能急速踩下制动踏板,则制动系的协调时间将缩短,从而缩短制动距离。在光滑路面上不可猛烈踩制动踏板,以免因制动力过大而超过附着极限,导致汽车侧滑。

8. 道路条件的影响

道路的附着系数 φ 限制了最大制动力,故它对汽车的制动性有很大的影响。当制动的初速度相同时,随着 φ 值的减小,制动距离随之增加。

由于冰雪路面上的附着系数特别小,因此制动距离增大。特别要注意冰雪坡道上的制动距离,并应利用发动机制动。有计算表明,在冰雪路面上,利用发动机制动的辅助作用可使制动距离缩短 20%~30%。

在冰雪路面上制动时方向稳定性变坏,当车轮被制动到抱死时侧滑的危险程度将更大。汽车在冰雪路面上行驶时,应加装防滑链。

【项目5】 汽车制动防抱死系统认知

有过驾驶经历的人都会有这样一些经验:高速行驶在弯道上进行紧急制动,汽车有可能从路边滑出或闯入对面的车道;在被雨淋湿而带有泥土的柏油路上或在积雪道上紧急制动时,汽车会发生侧滑甚至调头旋转等危险情况。制动防抱死系统(Antilock Braking

System，简称 ABS)就是为了防止这些危险状况的发生而研制的。它是在制动过程中防止车轮被制动抱死、避免车轮在路面上进行纯粹地滑移、提高汽车在制动过程中的方向稳定性和转向操纵能力、缩短制动距离的系统。

ABS 通常由车轮转速传感器、制动压力调节装置、电子控制装置和 ABS 警示灯组成。在不同的 ABS 系统中，制动压力调节装置的结构形式和工作原理往往不同，电子控制装置的内部结构和控制逻辑也可能不尽相同。图 4-15 所示是一种较为典型的电子控制制动防抱死系统。

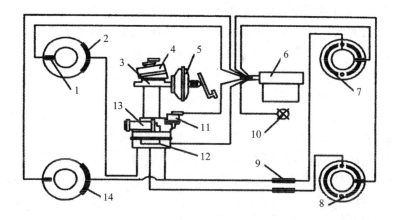

1—车轮转速传感器；2—右前轮制动器；3—制动主缸；4—储液室；5—真空助力器；
6—电子控制装置；7—右后轮制动器；8—左后轮制动器；9—比例阀；10—ABS警示
灯；11—储液器；12—调压电磁阀总成；13—电动泵总成；14—左前轮制动器

图 4-15　典型 ABS 系统的组成

在图 4-15 所示的 ABS 系统中，每个车轮上各安置一个转速传感器，将关于各车轮转速的信号输入电子控制装置。电子控制装置根据各车轮转速传感器输入的信号对各个车轮的运动状态进行监测和判定，并形成相应的控制指令。制动压力调节装置主要由调压电磁阀总成、电动泵总成和储液器等组成一个独立的整体。该装置通过制动管路与制动主缸和各制动轮缸相连，制动压力调节装置受电子控制装置的控制，对各制动轮缸的制动压力进行调节。

图 4-15 所示 ABS 的工作过程可以分为常规制动、制动压力保持、制动压力减小和制动压力增大等阶段。在常规制动阶段，ABS 并不介入制动压力控制，调压电磁阀总成中的各进液电磁阀均不通电而处于开启状态，各出液电磁阀均不通电而处于关闭状态，电动泵也不通电运转，制动主缸至各制动轮缸的制动管路均处于沟通状态；而各制动轮缸至储液器的制动管路均处于封闭状态，各制动轮缸的制动压力将随制动主缸的输出压力而变化，此时的制动过程与常规制动系统的制动过程完全相同。在制动过程中，电子控制装置根据车轮转速传感器输入的车轮转速信号判定有车轮趋于抱死时，ABS 就进入防抱死制动压力调节过程。例如，电子控制装置判定右前轮趋于抱死时，电子控制装置就使控制右前轮制动压力的进液电磁阀通电，使右前进液电磁阀转入关闭状态，制动主缸输出的制动液不再进入右前制动轮缸，此时，右前出液电磁阀仍未通电而处于关闭状态，右前制动轮缸中的制动液也不会流出。右前制动轮缸的制动压力就保持一定，而其他未趋于抱死车轮的制动压力仍会随制动主缸输出压力的增大而增大；如果在右前制动轮缸的制动压力保持一定，

则电子控制装置判定右前轮仍然趋于抱死,电子控制装置又使右前出液电磁阀也通电而转入开启状态,右前制动轮缸中的部分制动液就会经过处于开启状态的出液电磁阀流回储液器,使右前制动轮缸的制动压力迅速减小,右前轮的抱死趋势将开始消除。随着右前制动轮缸制动压力的减小,右前轮会在汽车惯性力的作用下逐渐加速,当电子控制装置根据车轮转速传感器输入的信号判定右前轮的抱死趋势已经完全消除时,电子控制装置就使右前进液电磁阀和出液电磁阀都断电,使进液电磁阀转入开启状态,使出液电磁阀转入关闭状态,同时也使电动泵通电运转,向制动轮缸泵送制动液,由制动主缸输出的制动液和电动泵泵送的制动液都经过处于开启状态的右前进液电磁阀进入右前制动轮缸,使右前制动轮缸的制动压力迅速增大,右前轮又开始减速转动。ABS通过使趋于抱死车轮的制动压力循环往复地经历保持—减小—增大过程,而将趋于抱死车轮的滑动率控制在峰值附着系数滑动率的附近范围内,直至汽车速度减小到很低或者制动主缸的输出压力不再使车轮趋于抱死时为止,制动压力调节循环的频率可达 $3 \sim 20$ Hz。在该 ABS 中,对应于每一个制动轮缸各有一对进液和出液电磁阀,可由电子控制装置分别进行控制。因此,各制动轮缸的制动压力能够被独立地调节,从而使四个车轮都不发生制动抱死现象。

尽管各种 ABS 的结构形式和工作过程并不完全相同,但都是通过对趋于抱死车轮的制动压力进行自适应循环调节,来防止被控制车轮发生制动抱死的。另外,各种 ABS 在以下几个方面都是相同的:

(1) ABS 只是在汽车的速度超过一定以后(如 5 km/h 或 8 km/h),才会对制动过程中趋于抱死的车轮进行防抱死制动压力调节。当汽车速度被制动降低到一定时,ABS 就会自动中止防抱死制动压力调节,此后,装备 ABS 汽车的制动过程将与常规制动系统的制动过程相同,车轮仍然可能被制动抱死。这是因为在汽车的速度很低时,车轮被制动抱死对汽车制动性能的影响已经很小,而且要使汽车尽快制动停车,就必须使车轮制动抱死。

(2) 在制动过程中,只有当被控制车轮趋于抱死时,ABS 才会对趋于抱死车轮的制动压力进行防抱死调节;在被控制车轮还没有趋于抱死时,制动过程与常规制动系统的制动过程完全相同。

(3) ABS 都具有自诊断功能,能够对系统的工作情况进行监测;一旦发现存在影响系统正常工作的故障时将自动关闭 ABS,并将 ABS 警示灯点亮,向驾驶员发出警示信号,汽车的制动系统仍然可以像常规制动系统一样进行制动。

对于防抱死系统来说,根据哪些运动参数来判断车轮即将抱死或抱死现象已消失是很重要的。一般常用的参数有车轮角减(加)速度与车轮半径的乘积、车轮角速度减小量、汽车减速度等。

学习测试

一、填空题

(1) 制动后,从留在路面上的印痕看,可把制动过程分为 _____ 、_____ 。

(2) 行车制动性能的评价指标包括 _____ 、_____ 、_____ 。

(3) 制动效能的稳定性包括 _____ 、_____ 。

(4) 汽车制动全过程由 _____ 时间、_____ 时间、_____ 时间、_____ 时间四个阶段构成。

（5）决定汽车制动距离的主要因素是 _____ 、_____ 、_____ 。

（6）对于前、后制动器制动力为固定比值的汽车，只有在 _____ 的路面上制动时才能使前、后轮同时抱死。

（7）汽车制动距离随制动初速度的 _____ 、车重的 _____ 和附着系数的 _____ 而增长。

（8）汽车在制动过程中丧失方向稳定的情况有 _____ 、_____ 、_____ 三类。

（9）汽车的地面制动力取决于 _____ 制动力，同时要受到地面 _____ 条件的限制。

（10）当汽车车轮作纯滚动时，滑移率 $s=$ _____ ；当汽车车轮抱死时，滑移率 $s=$ _____ 。

（11）评价汽车制动效能的最基本指标是 _____ 和 _____ ，当然也可以采用 _____ 检测汽车制动效能。

二、判断题

（1）根据《机动车运行安全技术条件》（GB 7258—2004）的规定，可以用制动距离、制动减速度和制动力评定汽车制动性能。（　　　）

（2）汽车制动时的制动力取决于制动器制动力和车轮的载荷。（　　　）

（3）制动器制动力取决于制动系统压力和车轮与地面间的附着力。（　　　）

（4）制动试验台不仅能指示左、右轮制动力，还能输出左、右轮制动力的和与差值、车轮阻滞力、制动协调时间和制动释放时间，并能将检测结果与检测标准对照，作出技术状况评价。（　　　）

（5）制动试验台每 2 年应接受一次设备计量检定部门的检定。（　　　）

（6）汽车制动减速度是指在汽车规定的初速度下急踩制动踏板时，汽车速度在单位时间内降低的程度。（　　　）

三、选择题

（1）汽车制动效能的评价指标主要有制动力、制动距离和制动减速度等，GB 7258—2004《机动车运行安全技术条件》规定，当 _____ 即判为合格。

A. 3 个指标中只要其中之一合格　　　　B. 3 个指标中只要其中两个合格

C. 3 个指标全部符合要求　　　　　　　D. 以上都不是

（2）制动协调时间包括 _____ 。

A. 消除制动拉杆、制动鼓间隙时间

B. 部分制动力增长过程所需时间

C. 制动器作用时间阶段的全部，要求单车不超过 0.6 秒

D. 制动器作用时间阶段的一部分，要求单车不超过 0.6 秒。

四、问答题

（1）制动跑偏和制动侧滑之间有何区别和联系？

（2）汽车辅助制动装置对改善制动性能有什么作用？

（3）汽车制动跑偏都由哪些原因造成？

（4）画图说明典型硬路面的制动力系数与滑移率的关系曲线。

（5）为什么前轮先抱死不易产生剧烈侧滑，后轮先抱死易产生"甩尾"现象？

学习任务 2　汽车制动性检测

学习目标

（1）能正确使用第五轮仪进行汽车制动性能的道路检测；
（2）能正确使用制动试验台进行汽车制动性能的台架检测；
（3）能根据检测结果分析制动不合格原因。

任务分析

制动性检测什么，用什么方法检测，用什么样的参数检测，检测参数限值取值多少，是保障车辆制动系状况完好的技术基础。在用车制动性检测执行 GB 7258—2004《机动车安全运行技术条件》强制性国家标准。当前采用的制动性测试方法可分为道路试验检测法（路试检测法）或台架试验检测法（台试检测法）。路试检测只能在室外进行，台试检测是在室内进行，二者的检测条件（检测的环境条件、检测工况、驾驶操作等）差异明显，两种检测法检测的同一辆车的同一参数的数值可有大、小之差，却无好、次之分，二者不具可比性。

任务实施

汽车制动性能的好坏，直接关系到汽车的行车安全和运输效率。在紧急情况下，良好的制动性能可以化险为夷，避免交通事故；在正常行驶时，良好的制动性能可以为汽车动力性的充分发挥起保障作用，从而提高汽车的运输效率。因此，对汽车制动性能的检测和故障诊断尤为重要。制动性能是汽车的重要使用性能之一。因此，无论是新车出厂检测，还是在用车辆，都将其作为重点检测项目之一。

【项目 1】　汽车制动性能道路试验检测法

根据国家标准 GB 7258—2004《机动车运行安全技术条件》的规定，道路试验主要通过检测制动距离、充分发出的平均减速度等参数来检测汽车行车制动和应急制动性能；用坡道试验检测汽车驻车制动性能。

1. 制动性能道路试验检测设备

在道路试验中检测车辆的整车性能时，经常要使用五轮仪，利用它可以测出车辆行驶的距离、时间和速度。当五轮仪用于检测车辆的制动性能时，能测出制动距离、制动时间和制动初速度。

在进行车辆道路试验时，为了测量车辆的行程和速度，虽然可以利用汽车的里程表和速度表，但这种方法不准确。因为车辆驱动轮的滚动半径直接受着驱动力矩、地面对轮胎的切向反作用力、车轴载荷、轮胎气压及磨损程度等因素的影响。此外，车用里程表和速度表本身的精度也较低。为了消除这些因素对测量精度的影响，在车辆旁边附加一个测量用的轮子，故称第五轮仪。

第五轮仪分接触式和非接触式两种。接触式第五轮仪由第五轮仪、传感器、二次仪表（信号处理、记录、显示等）及安装机架等部分组成，应用较多的是单片机采控的五轮仪，如图 4 - 16 所示。

图 4 - 16　接触式五轮仪

非接触式第五轮仪以计算机为核心部件，配以相应的 I/O 接口及外设，不需要路面接触或设置任何测量标志，采用光电相关滤波技术，由安装在车上的光电路面探测器（简称光电头）照射路面，把路面图像变换为频率信号，用于汽车动力性、制动性和燃油经济性能的测试，如图 4 - 17 所示。

图 4 - 17　非接触式第五轮仪

（1）传感器部分。

接触式第五轮仪传感器部分主要包括第五轮及安装在轮架上的磁电传感器和齿轮盘，如图 4 - 18 所示。当第五轮转动时，由于磁电传感器的磁场强度发生变化，致使传感器内线圈产生交变信号，通过整形电路，将连续的脉冲信号送入二次仪表，通过计数器便可知行驶距离。在测试过程中，通过检测脉冲周期便可得出瞬时车速。非接触式第五轮仪传感器主要由一个系统和电池组成，如图 4 - 19 所示。光电路面探测器通过光电池将移动的路面图像转换为宽带随机信号，其主频与车速成正比关系，

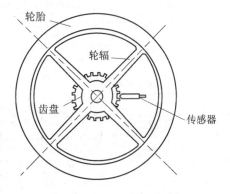

图 4 - 18　接触式第五轮仪传感器

通过空间滤波器将与车速成正比的主频检出，送入二次仪表进行速度运算和距离计数。

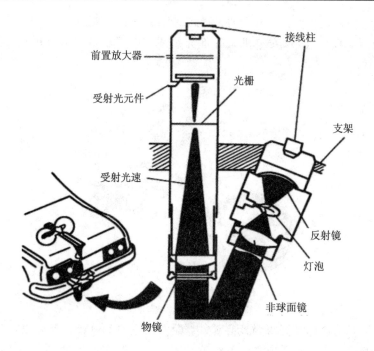

图 4-19 非接触式第五轮仪传感器

（2）记录部分。

如图 4-20 所示，接触式第五轮仪由电感式行程传感器 1 发出汽车行程的信号，一般一个信号等于汽车行驶 1 cm 行程。石英晶体震荡器 2 发出时间信号，作为采样时间标准控制门控 3，由计数译码器 4 计数，用数码管 5 显示一定时间间隔内汽车的行程，即该段时间中的平均速度。时间间隔一般为 36 ms。除可用数码管显示车速外，也能经过数/模转换 6，将数字变量的模拟量（电压）输至磁带记录仪，在加速性能试验中，既可由数字显示读得加速时间的数值，也能用磁带记录仪记录整个加速过程。试验完毕后，$X-Y$ 记录仪可直接得到加速行程曲线（如图 4-21 所示）。

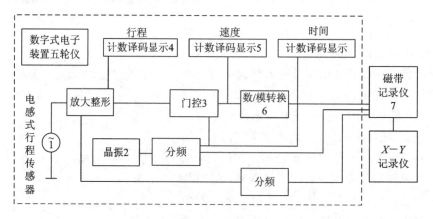

图 4-20 第五轮仪的数字电子装置框图

当选择完相应的功能键，并检查、设置传感器系数后，可按下开始键，在试验过程中即可打印试验过程，也可打印试验曲线。具体使用方法可见使用说明书。

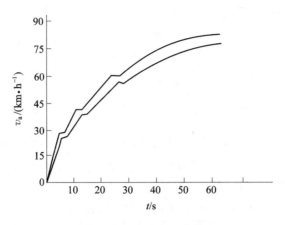

图 4-21　加速行程曲线

2. 道路试验检测方法

行车制动性能和应急制动性能检验应在平坦(纵向坡度不大于 1%)、硬实、清洁、干燥且轮胎与地面间的附着系数不小于 0.7 的水泥或沥青路面上进行。检验时发动机应脱开。驻车制动试验在坡度为 20%(对总质量为整备质量的 1.2 倍以下的机动车为 15%)、轮胎与路面间的附着系数不小于 0.7 的坡道上进行。

在试验路面上应画出标准中规定的制动稳定性要求相应宽度试车道的边线。被测车辆沿着试验车道的中线行驶至高于规定的初速度后,置变速器于空挡。当滑行到规定的初速度时急踩制动踏板,使车辆停住。

用速度计、第五轮仪或其他测试方法测量车辆的制动距离。

用速度计、制动减速仪或其他测试方法测量车辆充分发出的平均减速度(MFDD)与制动协调时间。充分发出的平均减速度应在测得公式(MFDD)中的相关参数后经计算确定。

3. 路试制动性能检测标准限值

(1)制动距离和制动稳定性要求。

汽车在规定的初速度下的制动距离和制动稳定性要求应符合表 4.1 的规定。对空载检验的制动距离有质疑时,可用表 4.1 规定的满载检验制动距离要求进行。

表 4.1　制动距离和制动稳定性要求

机动车类型	制动初速度 /(km/h)	满载检验制动 距离要求/m	空载检验制动 距离要求/m	试验通道宽度 /m
乘用车	50	≤20.0	≤19.0	2.5
总质量不大于 3500 kg 的低速货车	30	≤9.0	≤8.0	2.5
其他总质量不大于 3500 kg 的汽车	50	≤22.0	≤21.0	2.5
其他汽车、汽车列车	30	≤10.0	≤9.0	3.0

制动距离指机动车在规定的初速度下急踩制动时,从脚接触制动踏板(或手触动制动手柄)时起至机动车停住时止机动车驶过的距离。

制动稳定性要求制动过程中机动车的任何部位(不计入车宽的部位除外)不允许超出规定宽度的试验通道的边缘线。

(2) 充分发出的平均减速度及制动稳定性要求。

汽车、汽车列车在规定的初速度下急踩制动时充分发出的平均减速度及制动稳定性要求应符合表 4.2 的规定,且制动协调时间对液压制动的汽车不应大于 0.35 s,对气压制动的汽车不应大于 0.60 s,对汽车列车、铰接客车和铰接式无轨电车不应大于 0.80 s。对空载检验的充分发出的平均减速度有质疑时,可用表 4.2 规定的满载检验充分发出的平均减速度进行。

制动协调时间是指在急踩制动时,从脚接触制动踏板(或手触动制动手柄)时起至机动车减速度(或制动力)达到表 4.2 规定的机动车充分发出的平均减速度(或表 4.2 所规定的制动力)的 75% 时所需的时间。

表 4.2 制动减速度和制动稳定性要求

机动车类型	制动初速度 /(km/h)	满载检验充分发出的平均减速度 /(m/s²)	空载检验充分发出的平均减速度/(m/s²)	试验通道宽度 /m
乘用车	50	≥5.9	≥6.2	2.5
总质量不大于 3500 kg 的低速货车	30	≥5.2	≥5.6	2.5
其他总质量不大于 3500 kg 的汽车	50	≥5.4	≥5.8	2.5
其他汽车、汽车列车	30	≥5.0	≥5.4	3.0

(3) 进行制动性能检验时的制动踏板力或制动气压要求。

① 满载检验时,气压制动系:气压表的指示气压≤额定工作气压;液压制动系:踏板力,乘用车≤500 N;其他机动车≤700 N。

② 空载检验时,气压制动系:气压表的指示气压≤600 kPa;液压制动系:踏板力,乘用车≤400 N;其他机动车≤450 N。

(4) 应急制动性能检验。

汽车(三轮汽车除外)在空载和满载状态下,按表 4.3 所列初速度进行应急制动性能检验时,应急制动性能应符合表 4.3 的要求。

表 4.3 应急制动性能要求

机动车类型	制动初速度 /(km/h)	制动距离/m	充分发出的平均减速度/(m/s²)	允许操纵力不应大于/N	
				手操纵	脚操纵
乘用车	50	≤38.0	≥2.9	400	500
客车	30	≤18.0	≥2.5	600	700
其他汽车(三轮汽车除外)	30	≤20.0	≥2.2	600	700

(5) 驻车制动性能要求。

在空载状态下,驻车制动装置应能保证机动车在坡度为 20%(对总质量为整备质量的 1.2 倍以下的机动车为 15%)、轮胎与路面间的附着系数不小于 0.7 的坡道上正、反两个方向保持固定不动,其时间不应少于 5 min。对于允许挂接挂车的汽车,其驻车制动装置必须能使汽车列车在满载状态下能停在坡度为 12% 的坡道(坡道上轮胎与路面间的附着系数不应小于 0.7)上。

　　驻车制动应通过纯机械装置把工作部件锁止,并且驾驶员施加于操纵装置上的力:手操纵时,乘用车不应大于 400 N,其他机动车不应大于 600 N;脚操纵时,乘用车不应大于 500 N,其他机动车不应大于 700 N。

【项目 2】　汽车制动性能台架试验检测法

　　在用车制动性的年检、年审量大、面广,要求检测作业准确而快速。路试检测制动性需要在受检车上装卸测试仪器,费时费事、效率低。因此,在用车辆制动性年检都是采用台试检测法,路试检测只是在必要时用来验证台试结果的可靠性。

　　根据国家标准 GB 7258—2004《机动车运行安全技术条件》的规定,台试检测法主要通过检测制动力、汽车的制动协调时间、汽车车轮阻滞力和制动完全释放时间等参数来检测汽车行车制动和应急制动性能;用驻车制动力检测汽车驻车制动性能。

1. 制动性能台架试验检测设备

　　目前国内汽车综合性能检测站所用制动检测设备多为反力式滚筒制动检测台和平板式制动检测台。

　　1) 反力式滚筒制动检测台

　　反力式滚筒制动检验台的结构简图如图 4-22 所示。它由结构完全相同的左右两套对称的车轮制动力测试单元和一套指示、控制装置组成。每一套车轮制动力测试单元由框架(多数试验台将左、右测试单元的框架制成一体)、驱动装置、滚筒组、举升装置、测量装置等构成。

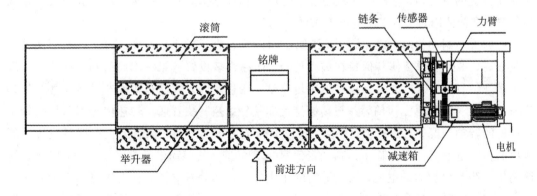

图 4-22　反力式制动检验台结构简图

　　驱动装置由电动机、减速器和链传动组成。电动机经过减速器减速后驱动主动滚筒,主动滚筒通过链传动带动从动滚筒旋转。减速器输出轴与主动滚筒同轴连接或通过链条、皮带连接,减速器壳体为浮动连接(即可绕主动滚筒轴自由摆动)。减速器的作用是减速增扭,其减速比根据电动机的转速和滚筒测试转速确定。由于测试车速低,滚筒转速也较低,一般在 40~100 r/min 范围(日式检验台转速则更低,甚至低于 10 r/min),因此要求减速器减速比较大,一般采用两级齿轮减速或一级蜗轮蜗杆减速与一级齿轮减速。

　　每一车轮制动力测试单元设置一对主、从动滚筒。每个滚筒的两端分别用滚筒轴承与轴承座支承在框架上，且保持两滚筒轴线平行。滚筒相当于一个活动的路面，用来支承被检车辆的车轮，并承受和传递制动力。汽车轮胎与滚筒间的附着系数将直接影响制动检验台所能测得的制动力大小。为了增大滚筒与轮胎间的附着系数，滚筒表面都进行了相应加工与处理，目前采用较多的有下列五种：

　　（1）开有纵向浅槽的金属滚筒，在滚筒外圆表面沿轴向开有若干间隔均匀、有一定深度的沟槽。这种滚筒表面的附着系数最高可达 0.65。当表面磨损且沾有油、水时，附着系数将急剧下降。为改进附着条件，有的制动台表面进一步作拉花和喷涂处理，附着系数可达 0.75 以上。

　　（2）表面粘有熔烧铝矾土砂粒的金属滚筒。这种滚筒表面无论干或湿时其附着系数可达 0.8 以上。

　　（3）表面具有嵌砂喷焊层的金属滚筒，喷焊层材料选用 NiCrBSi 自熔性合金粉末及钢砂。这种滚筒表面（新的时候）的附着系数可达 0.9 以上，其耐磨性也较好。

　　（4）高硅合金铸铁滚筒。这种滚筒表面带槽、耐磨，附着系数可达 0.7～0.8，价格便宜。

　　（5）表面带有特殊水泥覆盖层的滚筒。这种滚筒表面比金属滚筒耐磨，表面附着系数可达 0.7～0.8。但表面易被油污与橡胶粉粒附着，使附着系数降低。

　　滚筒直径与两滚筒间中心距的大小，对检验台的性能有较大影响。滚筒直径增大有利于改善与车轮之间的附着情况，增加测试车速，可使检测过程更接近实际制动状况，但必须相应增加驱动电机的功率。而且随着滚筒直径增大，两滚筒间中心距也需相应增大，才能保证合适的安置角。这样将使检验台结构尺寸相应增大，制造要求提高。依据实际检测的需要，推荐使用直径为 245 mm 左右的制动台。

　　有的滚筒制动检验台在主、从动滚筒之间设置一直径较小，既可自转又可上下摆动的第三滚筒，平时由弹簧使其保持在最高位置。而在许多设置有第三滚筒的制动检验台上取消了举升装置。在第三滚筒上装有转速传感器。在检验时，被检车辆的车轮置于主、从动滚筒上的同时压下第三滚筒，并与其保持可靠接触。控制装置通过转速传感器即可获知被测车轮的转动情况。当被检车轮制动，转速下降至接近抱死时，控制装置根据转速传感器送出的相应电信号计算滑移率达到一定值（如 25%）时，使驱动电动机停止转动，以防止滚筒剥伤轮胎和保护驱动电机。第三滚筒除了上述作用外，有的检验台上还将其作为安全保护装置用，只有当两个车轮制动测试单元的第三滚筒同时被压下时，检验台驱动电机电路才能接通。但依靠第三滚筒控制自动停机绝非唯一或最佳的方法，目前已有其他方法出现。

　　制动力测试装置主要由测力杠杆和传感器组成。测力杠杆一端与传感器连接，另一端与减速器壳体连接，被测车轮制动时，测力杠杆与减速器壳体将一起绕主动滚筒（或绕减速器输出轴、电动机枢轴）轴线摆动。传感器将测力杠杆传来的、与制动力成比例的力（或位移）转变成电信号输送到指示、控制装置。传感器有应变测力式、自整角电机式、电位计式、差动变压器式等多种类型。早期的日式制动试验台多采用自整角电机式测量装置，而欧式以及近期国产制动检验台多用应变测力式传感器。

　　为了便于汽车出入制动检验台，在主、从动两滚筒之间设置有举升装置。该装置通常由举升器、举升平板和控制开关等组成。常用的举升器有气压式、电动螺旋式、液压式三种形式。气压式是用压缩空气驱动气缸中的活塞或使气囊膨胀完成举升作用；电动螺旋式是由电动机通过减速器带动丝母转动，迫使丝杠轴向运动起举升作用；液压式是由液压举升缸完成举升动作。有些带有第三滚筒的制动检验台未装举升装置。

　　目前制动试验台控制装置大多采用电子式。为提高自动化与智能化程度，有的控制装置中配置计算机。指示装置有指针式和数字显示式两种。带计算机的控制装置多配置数字显示器，但也有配置指针式指示仪表的。

　　进行车轮制动力检测时，将被检汽车驶上制动试验台，车轮置于主、从动滚筒之间，放下举升器(或压下第三滚筒，装在第三滚筒支架下的行程开关被接通)。通过延时电路启动电动机，经减速器、链传动和主、从动滚筒带动车轮低速旋转，待车轮转速稳定后，由驾驶员踩下制动踏板，车轮在车轮制动器的摩擦力矩作用下开始减速旋转。此时电动机驱动的滚筒对车轮轮胎周缘的切线方向作用制动力以克服制动器摩擦力矩，维持车轮继续旋转。与此同时，车轮轮胎对滚筒表面切线方向附加一个与制动力方向反向等值的反作用力，在反作用力矩作用下，减速机壳体与测力杠杆一起朝滚筒转动的相反方向摆动(如图4-23所示)，测力杠杆一端的力或位移量经传感器转换成与制动力大小成比例的电信号。从测力传感器送来的电信号经放大滤波后，送往 A/D 转换器转换成相应数字量，经计算机采集、储存和处理后，检测结果由数码显示或由打印机打印出来。打印格式或内容由软件设计而定。一般可以把左、右轮最大制动力、制动力和、制动力差、阻滞力和制动力-时间曲线等一并打印出来。

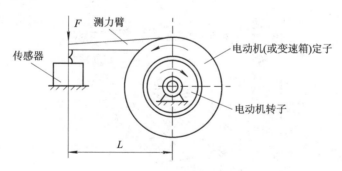

图 4-23　制动力测试原理图

　　制动力检测技术条件要求是以轴制动力占轴荷的百分比来评判的，对总质量不同的汽车来说是比较客观的标准。为此除了设置制动检验台外，还必须配置轴重计或轮重仪，有些复合式滚筒制动试验台装有轴重测量装置。其称重传感器(应变片式)通常安装在每一车轮测试单元框架的 4 个支承脚处。

　　GB 7528-2004《机动车安全运行技术条件》中定义制动协调时间是从驾驶员踩下制动踏板的瞬间作为起始计时点，为此，在制动测试过程中必须由驾驶员通过套装在汽车制动踏板上的脚踏开关向试验台指示、控制装置发出一个"开关"信号，开始时间计数，直至制动力与轴荷之比达到标准规定值的 75% 时瞬间为止。这段时间历程即为制动协调时间，通常可以通过检验台的计算机执行相应程序来实现。

目前，通常采用的反力式滚筒制动检验台对具有防抱死(ABS)系统的汽车制动系的制动性能，还无法进行准确的测试。主要原因是这些试验台的测试车速较低，一般不超过5 km/h，而现代防抱死系统均在车速10～20 km/h以上起作用。所以，在上述试验台上检测车轮制动力时，车辆的防抱死系统不起作用，只能相当于对普通的液压制动系统的检测过程。

有的反力式滚筒制动试验台可以选择每一车轮制动力测试单元的滚筒旋转方向。两个测试单元的滚筒既可同向正转、同向反转，又可一正一反。具有这种功能的试验台可以检测多轴汽车并装轴(如三轴汽车的中轴和后轴，其间设有轴间差速器)的制动力。测试时使左、右车轮制动测试单元的滚筒转动方向一正一反，只采集正转时的制动力数据，这样可以省去试验台前、后设置自由滚筒装置。这是因为驱动轴内有轮间差速器的作用，当左、右车轮反向等速旋转时，差速器壳与主减速器将不会转动。所以，当被检测轴车轮被滚筒带动时，另一在试验台外的驱动轴将不会被驱动。而对于装有轴间差速器的双后轴汽车，可在一般的反力式滚筒制动台上逐轴测试每个车轴的车轮制动力。

2) 平板式制动试验台

平板式制动试验台是20世纪80年代发展起来的一种新型的制动检测设备。它能够在实际紧急制动过程中测定汽车前后轴制动力，能够比较客观地反映汽车制动器产生制动力的大小。

平板制动台主要由几块测试平板、传感器和数据采集系统等组成。小车线一般由四块制动—悬架—轴重测试用平板及一块侧滑测试板组成。数据采集系统由力传感器、放大器、多通道数据采集板等组成，如图4-24所示。

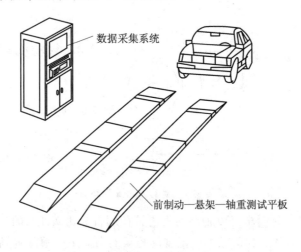

数据采集系统

前制动—悬架—轴重测试平板

图4-24　平板式制动试验台结构图

检验时汽车以5～10 km/h(或按出厂说明允许更高)速度驶上平板，参见图4-25，当前、后轮分别驶达平板后，控制系统指示驾驶员急踩制动踏板，车轮制动器产生的制动力使车轮在平板上产生一个与车轮制动力 F_{xb} 大小相等、方向相反的作用力 F_t，推动平板沿纵向位移，经传感器测出各车轮的制动力，并由数据采集系统处理计算出轮重、制动及悬架性能的各参数值，并显示检测结果。

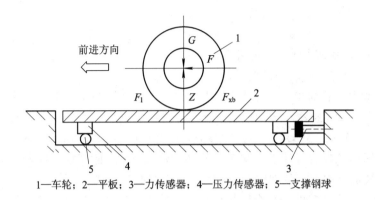

1—车轮；2—平板；3—力传感器；4—压力传感器；5—支撑钢球

图 4 - 25　平板式制动试验台原理图

2. 台试制动性能检测方法

1）反力式滚筒制动试验台的使用方法

（1）检验前仪器及车辆准备。

① 检验台滚筒表面清洁，无异物及油污，仪表清零；

② 车辆轮胎气压、花纹深度符合标准规定，胎面清洁；

③ 将踏板力计装到制动踏板上。

（2）检验程序。

① 车辆正直居中驶入，将被测轮停放在制动台前、后滚筒间，变速器置于空挡；

② 降下举升器、启动电机 2 秒后，保持一定采样时间（5 秒），测得阻滞力；

③ 检验员在显示屏提示踩刹车后，缓踩制动踏板到底（对欧式制动台而言。若是日式制动台，则需急踩制动踏板到底）后松开，测得左、右轮制动增长全过程数值；

④ 若检验驻车制动，则拉紧驻车制动操纵装置，测得驻车制动力数值；

⑤ 电机停转，举升器升起，被测轮驶离；

⑥ 按以上程序依此测试其他车轴；

⑦ 卸下踏板力计，车辆驶离。

注意事项：车辆进入检验台时，轮胎不得夹有泥、砂等杂物，除驾驶员外不得有其他乘员；测制动时不得转动转向盘；在制动检验时，车轮如在滚筒上抱死，制动力未达到要求时，可换用路试或其他方法检验。

空载检验时对气压制动系而言，气压表的指示气压≤600 kPa；对液压制动系而言，踏板力，乘用车≤400 N，其他机动车≤450 N。

2）平板式制动检测台的使用方法

（1）检验前仪器及车辆准备。

① 检验台滚筒表面清洁，无异物及油污，仪表清零；

② 车辆轮胎气压、花纹深度符合标准规定，胎面清洁；

③ 将踏板力计装到制动踏板上。

（2）检验程序。

① 对于行车制动，引车员根据提示，以 5～10 km/h（或按出厂说明允许更高）速度驶上平板，置变速器于空挡并紧急制动；

② 系统将给出行车制动测试结果及悬架效率；

③ 对于驻车制动，车辆继续前进，等后轮驶上前面的平板时（实际操作以设备说明书规定方法为准），置变速器于空挡并驻车制动；

④ 系统将给出驻车制动测试结果。

平板式试验台结构简单、运动件少、用电量少、日常维护工作量小，提高了工作可靠性。该试验台不需要模拟汽车转动惯量，较容易将制动试验台与轮重仪、侧滑仪组合在一起，可检测制动、轮荷、悬架、侧滑四项参数，提高了检测效率。由于测试过程与实际路试条件较接近，因而该检测方法能反映车辆的实际制动性能，除了能反映制动时轴荷转移带来的影响外，还能反映汽车悬架结构、刚度等对汽车制动性能的影响。

由于驾驶员操作状况的变化会明显影响动态检测工况的稳定性，因而平板制动台重复性差，对不同轴距车辆适应性差，占地面积大，需要助跑车道。

3. 台试制动性能检测标准限值

1）行车制动性能检验

（1）制动力的要求。

对空载检验制动力有质疑时，可用表 4.4 规定的满载检验制动力要求进行检验。

表 4.4　台试检验制动力要求

机动车类型	制动力总和与整车重量的百分比		轴制动力与轴荷 a 的百分比	
	空载	满载	前轴	后轴
三轮汽车	≥45		—	≥60b
乘用车、总质量不大于 3500 kg 的货车	≥60	≥50	≥60b	≥20b
其他汽车、汽车列车	≥60	≥50	≥60b	—
a——用平板制动检验台检验乘用车时应按动态轴荷计算。				
b——空载和满载状态下测试均应满足此要求。				

（2）制动力平衡要求。

在制动力增长全过程中同时测得的左、右轮制动力差的最大值，与全过程中测得的该轴左、右轮最大制动力中大者之比，对前轴不应大于 20%，对后轴（及其他轴）在轴制动力不小于该轴轴荷的 60% 时不应大于 24%；当后轴（及其他轴）制动力小于该轴轴荷的 60%时，在制动力增长全过程中同时测得的左、右轮制动力差的最大值不应大于该轴轴荷的 8%。

（3）汽车的制动协调时间。

对液压制动的汽车制动协调时间不应大于 0.35 s，对气压制动的汽车制动协调时间不应大于 0.60 s；对汽车列车和铰接客车、铰接式无轨电车的制动协调时间不应大于 0.80 s。

（4）汽车车轮阻滞力要求。

进行制动力检验时，各车轮的阻滞力均不应大于车轮所在轴轴荷的 5%。

2）驻车制动性能检验

当采用制动检验台检验汽车和正三轮摩托车驻车制动装置的制动力时，机动车空载，乘坐一名驾驶员，使用驻车制动装置，驻车制动力的总和不应小于该车在测试状态下整车重量的 20%（对总质量为整备质量 1.2 倍以下的机动车为不小于 15%）。

3）汽车制动完全释放时间

从松开制动踏板到制动消除所需要的时间不应大于 0.80 s。

【项目 3】　制动性能检测结果及案例分析

1. 制动性能检测结果分析

（1）各车轮制动力均偏低：主要原因为制动踏板自由行程太大，制动液中有空气或制动液变质，制动主缸故障，真空助力器或液压助力系统有故障。

（2）同制动回路两车轮制动力均偏小：该回路中有空气或分泵、管路漏油，也有可能是总泵中相应主腔密封不良。

（3）单个车轮制动力偏小：该车轮制动器有故障。

（4）若后轴车轮均存在制动力偏小，则可能是感载比例阀故障，也可能是制动力分配系统设计原因。

（5）制动力平衡不合格的原因：除以上（2）、（3）原因外，两侧制动器间隙不一致、轮毂失圆、轮胎花纹、磨损程度、气压不一致也是原因之一。

（6）各车轮阻滞力都超限的主要原因：制动主缸卡滞；制动踏板自由行程调整不当；制动踏板传动机构卡滞；由于加了错误型号的制动液造成制动缸内皮碗膨胀卡滞。

（7）个别车轮阻滞力超限原因：制动轮缸回位不良；车轮制动器间隙调整过小；制动蹄回位弹簧故障；驻车制动机构卡滞。

（8）各车轮制动协调时间过长的原因：制动踏板自由行程过大；车轮制动器间隙过大。

（9）驻车制动不合格原因：驻车制动调整不良；驻车制动机构因长期不用造成锈蚀卡滞。

2. 典型案例分析

【典型案例 1】　丰田皇冠制动效能不良。

故障现象：一辆丰田皇冠 SM112 轿车双管路真空助力系统，先是助力制动不明显，后发展至踩下制动踏板后，踏板突然向上反弹，踩踏板时感觉踏板变重，且制动力不大。

【案例分析】

故障分析：真空助力制动系统踏板反弹、制动效能差的主要原因为，液压系统进入大量空气或制动主缸内高压制动液窜回低压油路。

故障排除：首先进行排气，制动效果不明显。于是分解制动主缸，其内壁无过量磨损、沟槽、刮痕现象，但前后活塞皮碗磨损严重，整圈脱落，这样，制动时高压制动液窜回低压油腔，将已经前移的主缸后活塞推回，导致制动踏板反弹。还发现主缸内活塞回位弹簧过软，这样在制动油压增大时，会使活塞歪斜，加剧了窜油现象。更换前后活塞皮碗及活塞回位弹簧，故障排除。

【典型案例 2】　夏利轿车制动时制动器发出尖叫声。

故障现象：一辆夏利 TJ7100U 轿车制动时，车轮制动器发出尖叫声，且制动不良。

【案例分析】　这种现象在汽车制动过程中经常出现，特别是液压及钢板焊接的制动蹄

（钢板弹性大，受力易变形）更易出现。主要原因有：制动蹄与鼓间隙不当，蹄鼓变形，蹄片铆钉松动、外露等。拆下制动鼓，发现蹄片表面有许多黑色的、被烧伤的坚硬斑块，为蹄鼓变形、间隙不当所致。更换制动蹄片，磨光制动鼓，调整制动间隙，故障排除。

【典型案例 3】 奥迪 100 轿车重载制动不灵。

故障现象：一辆奥迪 100 轿车低速行驶时制动正常，但重载、高速行驶时，制动力显得不足，表现为制动失灵。

【案例分析】 奥迪 100 轿车装有感载比例阀，其作用是使制动力随汽车实际载荷的增减而成比例的增减。从故障现象分析，制动力不能随载荷增加而增加，极有可能为感载比例阀失效。经检查，感载比例阀活塞缸密封良好；用手动其杠杆末端，有发涩、卡滞感；进一步检查发现下导向柱脏污严重，上导向柱花键轴有锈迹；用弹簧测力计检查，发现杠杆末端架上的拉力弹簧弹力不足。对此，拆下感载比例阀导向柱进行清洗、除锈，并换上一根新的拉力弹簧。试车，故障排除。

学习测试

一、填空题

（1）在汽车制动力增长全过程中，左、右轮制动力差与该轴左、右轮中制动力大者之比对前轴应 _____ ，对后轴应 _____ 。

（2）进行制动力检验时，各车轮的阻滞力均不应大于车轮所在轴轴荷的_____。

（3）在使用平板式制动检测台检验时，汽车以_____（或按出厂说明允许更高）速度驶上平板。

（4）驻车制动不合格的原因是_____和_____。

二、判断题

（1）台试检验时，乘用车、总质量不大于 3500 kg 的货车的制动力总和与整车重力的百分比，空载时应≥80%。（　　）

（2）台试检验时，乘用车、总质量不大于 3500 kg 的货车的制动力总和与整车重力的百分比，满载时应≥70%。（　　）

（3）台试检验制动力时，在制动力增长全过程中，左、右轮制动力差与该轴左、右轮中制动力大者之比，对后轴（及其他轴）在轴制动力不小于该轴轴荷的 60% 时不应大于 24%。（　　）

（4）台试检验时，乘用车、总质量不大于 3500 kg 的货车的轴制动力与轴荷的百分比，前轴应≥80%。（　　）

（5）台试检验时，乘用车、总质量不大于 3500 kg 的货车的轴制动力与轴荷的百分比，后轴应≥50%。（　　）

（6）台试检验制动力时，在制动力增长全过程中，左、右轮制动力差与该轴左、右轮中制动力大者之比，对前轴不应大于 40%。（　　）

（7）台试检验制动力时，在制动力增长全过程中，当后轴（及其他轴）轴制动力小于该轴轴荷的 60% 时，同时测得的左、右轮制动力差的最大值不应大于该轴轴荷的 8%。

（　　）

（8）台试检验制动力时，车轮阻滞力是指行车和驻车制动装置处于完全释放状态，变

速器在空挡位置时，试验台驱动车轮所需的作用力，汽车各车轮）的阻滞力不得大于该轴轴荷的 30%。（　　）

（9）当采用制动试验台检查车辆驻车制动力时，车辆空载，乘坐一名驾驶人，使用驻车制动装置，驻车制动力的总和应不小于该车在测试状态下整车重力的 20%；对总质量为整备质量 1.2 倍以下的汽车，此值应不小于 30%。（　　）

（10）台试检验制动力时，液压制动的汽车制动协调时间不应大于 0.35 s。（　　）

（11）台试检验制动力时，气压制动的汽车制动协调时间不应大于 0.60 s。（　　）

（12）路试检测驻车制动性能时，在空载状态下，驻车制动装置应能保证车辆在坡度为 20%（总质量为整备质量的 1.2 倍以下的车辆为 15%）、轮胎与路面间的附着系数 ≥0.7 的坡道上，正、反两个方向保持固定不动的时间应 ≥5 min。（　　）

（13）路试检测乘用车制动距离时，制动初速度为 50 km/h，空载时的制动距离应 ≤15 m。（　　）

（14）路试检测总质量 ≤3500 kg 的低速货车制动距离时，制动初速度为 30 km/h，空载时的制动距离应 ≤10 m。（　　）

（15）《机动车运行安全技术条件》（GB 7258—2004）规定，制动力、制动距离和制动减速度 3 个指标中只要其中之一不符合要求，即判制动性能为不合格。（　　）

（16）液压制动系各车轮制动力均偏低，主要原因为制动踏板自由行程太大，制动液中有空气或变质，制动主缸有故障，增压器或助力器效能不佳或失效。（　　）

（17）液压制动系统的制动协调时间比气压制度短。（　　）

三、选择题

（1）路试应在平坦、坚实、清洁、干燥的水泥或沥青路面上进行，并且轮胎与地面的附着系数应不小于（　　）

A. 0.4　　　　　B. 0.5　　　　　C. 0.6　　　　　D. 0.7

（2）GB 7258—2004 规定，普通汽车制动协调时间应不大于（　　），汽车列车制动协调时间应不大于 0.8 s。

A. 0.4 s　　　　B. 0.5 s　　　　C. 0.6 s　　　　D. 0.7 s

（3）阻滞力是指在解除制动后，仍存在的残余制动阻力。按 GB 7258—2004 规定，各车轮的阻滞力均不得大于该轴轴荷的（　　）

A. 5%　　　　　B. 8%　　　　　C. 10%　　　　　D. 15%

（4）平板式制动试验台检测时，车辆以（　　）的车速驶上测试平板并进行紧急制动。

A. 5%　　　　　B. 8%　　　　　C. 15%　　　　　D. 24%

（5）反力式制动试验台（　　）应检查调整皮带和链条松紧度一次，并视需要进行更换。

A. 每月　　　　B. 每年　　　　C. 每半年　　　　D. 每周

四、问答题

（1）简述反力式滚筒制动试验台与平板式制动试验台的测试原理，两者的主要区别是什么？

（2）在反力式滚筒制动试验台上测制动力时，车轮处于滚动状态与处于抱死状态的制动力有何区别？为保证检测的准确性可采取哪些措施？

（3）制动性路试检验的项目有哪些？制动性台试检验的项目有哪些？它们的技术要求是什么？

综合实训 3　汽车制动性检测

1. 实训目的和要求

（1）了解反力式滚筒制动试验台的结构；

（2）熟悉试验台的使用方法；

（3）掌握汽车台试制动性检测方法及其检测标准；

（4）能够分析制动不合格的可能原因。

2. 实训内容简述

（1）认识反力式滚筒制动试验台的结构并熟悉其使用方法；

（2）进行汽车制动台试检测；

（3）判定检测结果并分析制动不合格的可能原因。

模块 5　汽车操纵性与检测

学习任务 1　汽车的操纵稳定性认知

学习目标

（1）理解轮胎的侧偏现象；

（2）理解汽车的转向特性；

（3）会分析汽车不发生纵翻和侧翻的条件；

（4）理解汽车转向轮摆振的原因；

（5）掌握保持汽车转向轮稳定的措施。

任务分析

　　汽车的操纵稳定性包含互相联系的两个部分，即操纵性和稳定性。操纵性是指汽车能够确切地响应驾驶员转向指令的能力；稳定性是指汽车受到外界干扰时保持稳定行驶的能力。两者很难断然分开，故统称为操纵稳定性。汽车的操纵稳定性不仅影响到汽车驾驶的操纵方便程度，而且也是决定高速汽车安全行驶的一个主要性能。随着道路的改善和车速的提高，汽车的操纵稳定性日益受到重视，并成为现代汽车的重要使用性能之一。

任务实施

　　汽车的操纵稳定性是指驾驶员在不感到过分紧张、疲劳的条件下，汽车能遵循驾驶员通过转向系及转向轮给定的方向行驶，且当遇到侧向力（如侧向风、汽车在横坡行驶时重力的侧向分力等）时，汽车能抵抗干扰而保持稳定行驶的能力。

　　在汽车操纵稳定性的研究中，我们常把汽车整车作为一个系统（图 5-1），通过系统的输入和输出物理参数之间的关系，来表征汽车的操纵稳定性。

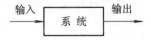

图 5-1　系统分析示意图

　　汽车操纵稳定性涉及到的问题较为广泛，它要采用较多的物理参量从几个方面来评价。作为基本学习内容，本章着重讨论汽车在方向盘阶跃输入下的稳态响应。

转向盘角阶跃输入下进入的稳态响应，是表征汽车操纵稳定性的转向盘角位移输入下的时域响应。

汽车在转弯时，实际输入的物理参数显然是方向盘转角，但为了简化分析过程，假设方向盘转角与前轮偏转角之间为单纯的线性关系，即

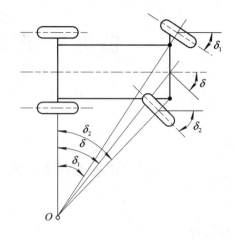

$$\delta_{s\omega}(t) = i_\omega \delta(t) \qquad (5-1)$$

式中：$\delta_{s\omega}(t)$——方向盘转角随时间变化的函数；

$\quad i_\omega$——转向系角传动比，假设为常数；

$\quad \delta(t)$——前轮偏转角随时间变化的函数。

所谓前轮偏转角 δ 是指假想的设置在前轴中点的车轮偏转角，见图 5-2。δ 的大小为

$$\delta = \frac{1}{2}(\delta_1 + \delta_2) \qquad (5-2)$$

图 5-2 前轮偏转角示意图

式中，δ_1，δ_2——左、右前轮的偏转角。

因此，在下面的分析中，均以前轮偏转角 δ 作为输入量。

阶跃输入函数是工程上常用的输入函数之一，对于前轮角阶跃函数而言，其数学表达式为

$$\delta(t) = \begin{cases} 0 & t < 0 \\ \delta_0 & t \geqslant 0 \end{cases} \qquad (5-3)$$

前轮角阶跃函数如图 5-3 所示。

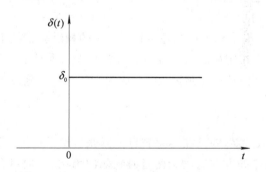

图 5-3 前轮角阶跃函数

【项目1】 轮胎的侧偏特性分析

轮胎的侧偏特性主要指侧偏力与侧偏角之间的关系，它是研究汽车操纵稳定性的基础。

1. 轮胎的坐标系

为了讨论方便，建立如图 5-4 所示的轮胎坐标系。取垂直于车轮轴线的轮胎中分平面为车轮平面；坐标原点为车轮平面和地面的交线与车轮旋转轴线在地平面上投影线的交

点：X 轴为车轮平面与地平面的交线，规定向前为正；Z 轴与地平面垂直，规定向上为正；Y 轴在地平面上，规定面向车轮前进方向时指向左方为正。侧偏角 α 是轮胎接地印迹中心（即坐标原点）位移方向与 X 轴的夹角，图示方向为正；外倾角 γ 是垂直平面（XOZ）与车轮平面的夹角，图示方向为正。

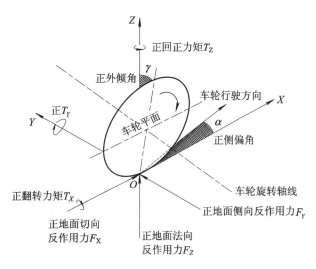

图 5-4　轮胎坐标系

2. 轮胎的侧偏现象

汽车行驶时，由于各种侧向力的作用，相应地在地面上产生地面侧向反作用力 F_Y，F_Y 又称做侧偏力。车轮在侧向力 F_y 和侧偏力 F_Y 的作用下，其运动方向偏离了车轮平面方向，这种现象称为轮胎的侧偏现象。分析其原因，主要有以下两方面：

（1）当侧偏力 F_Y 达到车轮与地面间的附着极限时，车轮发生侧向滑动，若滑动速度为 Δu，则车轮便沿合成速度 u' 方向运动，偏离了车轮平面 cc 方向（见图 5-5）。

（2）弹性车轮在侧向力的作用下将产生侧向变形而引起的侧偏。下面利用图 5-6 对这个现象作一说明。设想在车轮的中心平面圆周上作出 a，b，c…标记，当车轮未受侧向力而滚动时（图 5-6(a)），车轮上的 b 点将与支承面上的 b_1 点相接触，c 点将与 c_1 点相接触，依此类推，从而可得车轮在支承面上的运动轨迹 af_1。由于 af_1 处于车轮平面之内，因此车轮的运动方向与车轮平面一致，没有侧偏现象。当车轮受到侧向力 F_y 作用时，就会产生

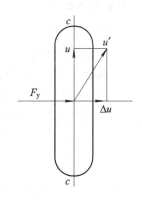

图 5-5　车轮侧滑时的运动简图

如图 5-6(b) 所示的侧向变形，一旦滚动，车轮上的 b 点将与支承面上的 b_1' 点相接触，c 点将与 c_1' 相接触，依此类推。车轮在支承面上的运动轨迹 af_1' 相对于车轮平面偏离某一角度 α。换言之，弹性车轮在侧向力作用下，由于车轮的侧向弹性变形，其实际运动方向不再是车轮平面所指的方向，而是偏离了一个角度，这个角度 α 称为侧偏角。从图中可以看出，侧偏方向与侧向力 F_y 的方向一致，与侧偏力 F_Y 的方向相反。当汽车转弯时，侧偏方向则与离心力方向一致，因此也可用离心力方向来定义 α 的正值。显然，侧偏角 α 的数值与侧

向力 F_y 的大小有关；换言之，侧偏角 α 的数值与侧偏力 F_Y 的大小有关。

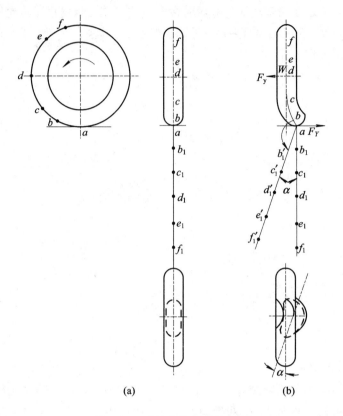

(a)   (b)

图 5-6 弹性车轮和侧偏现象

3. 轮胎的侧偏特性

轮胎的侧偏特性是指侧偏力 F_Y 与侧偏角 α 之间的数值关系。图 5-7 为侧偏力—侧偏角曲线。曲线表明，侧偏角不超过 $3°\sim4°$ 时，可以认为 F_Y 与 α 成线性关系，随着侧偏力的增大，侧偏角也增大。侧偏角增至某一数值后（$\alpha=10°$），由于轮胎与路面开始局部滑移，侧

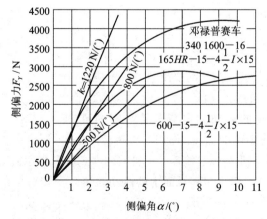

注：垂直载荷 $W=3000\text{ N}$，胎压 $P_i=180\text{ kPa}$，速度 $u=16.7\text{ m/s}$

图 5-7 侧偏特性曲线

偏角增长加快，当侧偏力等于附着力时，车轮发生侧滑。汽车正常行驶时，侧偏角一般不超过 $4° \sim 5°$，故认为侧偏力与侧偏角成线性关系，即

$$F_Y = k\alpha \tag{5-4}$$

式中：k——F_Y—α 曲线在 $\alpha = 10°$ 时的斜率，称为侧偏刚度。

4. 影响侧偏刚度的因素

1）轮胎的尺寸、形式和结构

尺寸较大的轮胎有较高的侧偏刚度。子午线轮胎接地面宽，一般侧偏刚度较高。子午线轮胎与斜交线轮胎的侧偏特性如图 5-8 所示。

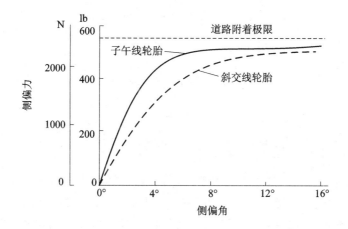

图 5-8　子午线轮胎与斜交线轮胎的侧偏特性

轮胎断面高 H 与断面宽 B 之比 $H/B \times 100\%$ 称为扁平率。早期轮胎的扁平率为 100%，现代轮胎的扁平率逐渐减小，目前不少轿车已采用扁平率为 60% 的宽轮胎。扁平率对轮胎侧偏刚度影响很大，采用扁平率小的宽轮胎是提高侧偏刚度的主要措施。

2）轮胎的充气压力

轮胎的充气压力对侧偏刚度也有显著影响。由图 5-9 可知，随着气压的增加，侧偏刚度增大，但气压过高后侧偏刚度将不再变化。

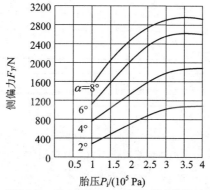

注：轮胎6.40—13，速度 $u=11$ m/s，垂直载荷 $W=4000$ N

图 5-9　轮胎气压对侧偏刚度的影响

3）轮胎的垂直载荷

由图 5-10 可以看出，同一侧偏角下，不同垂直载荷时的侧偏力不一样。一般情况，侧偏刚度随垂直载荷的增加而加大，但垂直载荷过大时，轮胎将产生很大的径向变形，侧偏刚度反而有所减小。侧偏刚度最大时的垂直载荷约为额定载荷的 150%。

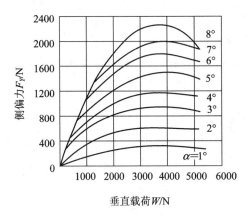

图 5-10　不同垂直载荷下的侧偏力

4）地面切线反作用力

上面讨论的是没有切向反作用力作用时轮胎的侧偏特性。实际上，在轮胎上常同时作用有侧向力与切向力。由试验得到的曲线（图 5-11）表明，一定侧偏角下，驱动力或制动力增加时，侧偏力逐渐有所减小，这是由于轮胎侧向弹性有所改变的关系。当纵向力相当大时，侧偏力显著下降。因为此时接近附着极限，切向力已耗去大部分附着力，而侧向能利用的附着力很少。由图还可看出，这组曲线的包络线接近于一椭圆，一般称为附着椭圆。它确定了在一定附着条件下切向力与侧偏力合力的极限值。

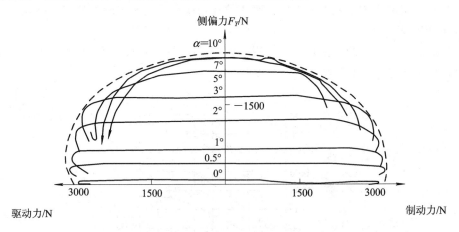

图 5-11　地面切线反作用力对侧偏特性的影响

5）路面及其粗糙程度、干湿状态对侧偏特性的影响

路面及其粗糙程度、干湿状态对侧偏特性尤其是最大侧偏力有很大影响。粗糙路面较光滑路面的最大侧偏力大；同种路面干态较湿态较光滑路面的最大侧偏力大。路面有薄水层时，由于滑水现象，会出现完全丧失侧偏力的情况。图 5-12 表明一轮胎在不同轮胎胎

面、路面粗糙度和水层厚度等条件下，最大侧偏力的降低情况。水层厚 1.02 mm 时，在粗糙路面上，开有 4 条沟槽的胎面能防止滑水现象。水层厚 7.62 mm 时，不论胎面有无沟槽、路面是否粗糙，当车速为 80 km/h 时均出现滑水现象，此时最大侧偏力为零。

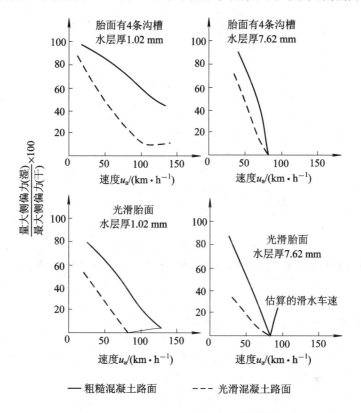

图 5-12　轮胎胎面、路面粗糙程度、水层厚度和滑水现象的关系

【项目 2】　汽车的转向特性分析

1. 刚性车轮转向的几何关系

汽车在转弯过程中，在不考虑轮胎侧向偏离的情况下，要保持每个车轮都处于纯滚动，应使各轮均绕同一中心 O 作圆周运动，即内、外轮转角关系如图 5-13 所示。

$$\cos\delta_o = \frac{R_0 + 0.5d}{L}$$

$$\cos\delta_i = \frac{R_0 - 0.5d}{L} \tag{5-5}$$

$$\cos\delta_o - \cos\delta_i = \frac{d}{L}$$

式中：δ_o——前外轮转角；

δ_i——前内轮转角；

d——两主销中心线延长到地面交点之间的距离；

L——轴距。

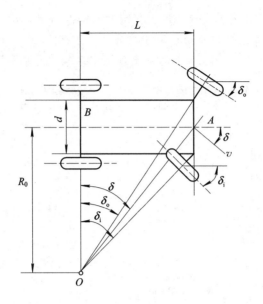

图 5-13 刚性车轮转向简图

从转向中心 O 到汽车纵向对称轴 AB 之间的距离 R_0，称为转向半径，

$$R_0 = \frac{L}{\tan\delta} \qquad (5-6)$$

式中：δ——前轴中点速度方向与 AB 间的夹角。

δ 称为前轴转角，取 $\delta = \frac{1}{2}(\delta_o + \delta_i)$，当转角不大时，$\tan\delta \approx \delta$，式（5-6）可写为

$$R_0 = \frac{L}{\delta} \qquad (5-7)$$

当用式（5-7）计算时，δ 用弧度计。

2. 弹性车轮转向的几何关系

若考虑轮胎的侧偏，则汽车的转弯半径和瞬时转动中心位置都会发生变化。为研究方便，取前、后轴中心的速度来确定瞬心的位置。如图 5-14 所示，δ 是两转向轮转角的平均值；α_1 是前轴两车轮侧偏角的平均值；α_2 是后轴两车轮侧偏角的平均值；瞬心位置 O' 如图所示。此时的转弯半径为

$$R = \frac{L}{\tan(\delta - \alpha_1) + \tan\alpha_2} \qquad (5-8)$$

当转角 δ 不大时，α_1、α_2 相应较小，因而：

$$R = \frac{L}{\delta - (\alpha_1 - \alpha_2)} \qquad (5-9)$$

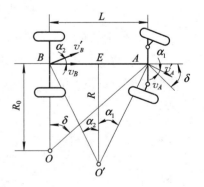

图 5-14 弹性车轮转向简图

3. 前轮角阶跃输入下的稳态响应

汽车等速行驶时，在前轮角阶跃输入下进入的稳态响应就是等速圆周行驶，常用输出与输入的比值，如稳态时的横摆角速度与前轮转角之比来评价稳态响应。这个比值称为稳

态横摆角速度增益，也称为转向灵敏度，以符号 $\left.\dfrac{\omega_r}{\delta}\right|_s$ 表示。

由刚体平面运动分析可知，若汽车的车速为 u，稳态转向半径为 R，则

$$\omega_r = \frac{u}{R} \tag{5-10}$$

由式(5-9)可得

$$\delta = \frac{L}{R} + \alpha_1 - \alpha_2 \tag{5-11}$$

设汽车前、后轴荷为 G_1、G_2，前、后轴的侧偏刚度为 K_1、K_2（是车轮侧偏刚度的 2 倍，$K_1 = 2k_1$，$K_2 = 2k_2$），则汽车转弯时，前、后轴受到的侧向力为

$$F_{y1} = \frac{G_1}{g} \cdot \frac{u^2}{R} \qquad F_{y2} = \frac{G_2}{g} \cdot \frac{u^2}{R}$$

相应的前、后轮侧偏角为

$$\alpha_1 = \frac{1}{K_1} \cdot \frac{G_1}{g} \cdot \frac{u^2}{R}$$

$$\alpha_2 = \frac{1}{K_2} \cdot \frac{G_2}{g} \cdot \frac{u^2}{R}$$

由此可以得到稳态横摆角速度增益为

$$\left.\frac{\omega_r}{\delta}\right|_s = \frac{\dfrac{u}{R}}{\dfrac{L}{R} + \left(\dfrac{G_1}{K_1} - \dfrac{G_2}{K_2}\right) \cdot \dfrac{u^2}{g \cdot R}} = \frac{\dfrac{u}{L}}{1 + \left(\dfrac{G_1}{K_1} - \dfrac{G_2}{K_2}\right) \cdot \dfrac{u^2}{g \cdot L}}$$

令 $K = \left(\dfrac{G_1}{K_1} - \dfrac{G_2}{K_2}\right) \cdot \dfrac{1}{g \cdot L}$，称为稳定性因数，则

$$\left.\frac{\omega_r}{\delta}\right|_s = \frac{\dfrac{u}{L}}{1 + K \cdot u^2} \tag{5-12}$$

K 称为稳定性因素，它是表征汽车稳态转向特性的重要参数。根据 K 的不同，汽车前轮角阶跃输入下的稳态响应可分为三类(如图 5-15 所示)。

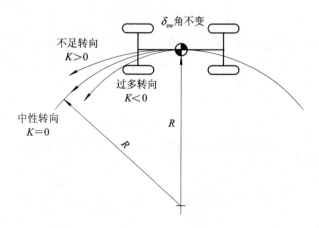

图 5-15　汽车的三类稳态响应

1）中性转向（$K=0$）

$K=0$ 时，$\left.\dfrac{\omega_r}{\delta}\right|_s=\dfrac{u}{L}$，即横摆角速度增益与车速成线性关系。这种稳态称为中性转向，如图 5-16 所示。此曲线也就是汽车以极低车速行驶而又无侧偏角时的转向关系曲线。

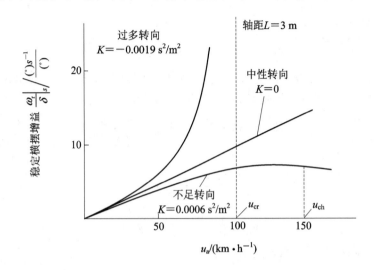

图 5-16　汽车的稳态横摆角速度增益曲线

中性转向的汽车，当转向盘保持一个固定的转角加减速行驶时，汽车的转向半径不变，即转向半径与车速无关。此时，转向半径 $R=\dfrac{L}{\delta}$。

2）不足转向（K＞0）

$K>0$ 时，$\left.\dfrac{\omega_r}{\delta}\right|_s-\dfrac{u}{L}$ 为一条低于中性转向汽车稳态横摆增益线且下弯的曲线。K 愈大，横摆角速度增益曲线愈低，不足转向量愈大。

可以证明，当车速为 $u_{ch}=\sqrt{\dfrac{1}{K}}$ 时，汽车稳态横摆增益达到最大值，且其横摆角速度增益为与轴距 L 相等的中性转向汽车横摆角速度增益的一半。u_{ch} 称为特性车速。

当方向盘保持一个固定的转角，汽车以不同的固定车速行驶时，随着车速的增加，不足转向汽车的转向半径 R 将增大。

3）过多转向（K＜0）

$K<0$ 时，$\left.\dfrac{\omega_r}{\delta}\right|_s-\dfrac{u}{L}$ 曲线随着车速的增加而向上弯曲。当车速为 $u_{ch}=\sqrt{-\dfrac{1}{K}}$ 时，稳态横摆角速度增益趋于无穷大。u_{cr} 称为临界车速。

当方向盘转角固定不变，汽车以不同的固定车速行驶时，其转向半径只随车速的增加而减小。

过多转向汽车达到临界车速时将失去稳定性。因为 $\dfrac{\omega_r}{\delta}$ 为无穷大时，只要有极小的前轮转角便会产生极大的横摆角速度。这意味着汽车转向半径极小,汽车发生急转而侧滑或翻倒。

4. 表征稳态转向特性的其他参数

为了便于分析,汽车的稳态转向特性还可以采用其他的一些参数来描述。

1) 前、后轮侧偏角之差($\alpha_1 - \alpha_2$)

为了测定汽车的稳态响应,可采取固定转向盘转角,令汽车以不同的速度作圆周行驶,测出前、后轮侧偏角的绝对值 α_1 和 α_2,并以 $\alpha_1 - \alpha_2$ 与侧向加速度 α_y(绝对值)的关系曲线来评价汽车的稳态响应。

根据式(5-9)得到的($\alpha_1 - \alpha_2$)—α_y 曲线是三条斜率为 KL 的直线,见图 5-17。当 $K=0$ 时,$\alpha_1 - \alpha_2 = 0$,为中性转向;当 $K>0$ 时,$\alpha_1 - \alpha_2 > 0$,为不足转向;当 $K<0$ 时,$\alpha_1 - \alpha_2 < 0$,为过多转向。可见,若增大 α_1,减小 α_2,则使不足转向量增加;反之,若减小 α_1,增大 α_2,则使不足转向量减小,甚至有可能转变为过多转向。

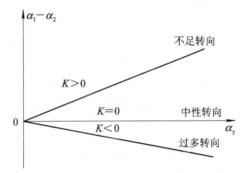

图 5-17　表示汽车稳态转向特性的($\alpha_1 - \alpha_2$)—α_y 曲线

2) 转向半径的比值 R/R_0

当汽车转向时有 $R = \dfrac{u}{\omega_r}$,再由式(5-12)得

$$R = \frac{u}{\omega_r} = \frac{(1 + Ku^2)L}{\delta} = (1 + Ku^2)R_0 \qquad (5-13)$$

或

$$\frac{R}{R_0} = 1 + Ku^2 \qquad (5-14)$$

图 5-18 显示了按式(5-14)求得的 $\dfrac{R}{R_0}$—u^2 关系曲线。

式(5-14)表明,当 $K>0$ 时,$\dfrac{R}{R_0} > 1$,表示不足转向汽车的转向半径 R 总大于 R_0,且 R 将随车速的提高而增加。当 $K<0$ 时,$\dfrac{R}{R_0} < 1$,表示过多转向汽车的转向半径 R 总小于 R_0,且 R 将随车速的提高而减小。当 $K=0$ 时,$\dfrac{R}{R_0} = 1$,表示中性转向汽车的转向半径 R 总等于 R_0,不随车速而变。

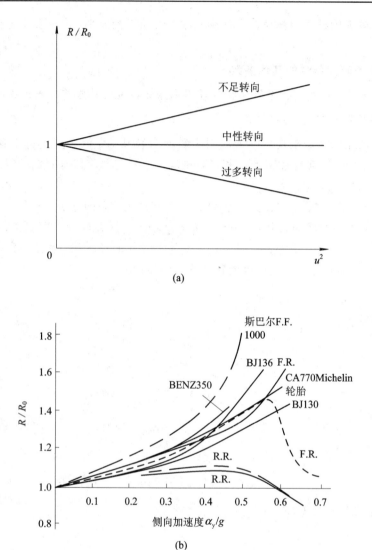

图 5-18　汽车稳态响应的转向半径比值 R/R_0 曲线

5. 影响汽车稳态转向特性的主要因素

1）轮胎气压的影响

轮胎气压对侧偏刚度影响很大，降低轮胎气压，侧偏刚度下降，可以产生较大的侧偏角。汽车说明书中规定的轮胎气压是考虑了获得不足转向性的数值，故使用中应注意在冷态下检查并按说明书的规定调整轮胎的充气压力。有的高速轿车甚至规定了每种乘坐条件及不同季节时前、后轮胎的充气压力，以确保需要的不足转向性。前轮气压低于规定值时，可仅使汽车不足转向性增大，转向灵敏度即横摆角速度增益下降；而后轮气压过低时，将使后轮的侧偏角加大，甚至使原来不足转向性的汽车变为过多转向性汽车，会对操纵稳定性带来严重不良影响。

2）驱动形式的影响

转向时施加于轮胎上的切向力增加，轮胎的侧偏刚度下降，使产生的侧偏角增加。因此，后轮驱动的车辆，转向时施加驱动力，使后轮侧偏角增加，有减少不足转向性、向过多转向性转化的倾向；前轮驱动的汽车，转向时施加驱动力，使前轮侧偏角增加，有增加不足转向性的作用。

3）轮胎结构的影响

不同结构（帘布层数、扁平率等）、不同形式（子午线轮胎、普通斜交轮胎）的轮胎，侧偏刚度不同，可能使汽车具有过多转向性。

子午线轮胎和普通斜交帘线轮胎在车上混合装用对汽车的操纵性有严重影响。子午线轮胎侧偏刚度大，若仅将前轮改用子午线轮胎，则可使前轮侧偏角 α_1 减少；如果减少后的前轮侧偏角 α_1 小于后轮侧偏角 α_2，可使原为不足转向性的汽车变为过多转向性汽车。

扁平率小的宽轮胎，侧偏刚度大，产生的侧偏角小。因此，如仅将前轮换用扁平率小的轮胎，有使汽车产生过多转向的倾向；如仅换用后轮，则有汽车呈不足转向的倾向。

4）汽车的质量分配与车轮侧偏刚度的匹配

在汽车设计及改装中，应使汽车的质量在前、后轴上的分配与车轮的侧偏刚度相适应，使稳定性因数 $K>0$，以保证汽车的不足转向性。

前置发动机前驱动的轿车，前轴上的轴荷较大，转弯时前轴承担的离心惯性力较大，在前、后车轮侧偏刚度相同的情况下，前轮会产生较大的侧偏角，故趋向于呈不足转向性。反之，后置发动机后驱动的轿车则趋向于呈过多转向性。

5）汽车悬架的影响

（1）车轮侧倾角的变化。

当车厢侧倾时，因悬架结构形式的不同，车轮侧倾角的变化有如下三种情况：

① 车轮朝车厢侧倾的方向倾斜，即车轮的侧倾方向与离心力方向一致，如图 5-19(a)、(b)、(c)所示，它们分别是上、下横臂长度相等且平行的双横臂、单纵臂、烛式独立悬架。

② 车轮朝车厢侧倾的相反方向倾斜，即车轮的侧倾方向与离心力方向相反，如图 5-19(d)所示的单横臂独立悬架在小侧向加速度时属于这种情况。

③ 车轮的侧倾不随车厢的侧倾而变，如图 5-19(e)所示的非独立悬架。

车轮侧斜后，由于轮胎与地面接触面的受力情况发生变化，从而产生一个附加的侧偏角 $\Delta\alpha$。$\Delta\alpha$ 的大小与车轮侧倾角 γ 有关，二者的关系可通过试验求得。$\Delta\alpha$ 的方向与车轮倾倾的方向一致，因此当 γ 与离心力方向一致时，$\Delta\alpha$ 为正值，车轮的侧倾角增大，如图5-19(b)所示；当 γ 与离心力方向相反时，$\Delta\alpha$ 为负值，车轮的侧倾角减小，如图 5-19(d)所示。

（2）左、右轮垂直载荷再分配的影响。

轮胎侧偏刚度在一定范围内随垂直载荷的增加而增加。在侧向力作用下，若前轴左、右轮垂直载荷变动量大，则汽车趋向于减少不足转向性。由于增加前悬架的角刚度（车身每侧倾 1°，在前悬架上需施加的侧倾力矩值）能使侧倾力矩分摊到前轴上的数值增加，因而能使前轴左、右轮垂直载荷的变动量加大；减少后悬架的角刚度，能使侧倾力矩分摊到后轴上的数值减少，因而后轴左、右轮垂直载荷的变动量减少，有利于增加汽车的不足转向性。

（3）轴转向。

当车厢侧倾时，由于悬架导向机构的运动学关系，将使车轴绕垂直轴线转动，这种现象称为轴转向。

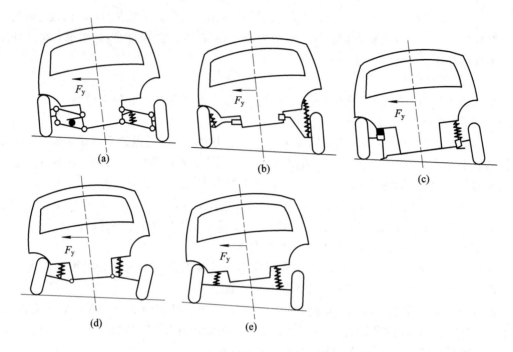

图 5 - 19　车轮侧倾与悬架导向机构的关系

下面以单纵臂非独立悬架为例进行说明,见图 5 - 20。汽车转向时车厢侧倾,外侧的弹性元件受到压缩,铰接中心 C 将下移至 C_1 点,相应的车轮中心 O 将左移至 O_1 点。而内侧因弹性元件伸张,铰接中心 C 将上移至 C_2 点,相应的车轮中心 O 将右移至 O_2 点。从俯视图可以看出,车轴线转动了 λ 角,这就是轴转向现象。

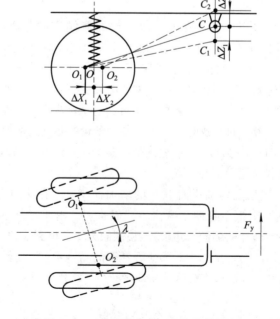

图 5 - 20　单纵臂非独立悬架的轴转向

轴转向的大小和方向与悬架的结构形式、布置和参数有关。如果轴转向的方向与离心力方向一致,则从运动学的观点来看,相当于使车轮的侧偏角增加,对于后轴而言,将使汽车减小不足转向量;如果轴转向方向与离心力方向相反,则相当于使车轮的侧偏角减小,若为后轴,将使汽车增加不足转向量。

综上所述可知,汽车悬架的设计不仅应满足汽车平顺性的要求,同时还应顾及对操纵稳定性的影响。

【项目 3】　汽车的纵翻和侧翻分析

1. 汽车的纵向翻倾

汽车在等速上坡时,其受力情况如图 5－21 所示。随着道路坡度增大,前轮的地面法向反作用力不断减小,当道路坡度大到一定程度时,前轮的地面法向反作用力为零。在这样的坡度下,汽车将绕 A 点向后翻倾,通常称之为纵翻。下面求汽车不发生纵翻的极限坡度角 ψ_{max}。

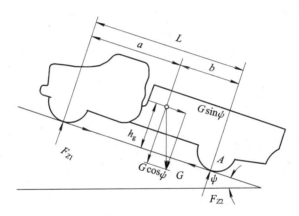

图 5－21　汽车在纵向坡道上等速行驶时的受力图

根据受力平衡可得:

$$F_{Z1} = \frac{bG\cos\psi - h_g G\sin\psi}{L} \qquad (5-15)$$

$$F_{Z2} = \frac{aG\cos\psi + h_g G\sin\psi}{L} \qquad (5-16)$$

令 $F_{Z1} = 0$,则有

$$\tan\psi = \frac{b}{h_g} \qquad (5-17)$$

因此,汽车不发生纵翻的极限坡度角 $\psi_{max} = \arctan\dfrac{b}{h_g}$。

另一方面,汽车上坡时,坡度阻力随坡度的增大而增加,在坡度大到一定程度时,即当为克服坡度阻力所需的驱动力超过附着力时,驱动轮将滑转。这两种情况均使汽车的行驶稳定性遭到破坏。以后轴驱动汽车为例,汽车以较低速度等速上坡时,驱动轮不发生滑转的临界状态为

$$F_{tmax} = G\sin\psi_{\varphi max} = F_{Z2} \times \varphi = \frac{aG\cos\psi + g_g G\sin\psi}{L} \times \varphi \qquad (5-18)$$

式中：$\psi_{\varphi\max}$——汽车后轮不发生滑转所能克服的最大道路坡度角，其大小为

$$\psi_{\varphi\max} = \arctan\frac{\alpha\varphi}{L - \varphi h_g} \tag{5-19}$$

显然，如果 $\psi_{\max} < \psi_{\varphi\max}$，则当汽车遇有坡度角为 $\psi_{\max}$ 的坡道时，驱动轮因受附着条件的限制而滑转，地面不能提供足够的驱动力以克服坡道阻力，因而无法上坡，也就避免了汽车的纵向翻倒。所以汽车避免纵翻的条件是

$$\frac{\alpha\varphi}{L - \varphi h_g} < \frac{b}{h_g} \tag{5-20}$$

由此整理可得后轴驱动汽车纵向稳定性条件是

$$\frac{b}{h_g} > \varphi \tag{5-21}$$

同样可以求出前轴驱动汽车避免纵翻的条件为 $L > 0$。全轴驱动汽车避免纵翻的条件与后轴驱动相同。

由于现代汽车的质心位置较低，因此上述条件均能满足而有余。但是对于越野汽车，其轴距 L 较小，质心较高（h_g 较大），轮胎又具有纵向防滑花纹而附着系数较大，因此其丧失纵向稳定性的危险相应增加。所以，对于经常行驶于坎坷不平路面的越野汽车，应尽可能降低其质心位置，而前轮驱动型汽车的纵向稳定性最好。

2. 汽车的侧向翻倾

汽车在行驶中常受到重力的侧向分力、离心力、侧向风力和道路不平的侧向冲击等各种侧向力的作用。侧向力将引起左、右车轮法向反作用力的改变，当一侧车轮的法向反作用力变为零时，将发生侧向翻车。

下面讨论汽车在横坡弯道作等速转向运动时，汽车不发生侧翻的极限车速 $u_{a\max}$。

汽车在横坡弯道上等速行驶时的受力如图 5-22 所示。

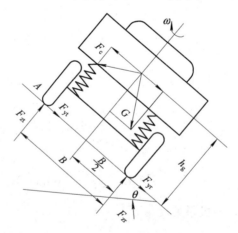

图 5-22　汽车在横坡弯道上等速行驶时的受力图

随着车速的提高，其离心力增大，内侧车轮的法向反作用力逐渐减小。当 $F_{zr} = 0$ 时，汽车将失去侧向稳定性而开始向外侧翻。此时对应的车速为弯道上产生侧翻的临界车速，用 $u_{a\max}$ 表示。

$$F_{zr} = \frac{Gh_g \sin\theta + G\dfrac{B}{2}\cos\theta + F_c\dfrac{B}{2}\sin\theta - F_c h_g \cos\theta}{B} \qquad (5-22)$$

式中：G——汽车重力，$G = mg$；

$\qquad F_c$——汽车转向行驶时离心力的侧向分力，近似按离心力计算，$F_c = mu^2/R_r$；

$\qquad B$——汽车的轮距。

令 $F_{zr} = 0$，整理得

$$R_r g(2h_g \tan\theta + B) = u^2(2h_g - B\tan\theta)$$

因此，汽车不发生侧翻的极限车速 u_{amax} 为

$$u_{amax} = 3.6\sqrt{\frac{gR_r(B + 2h_g\tan\theta)}{2h_g - b\tan\theta}} \ (\text{km/h}) \qquad (5-23)$$

若汽车在水平路面上（$\theta = 0$）作等速转向运动，则不发生侧翻的极限车速 u_{amax} 为

$$u_{amax} = 3.6\sqrt{\frac{gR_r B}{2h_g}} \ (\text{km/h}) \qquad (5-24)$$

汽车在侧向力的作用下，如车轮的侧向反作用力达到附着力时，汽车还将沿侧向力的作用方向滑移。如图 5-22 所示，经受力分析，汽车在横坡弯道作等速转向运动时，汽车不发生侧滑的条件为

$$F_c \cos\theta - G\sin\theta = (F_c \sin\theta + G\sin\theta)\varphi_侧 \qquad (5-25)$$

将上式整理，可得在横坡弯道作等速转向运动时，汽车不发生侧滑的极限车速 $u_{\varphi max}$ 为

$$u_{\varphi max} = 3.6\sqrt{\frac{R_r g(\varphi_侧 + \tan\theta)}{1 - \varphi_侧 \tan\theta}} \ (\text{km/h}) \qquad (5-26)$$

式中：$\varphi_侧$——侧向附着系数。

若汽车在水平路面上（$\theta = 0$）作等速转向运动，则汽车不发生侧滑的极限车速 $u_{\varphi max}$ 为

$$u_{\varphi max} = 3.6\sqrt{R_r g\varphi_侧} \ (\text{km/h}) \qquad (5-27)$$

侧滑与侧翻都是汽车行驶中应避免的失控现象，比较起来侧翻更危险。要避免侧翻，应使汽车侧滑的临界车速低于侧翻的临界车速，即

$$u_{\varphi max} < u_{amax}$$

由此经分析整理可得，避免侧翻的条件为

$$\frac{B}{2h_g} > \varphi_侧 \qquad (5-28)$$

满足此式时，称为满足侧向稳定条件。$\dfrac{B}{2h_g}$ 又称为汽车侧向稳定系数。

一般汽车行驶于干燥的沥青路面上，这时 $\varphi_侧$ 值较大，约为 $0.7 \sim 0.8$，仍然能满足上述的稳定条件。由于轮距 B 受车宽小于或等于 2.5 m 的限制，要避免侧翻应力求降低质心高度，一般车辆都能满足要求。只有在装载货物质心太高且偏向车厢的一侧，或者转向时车速过高，转动转向盘过急，致使风过大时，才容易产生侧翻。为了保证行车安全，侧滑也是不希望发生的，所以在汽车转弯时应降低车速，以减少侧翻及侧滑的机会。用普通货车底盘改装的厢式货车，如冷藏车等，改装后的质心高度增加，使侧翻的危险性加大。

【项目 4】　汽车转向轮的摆振与稳定

在平直良好路面和转向盘转角不变的情况下，操纵稳定性良好的汽车能够自行抵抗侧

向风、微小路面不平等外界干扰，保持直线稳定行驶。但在上述条件下，有些汽车会出现低速摆头、高速摆振等行驶不稳定现象。研究这些现象的特点及其产生原因，对于恢复和保持汽车行驶稳定性无疑是十分必要的。

1. 转向轮的摆振

1）车轮不平衡引起的转向轮摆振

车轮动不平衡和传动轴动不平衡会引起汽车高速摆振。当车轮总成质量中心 C 与旋转中心 O 不相重合时，在转动中会产生离心力 F_j，其分力 F_{jx} 是周期性的干扰力，它使前轴产生角振动，由于陀螺效应也可能引起前轮的摆振。当左、右轮偏心质量处于相隔 180°位置时，摆振更为严重，如图 5-23 所示。

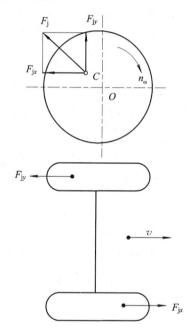

图 5-23 车轮不平衡引起的转向轮摆振示意图

即使质量中心 C 与旋转中心 O 重合，但质量分布相对于车轮的中心平面不对称，离心力的合力为零，但离心力的合力矩不为零，这时车轮处于动不平衡状态。在车轮旋转中，合力矩的方向不断变化，对主销产生周期性的干扰力矩，使转向轮绕主销摆振。

若传动轴存在动不平衡，则离心力会忽左忽右随转动而周期性变化，通过车身、悬架也会使汽车行驶方向左右偏摆不定。

实际上车轮若满足动平衡，就肯定满足静平衡。在实际使用中，轮胎修补、轮胎钢圈变形、前轮胎螺栓数量不一致等因素都会导致轮胎动不平衡；而传动轴弯曲、平衡块脱落等会引起传动轴动不平衡。由动不平衡引起的摆振，其特点是随着车速的提高，摆振会不断加剧。要避免车轮总成和传动轴动不平衡的影响，就必须对转向轮和传动轴进行动平衡试验。

2）转向系与悬架的运动干涉引起的方向摆振

图 5-24 为一种纵置半椭圆板簧前悬架与转向系布置简图。板簧的固定吊耳在前轴前面，活动吊耳及转向机在前轴的后面。前轴和转向节等固定于板簧上，随板簧一起运动。转向机固定于车架上。当板簧发生变形时，车轮相对于车架有上、下方向的运动，转向节

的球销 c 作为前轴上一点绕 O_2 点摆动，其运动轨迹为 bb；但 c 又与纵拉杆相连，这样 c 将绕转向机垂臂下端球关节 O_1 摆动，运动轨迹为 aa 弧（实际上是以 O_1 点为圆心，以纵拉杆长度为半径作球面运动）。c 点不能同时满足这两个运动要求，于是转向节将相对主销发生转动，以满足 c 点沿 aa 弧的运动。从俯视图可以看出，当前轮向上运动时，c 点向前移，转向节绕主销向左转。当前轮向下运动时，c 点向后移，转向节绕主销向右转。由此可见，当路面不平引起前轴在垂直平面内产生角振动时，转向轮将出现水平面内的左右偏摆。

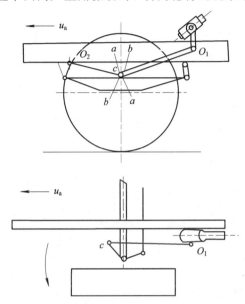

图 5-24　转向系与悬架的运动干涉引起的方向摆振

3）前轴角振动引起的转向轮摆振

行驶中，车轮受路面不平的冲击，前轴会在垂直平面内产生角振动。在某一车速下，当来自路面不平的冲击频率与前轴角振动的固有频率接近时，将发生共振，严重时一边的车轮可以跳离路面。

汽车的转向轮通过非独立悬架及转向传动机构与车架相连，这些互相联系的机件组成了弹性振动系统，如图 5-25 所示。当汽车在凹凸不平的路面上行驶或偶遇一侧有凸起或凹坑时，将激发车轴相对于车体在垂直平面内的角振动，由于陀螺效应，因此会使前轴在水平面内产生角振动，但由于前轴通过钢板弹簧和车架相连，无法在水平面内摆动，因此可能引发的是前轮绕主销的摆动。其规律是，当左前轮上升时，转向轮将向右偏转；当左前轮下降时，转向轮将向左偏转；当右前轮上升时，转向轮将向左偏转；当右前轮下降时，转向轮将向右偏转。

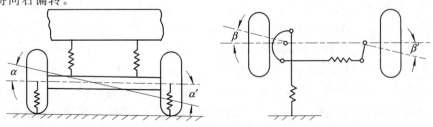

图 5-25　前轮振动系统示意图

产生陀螺效应的条件是，当车轴在垂直平面内产生角振动时，车轮旋转平面产生了偏转，如图5-26(a)所示。双横臂独立悬架遇路面凹凸不平时，车轮旋转平面将发生平移，但未发生偏转，不会产生陀螺效应(如图5-26(b)所示)。各类不同结构的独立悬架系统，追求的主要目标之一就是要减小或消除陀螺效应，以提高行驶方向的稳定性。

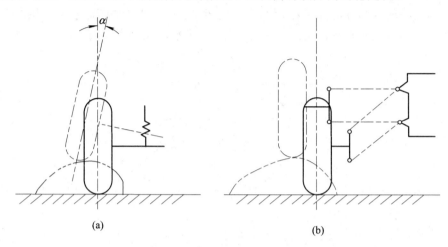

图5-26　路面不平对不同悬架系统的影响

(a)非独立悬架；(b)双横臂独立悬架

2. 汽车转向轮的稳定

上述这些原因可能会引起转向轮摆振，但不一定会造成转向轮摆振，因为转向轮还有阻止其发生摆振的稳定效应。所谓转向轮的稳定效应是指直行时转向轮保持居中位置的能力及转向后自动回正的能力。通常用阻止车轮偏转、力图使车轮保持居中位置的稳定力矩的大小，来表示其稳定效应的强弱。

1) 主销后倾 γ、侧向反力 Y 产生的稳定力矩 $T_{Y\gamma}$

如图5-27所示，假设转向轮绕主销向纸面内偏转，汽车转向中心在纸内的某点上，离心力向外，地面侧向反力 Y 垂直于纸面向内，对主销的力矩 $T_{Yr} = Yr \sin\gamma$，其作用方向与前轮偏转方向相反，是稳定力矩。如果转向后撒手，则有使前轮自动回正的作用；回正直行后，离心力为零，地面侧向反力也为零，稳定力矩不再存在。

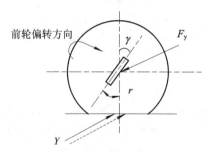

图5-27　主销后倾 γ 作用图

2) 主销内倾 β、垂直反力 Z 产生的稳定力矩 $T_{Z\beta}$

如图5-28所示，设前轴的空间位置保持不变，转向轮由直行位置转过某一角度时，车轮最低点将落在以 OA 为母线、绕主销轴线 OO 旋转形成的圆锥的底圆上，即车轮最低点将落在地面之下，这是不可能的。实际情况是：车轮最低点仍在路面上，而前轴在汽车转向中被抬高，驾驶员对转向盘作的功(施加于转向盘上的力矩与转向盘转角乘积之和)转变为车头抬高所增加的势能。因此，在转向时，转向盘上必须施加转向力矩；维持某一转向半径行驶时，转向盘上要保持一定的转向力矩；撒手后，势能将恢复到最小状态，迫使转向轮自动回正。

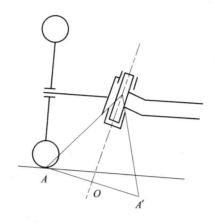

图 5-28　主销内倾 β 作用图

　　直行时地面垂直反力 Z 与主销轴线在同一平面内，Z 对主销轴线的力矩为零。当前轮转过某一角度 δ 时，力 Z 对主销轴线处于空间相错位置，所产生力矩的方向与转角 δ 的方向相反，力图阻止前轮偏转，所以 $T_{Z\beta}$ 是稳定力矩。在 $0°\sim90°$ 的范围内，随转角 δ 的加大，$T_{Z\beta}$ 增大。因此，前轮以某一转角 δ 使汽车转弯时，在转向盘上必须施加一个力矩，该力矩经转向传动系放大后，去克服稳定力矩 $T_{Z\beta}$，才能实现稳定的圆周行驶。如果撒手，则在稳定力矩 $M_{Z\beta}$ 的作用下，前轮将自动恢复到直行位置。

　　3）由侧偏、侧向反力产生的稳定力矩 $T_{y\alpha}$

　　如图 5-29 所示，受转弯时离心力的作用，车轮受到的侧向力为 F_y，产生的侧偏角为 α。轮胎接地印迹的长轴由直行时的 aa 移到 bb 位置，轮胎侧向变形前小后大，地面侧向反力的分布呈前小后大状，使其合力 Y 与 F_y 错开一个距离 b_a，形成力偶矩 $T_{y\alpha}=Yb_a$，它的方向与车轮偏转方向相反，是稳定力矩。

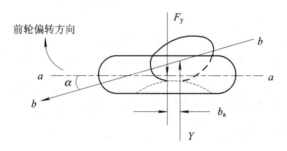

图 5-29　侧偏产生的稳定力矩

　　现代轿车车速很高，转弯时离心力大，轮胎气压低，侧偏刚度小。由于侧偏，侧向反力的稳定力矩 $T_{y\alpha}$ 很大，这常使高速时感到转向沉重。实践证明，$1°$ 侧偏角引起的稳定力矩相当于主销后倾 $5°\sim6°$ 的效果。为了不使总的稳定力矩过大，可以相应地减小主销后倾角 γ，甚至使 γ 为负值。

　　4）由侧偏、切向反力产生的稳定力矩 $T_{X\alpha}$

　　如图 5-30 所示，由于侧偏，内、外轮地面切向反力 X_i 和 X_o 的作用线到主销的距离不等，切向反力对主销力矩 $T_{X\alpha}=X_iL_i-X_oL_o$ 的方向取决于切向反力的方向。对于后轮驱动的汽车，前转向轮受到的切向反力（制动时的地面制动力及驱动时的滚动阻力）向后，形成的力矩方向与车轮偏转方向相同，它是非稳定力矩，记为 $-T_{Xa}$；对于前轮驱动的汽车，在转向时施加驱动力的情况下，因切向反力方向向前，故 T_{Xa} 是稳定力矩。制动时切向反力向后，且 X_i 和 X_o 值很大，$-T_{Xa}$ 的绝对值很大，制动中转弯时转向轮容易过分偏转。因此，制动时要把稳转向盘。

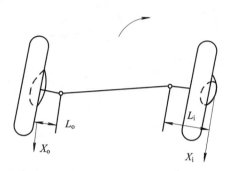

图 5-30 切向反力产生的稳定力矩

5）转向系的摩擦力矩 T_μ

转向盘上施加的力矩经转向传动系放大后，要能克服转向系的摩擦力矩 T_μ 及前述各项稳定力矩，才能实现转向。由此看来，T_μ 起阻止转向的作用，是稳定力矩；转向后它又起阻止回正的作用，所以它又是非稳定力矩。

前轮稳定力矩的数值过小时，容易产生转向轮摆振。但是，稳定力矩过大，不但转向沉重，且使回正过猛，从而增加转向轮在回正过程中的摆振。

学习测试

一、填空题

（1）由汽车的纵向稳定性可知，汽车重心离后轴的距离 _____ ，汽车重心高度 _____ ，则汽车纵向稳定性越好。

（2）汽车的纵向稳定条件是 _____ ；汽车的侧向稳定条件是 _____ 。

（3）具有不足转向特性的汽车，其转向半径 _____ 同样条件下 _____ 的 _____ 转向半径，故称为不足转向。

（4）汽车的稳态转向特性可分为 _____ 、_____ 、_____ 三大类。

（5）汽车操纵稳定性的评价方法有 _____ 和 _____ 两种。其中 _____ 方法始终是操纵稳定性的最终评价方法。

二、判断题

（1）当具有不足转向的汽车直线行驶时，在偶然侧向力的作用下，汽车将偏离原行驶方向。（   ）

（2）汽车高速行驶时，若汽车后轮抱死，则容易发生侧翻。（   ）

（3）具有中性转向特性的汽车，在使用条件变化时，有可能转变为不足转向特性。

（   ）

（4）轮胎侧偏刚度绝对值越大，在同样侧偏力作用下，产生的侧偏角越小，相应的操纵稳定性越好。（   ）

（5）子午线轮胎因接触地面宽，一般侧偏刚度较低。（   ）

（6）具有不足转向特性的汽车，其后轮侧偏角的绝对值大于前轮侧偏角的绝对值。

（　　）

（7）汽车在行驶中侧翻比侧滑更危险，因此，应使汽车侧滑的临界车速低于侧翻的临界车速。（　　）

（8）对于有过多转向的汽车，当其车速超过临界车速时，转动转向盘汽车会发生激转而侧滑或翻车。（　　）

三、选择题

（1）转向车轮不平衡质量在高速旋转时所形成的不平衡力将牵动转向轮左右摆动，影响汽车的（　　）。

A. 转向特性　　　　B. 操纵稳定性　　　　C. 机动性　　　　D. 通过性

（2）如果汽车只是前轮换用扁平率小的轮胎，则有使汽车产生（　　）转向特性的倾向。

A. 不足转向　　　　B. 中性转向　　　　C. 过多转向　　　　D. 瞬态转向

四、问答题

（1）什么叫轮胎的侧偏特性？它受哪些因素的影响？

（2）汽车的稳态转向特性有哪几种？各有何特点？影响汽车稳态转向特性的主要因素有哪些？

（3）汽车转向轮摆振的原因有哪些？

（4）汽车的侧翻条件是什么？

学习任务 2　汽车转向盘自由行程与转向力检测

学习目标

（1）理解转向盘自由行程的定义；

（2）掌握使用转向参数测量仪检测转向盘自由行程与转向力的方法；

（3）会用转向参数测量仪检测转向盘自由行程与转向力。

任务分析

转向盘自由转动量（行程），是指汽车转向轮保持直线行驶位置静止不动时，轻轻左右晃动转向盘测得的游动角度。转向盘的转向力，是指在一定行驶条件下，作用在转向盘外缘的圆周力。这两个诊断参数主要用来诊断转向轴和转向系中各零件的配合状况，该配合状况直接影响到汽车的操纵稳定性和行车安全性。因此，对于在用车辆应对上述两项参数进行检测。

任务实施

国产 ZC-2 型转向参数测量仪，是以微机为核心的智能仪器，可测得转向盘自由转动量和转向力。该仪器由操纵盘、主机箱、连接叉和定位杆四部分组成，如图 5-31 所示。操纵盘由螺钉固定在三爪底板上，底板经力矩传感器与三个连接叉相连，每个连接叉上都有一只长度可伸缩的活动卡爪，以便与被测转向盘相连接。主机箱为一圆形结构，固定在底板中央，其内装有接口板、微机板、转角编码器、打印机、力矩传感器和电池等。定位杆从底板下伸出，经磁力座吸附在驾驶室内的仪表盘上。定位杆的内端连接有光电装置，光电装置装在主机箱内的下部。测量时，把转向参数测量仪对准被测转向盘中心，调整好三个连接叉上伸缩卡爪的长度，与转向盘连接并固定好。转动操纵盘，转向力通过底板、力矩传感器、连接叉传递到被测转向盘上，使转向盘转动以实现汽车转向。

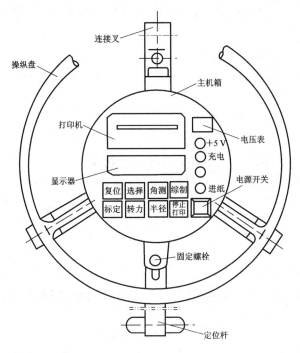

图 5-31　ZC-2 型转向参数测量仪

此时，力矩传感器将转向力矩转变成电信号，而定位杆内端连接的光电装置则将转角的变化转变成电信号。这两种电信号由微机自动完成数据采集、转角编码、运算、分析、存储、显示和打印。因此，使用该测量仪既可测得转向盘的转向力，又可测得转向盘的自由转动量。

1. 转向盘自由转动量和转向力的检测方法

1）转向盘自由转动量的检验方法

（1）测量时，应使汽车的两转向轮处于回正状态并将车停稳，固定转向参数测量仪。

（2）调整转向参数测量仪的角度和扭矩的零点。

（3）轻轻向左（或向右）转动转向参数测量仪的操纵盘至某一侧的极限位置（刚克服完自由间隙时的位置），记录角度值，然后旋转至另一侧的极限位置，记录角度值，两个角度值的绝对值之和就是转向盘的自由转动量。

2）转向力的检测方法

（1）将汽车转向轮置于转角盘上，安装、固定好转向参数测量仪。

（2）调整转向参数测量仪的角度和扭矩的零点。

（3）转动转向参数测量仪的操纵盘，使转向轮达到原厂规定的最大转角，记录全过程中转向力矩的最大值，然后除以转向盘的直径（单位为 m）就得到了最大转向力。

检测时，注意车轮能否转动到极限位置或是否与其他部件发生干涉现象。

2. 转向盘的最大自由转动量和转向力检测标准及检测结果分析

1）检测标准

（1）转向盘的最大自由转动量。最大设计车速大于或等于 100 km/h 的汽车为 20°；三轮汽车为 45°（GB 7258—2004）；其他机动车为 30°。

（2）转向力。

① 路试检测：汽车空载在平坦、干燥及清洁的硬路面上以 10 km/h 的速度在 5 s 之内沿螺旋线从直线行驶过渡到直径为 24 m 的圆周行驶，施加于转向盘外缘的最大切向力不得大于 150 N（GB 7258—2004 规定为 245 N）。

② 原地检测：将汽车转向轮置于转角盘上，转动转向盘使转向轮达到原厂规定的最大转角，在全过程中用转向力测试仪测得的转动转向盘的操纵力不得大于 120 N。

2）检测结果分析

转向盘的转动阻力是评价转向盘转动是否灵活、轻便的量化指标。转动阻力大，即转向沉重，会增加驾驶员的劳动强度和影响行车安全。转向盘转动阻力一般用弹簧秤拉动转向盘的轮缘检测。转向盘自由转动量是评价转向是否灵敏、操纵是否稳定的指标。如转向盘自由转动量超过（机动车运行安全技术条件）规定的要求，在行驶中，要用较大幅度转动转向盘，才能控制车辆的行驶方向，且在直线行驶时感到行驶不稳定，严重影响行车安全。

转向盘自由转动量、最大转向力超标的原因主要有以下几个方面：

（1）轮胎气压过低。

（2）前轮定位不正确，前轮轴承磨损。

（3）转向系万向节磨损，悬架臂球头磨损，转向柱卡滞，滑叉磨损。

（4）转向系机械结构间隙过大。

学习测试

一、填空题

（1）转向盘自由转动量和转向盘的转向力主要用来诊断_____和_____中各零件的配合状况。

（2）转向盘自由转动量，是指汽车转向轮保持直线行驶位置静止不动时，轻轻左右晃动转向盘测得的_____。

（3）转向力检测的两种方法是_____和_____。

（4）路试检测的试验条件：汽车空载在_____、_____及_____的硬路面上进行。

二、判断题

（1）转向盘自由行程过大，会使转向的灵敏性下降。（　　　）

（2）转向盘的转动阻力是评价转向盘转动是否灵活、轻便的量化指标。（　　　）

(3) 轮胎气压过低会使最大转向力超标。( )

三、选择题

(1) 最高设计车速不小于 100 km/h 的机动车，其转向盘自由行程的最大转动量不允许大于( )。

A. 10°   B. 20°

C. 30°   D. 40°

(2) 原地检测：汽车转向轮置于转角盘上，转动转向盘使转向轮达到原厂规定的最大转角，在全过程中用转向力测试仪测得的转动转向盘的操纵力不得大于( )。

A. 120 N   B. 100 N

C. 90 N   D. 110 N

四、问答题

(1) 国家标准对转向盘转向阻力有何规定？

(2) 转向盘自由转动量、最大转向力超标的原因是什么？

学习任务 3　汽车车轮平衡检测

学习目标

(1) 理解车轮静平衡和车轮动平衡的概念；

(2) 理解车轮平衡仪的结构和工作原理；

(3) 掌握车轮平衡仪的使用方法；

(4) 会正确使用车轮平衡仪进行车轮动平衡的检测；

(5) 能够就车轮动平衡检测结果进行分析。

任务分析

随着高速公路和城市道路立交系统的兴建，过去被道路因素所制约的汽车高速能力得到了充分的发挥，但在运输效率和交通秩序得到相应改善的同时，长期掩盖在低速行驶工况下的一些机构装置的隐患也逐渐暴露出来。在众多的弊病中，车轮不平衡的危害当属突出现象之一。由于车轮的不平衡，其不平衡质量在高速旋转时引起车轮上下振动和左右摆动，不仅影响汽车的行驶平顺性，还使驾驶员难以控制汽车行驶方向，并降低了零部件的使用寿命，甚至会酿成重大交通事故。因此，车轮平衡问题随着汽车行驶速度的不断提高日益为人们所重视。

车轮平衡问题越来越重要的另一原因是车辆维修的经济问题。由于汽车运输费用的提高，促使人们寻求一种延长汽车部件的额定寿命、降低汽车运输成本的途径，而车轮上不平衡质量会在车辆的转向部件上产生比它本身重量大 2～300 倍的作用力，这样会大大降低转向部件的寿命，必须更换，否则就会影响行车安全。其次，车轮是汽车重要的组成部分，在汽车运输总成本中占 10%～30%。车轮长年累月裸露在外，不仅经受日晒、风吹、雨淋，而且与粗糙不平的路面接触，极易磨损。随着汽车行驶速度的不断提高，车轮轮胎磨损量也会越来越大，如水泥路面上车速为 100 km/h 时的磨损率是车速为 40 km/h 时的 4 倍，而车轮由于位置不正或失调（如不平衡）严重时，其磨损率是正常使用车轮的 10 倍，大大缩短了车轮的使用寿命。因此，车轮平衡问题不仅是交通工具发展的需要，而且在经济运输和安全可靠性上也是不可忽视的。

轮胎有静平衡和动平衡，在车辆的行驶或轮胎的维护、修理过程中，需检查有无不规则的磨损，车轮的平衡维护都是必须做的工作。检测车轮平衡常用的工具有离车式车轮动平衡仪，其所采用的是动不平衡原理；还可用就车式车轮动平衡仪，它是利用静不平衡的原理来进行检测的。

任务实施

【项目 1】　车轮平衡概念的认知

1. 车轮静平衡与静不平衡

车轮静平衡是指车轮质心与其旋转中心重合。简单的检验方法是：支起轮轴，调整好轮毂轴承的松紧度，用手轻转车轮，使其旋转至自然停转，此时在车轮离地最低点做一个记号。重复上述试验多次，如果每次离地最低点相同，则说明车轮存在静不平衡。若上述试验每次自然停转位置各不相同，则说明车轮是静平衡的。

对于静平衡的车轮，其重心与旋转中心重合；对于静不平衡的车轮，其重心与旋转中心不重合，在旋转时产生离心力，如图 5 - 32 所示。

离心力为

$$F = m\omega^2 r \qquad (5 - 29)$$

式中：m——不平衡点质量；

　　　ω——车轮旋转角速度，$\omega = 2n$；

　　　n——车轮转速；

　　　r——不平衡点质量离车轮旋转中心的距离。

从式(5 - 29)中可以看出，车轮转速越高，不平衡点质量 m 越大，不平衡点质量离车轮旋转中心的距离 r 越远，则离心力越大。

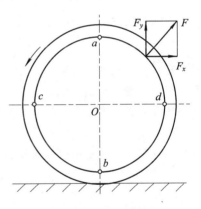

图 5 - 32　车轮离心力

离心力 F 可分解为水平分力 F_x 和垂直分力 F_y。在车轮旋转一周中，垂直分力 F_y 有两次落在通过车轮中心的垂线上，一次在 a 点，一次在 b 点，方向相反，均达到最大值，使车轮上、下跳动，并由于陀螺效应引起前轮摆振。水平分力 F_x 有两次落在通过车轮中心的水平线上，一次在 c 点，一次在 d 点，方向相反，均达到最大值，使车轮前后窜动，并形成绕主销来回摆动的转矩，造成前轮摆振。当左、右轮的不平衡质量相互处于 180° 位置时，前轮摆振最为严重。

2. 车轮动平衡与动不平衡

静平衡的车轮在高速旋转时可能产生不平衡转矩，出现动不平衡，使车轮产生摆振。如图 5 - 33(a)所示在车轮的两平面内，有作用半径相同、质量相等、相位相反的两质点

m_1、m_2，该车轮是静平衡的。但在车轮旋转时，两质点产生的离心力形成力偶，使车轮处于动不平衡(如图 5-33(b)所示)。如果该车轮是转向轮，则在力偶的作用下转向轮就会绕主销左右摆动。如果在 m_1、m_2 同一作用半径的相反方向上配置相同质量的 $m_1' = m_1$、$m_2' = m_2$，则车轮处于动平衡，如图 5-33(c)所示。由此可见，静平衡的车轮不一定是动平衡的，但动平衡的车轮一定是静平衡的。因此，对车轮一般应进行动平衡检验。

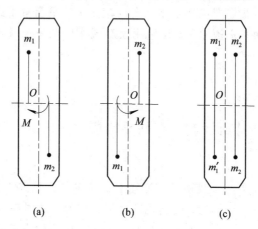

图 5-33　车轮的各种状态
(a)静平衡；(b)静平衡但动不平衡；(c)动平衡

3. 静不平衡

1) 离车式

安装在特制平衡心轴或平衡机转轴上的车轮，如果不平衡，则在自由转动状态下，其不平衡点只有处于最下面的位置才能保持静止状态，而配重平衡后可停于任一位置。利用这一基本原理，即可测得车轮的静不平衡质量和相位。

2) 就车式

用就车式车轮平衡机检测车轮静不平衡的原理图如图 5-34 所示。

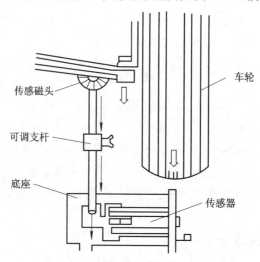

图 5-34　就车式车轮平衡机静不平衡检测

支离地面的车轮如果不平衡，则转动时产生的上下振动将通过转向节或悬架传递给检测装置的传感磁头、可调支架和底座内的传感器。传感器产生的电信号控制频闪灯闪光，以指示车轮不平衡点位置，并由输入指示装置指示不平衡度(量)。

4. 动不平衡

1) 离车式

以硬支撑平衡机为例。图 5-35 所示为离车式车轮动平衡机的工作原理。所谓硬支撑是指支撑刚度很大，车轮支撑系统振动很小，车轮的惯性力可以略去不计。

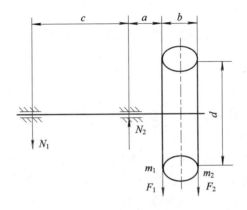

图 5-35　硬支撑离车式车轮动平衡机工作原理图

假设有不平衡质量 m_1、m_2 集中在两侧轮辋的边缘处，且在同一(角度)方向。车轮旋转时产生离心力，图 5-35 中 F_1、F_2 为这两个离心力在传感器平面的投影，N_1、N_2 为平衡机主轴左、右支撑测得的动反力。根据力和力矩的平衡条件有：

$$\sum F_y = 0, \quad N_1 - N_2 + F_1 + F_2 = 0 \tag{5-30}$$

$$\sum M_y = 0, \quad N_1 c - F_1 a - F_2(a+b) = 0 \tag{5-31}$$

联立求解方程，可得：

$$F_1 = -\frac{a+b+c}{b} N_1 + \frac{a+b}{b} N_2 \tag{5-32}$$

$$F_2 = \frac{a+c}{b} N_1 - \frac{a}{b} N_2 \tag{5-33}$$

式中：a——被测车轮在平衡机上的安装尺寸，由平衡机上提供的专用工具测得；

b——被测车轮轮辋宽度，可用专用卡规测量；

c——平衡机主轴两支撑点之间的距离，为平衡机的结构参数(已知)；

N_1、N_2——支撑处的动反力，由相应的传感器转换成电信号后测出。

由式(5-32)和式(5-33)计算出 F_1、F_2 后，再根据离心力计算公式求出不平衡质量 m_1、m_2：

$$m_1 = \frac{F_1}{\omega^2 \cdot r} = \frac{2F_1}{\omega^2 \cdot d} \tag{5-34}$$

$$m_2 = \frac{F_2}{\omega^2 \cdot r} = \frac{2F_2}{\omega^2 \cdot d} \tag{5-35}$$

式中：ω——车轮平衡时平衡机主轴的转动角速度；

r——不平衡质量（平衡块）到车轮旋转中心的距离，一般平衡块安装在轮辋边缘，所以 $r=d/2$，d 是被测车轮轮辋直径，可根据轮胎代号读取。

2）就车式

就车式车轮动平衡机的检测原理与图 5-34 所示静不平衡检测原理相同，只不过传感磁头固定在制动底板上，检测的是横向振动。横向振动通过传感磁头、可调支杆传至底座内的传感器，传感器产生的电信号控制频闪灯闪光，以指示车轮不平衡点位置，并输入到指示装置指示车轮不平衡度（量）。

【项目 2】 车轮平衡检测

1. 车轮平衡仪的结构

1）就车式平衡仪的结构

汽车检测线用于对汽车整车进行不解体检测，并且各工位和各检测项目按照一定的节奏连续进行作业，因而车轮是不可能拆离车桥的，必须就车对其平衡状态进行检测。

就车平衡机的工作原理如前述，因不平衡车轮 7 是在其原车桥上振动，故不平衡力传感器装在车桥支架 6 内（如图 5-36 所示），它是会同制动鼓和车轮紧固件甚至传动系统（驱动轴）一同进行平衡，是真正解决车轮实际使用状态时的平衡方法。

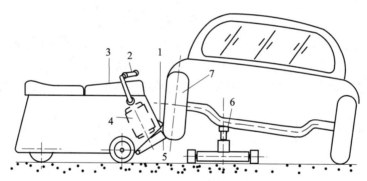

1—光电传感器；2—手柄；3—仪表板；4—驱动电机；
5—摩擦轮；6—传感器支架；7—被测车轮

图 5-36 就车平衡机作业图

除力传感器外，其他如电测系统和光电相位装置以及显示仪表板和摩擦轮驱动电机等均装在一个驱动小车内。车桥支架是一个复杂的力传感器，它有两种形式：一种供轻型小客车使用（如图 5-36 中 6 所示）；另一种为中型车设计（如图 5-37 所示），支架高度可由顶杆 2 和销钉 3 来调整以适应不同车型的要求，支架在车桥下就位，车桥压下后，小轮弹簧 4 即被压下缩入，底板 7 直接接触地面，以增加支架的承载能力，车体重量和不平衡振动力的主要部分由应变梁 9 通过支柱 8 和底板 7 传向地面，小部分力由传感器 6 感知，达到不平衡力采样的目的，应变梁 9 不仅可以减小传感器受力以避免压损，更重要的是应变梁必须正比地将不平衡力传递给传感器 6。因此，应变梁是由应变线性良好的材料制成的，使用中严禁锤击和加热，因为任何改变应变梁弹性模数的操作都将危及应变梁的线性，从而完全破坏电测系统软件所预设的标定系数。

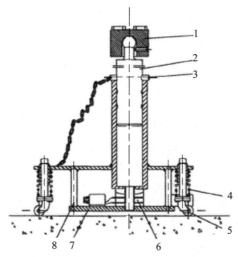

1—顶靴；2—顶杆；3—销钉；4—弹簧；5—脚轮；
6—传感器；7—底板；8—支柱；9—应变梁

图 5-37 传感器支架

传感器支架的安装位置随被测车型和操作人员的习惯及现场条件而定，完全是随机的，因此就车平衡机电测系统的计算机软件必须具有自标定功能。这一功能是智能化的，它能根据事先设定的已知不平衡量值(一般为 30g)反算出支架支点与车轮的悬臂和轮毂直径等参数，这是就车平衡机的一大特点。

驱动小车前下部靠近被测轮胎处有一光电传感器组，它包括一个指形灯(强光源)4 和两个光电管 3 和 5，如图 5-38 所示。强光用以照射轮胎上的反光标志，为光电管提供相位信号以供计算机识别，计算机同时根据两个光电管接收反光信号的前后来判断车轮的旋转方向。

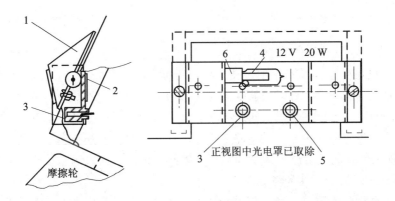

1—光电罩；2—光电线路板；3、5—光电二极管；4—指形灯；6—灯座

图 5-38 就车车轮平衡机光电传感器组

2）离车式平衡仪的结构

离车式车轮平衡仪按动平衡原理工作，既可检测不平衡力，也可用以测定不平衡力矩。车轮拆离车桥装于平衡仪主轴上，一切结构和安装基准都已确定，所以无须自标定过程。因此，该平衡仪的构造和电测系统都较简单，平衡操作时只要将被测车轮的轮辋直径和轮胎宽度以及安装尺寸输入电测电路即可完成平衡作业，平衡仪仪表即会自动显示（如图 5 - 39 所示）轮胎两侧的不平衡质量 m_1 和 m_2 及其相位。

离车式平衡机的主轴为卧式布置称卧式平衡机，如图 5 - 39 所示。立式平衡机的主轴垂直布置，如图 5 - 40 所示。卧式平衡机最大的优点是被测车轮装卸方便，机械结构和传感装置也较简单，造价也较低廉，因此深受修理保养厂家的欢迎，同时也是制造厂家的首选机型。但因车轮在悬臂较长的主轴上形成了很大的静态力矩，影响传感系统的初始设定状态，尤其是垂直传感器的预紧状态，长时间使用后精度难以保证，零漂也较大。但其平衡精度仍能满足一般营运车辆的要求，其灵敏度能达到 10g。

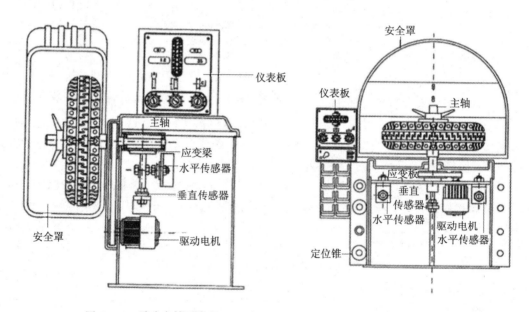

图 5 - 39　卧式车轮平衡机　　　　　　图 5 - 40　立式车轮平衡机

立式平衡机虽然装卸车轮不如卧式平衡机方便，但其车轮重量直压在主轴中心线上，不但不形成强大的力矩，垂直传感器受到的静载反而比车轮重量还小，如图 5 - 40 所示。应变件是一块与工作台面同大的方形应变板，水平传感器设计成左、右各一个，比卧式平衡机的单个水平传感器的力学结构要稳定得多。方形应变板上开有多个空槽以减小应变板的刚性，从而大大提高了传感系统的灵敏度。因此，立式平衡机的精度极高，灵敏度可达到 3 g，且具有良好的重复性和稳定性。

离车式平衡机的参数显示和操作系统因采用 CRT 显示或用发光二极管显示，其外形结构差异很大，但其基本操作内容则大同小异。前者形象美观并有屏幕提示，便于操作，但造价较高；后者结构简单，工作可靠，参数调整方便，成本低廉。图 5 - 41 所示就是最为典型的一种操作面板。旋钮 8 用于设定轮胎宽度 B；旋钮 7 用于设定轮辋直径 D；旋钮 6 用于设定安装尺寸 C，对于立式平衡机 C 值是胎面至顶面安全罩的距离（安全罩转下处于工作状态），对于卧式平衡机 C 值是胎面至平衡机箱体的距离。B、C 和 D 三个参数相当于原理图 5 - 35 中的 b、c、d 三值；C 值是一当量值，是图 5 - 35 中 c 值伸向机体外的部分，所余部分已固化在电算电路中。

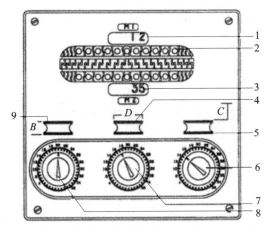

1—上平衡量；2—平衡相位指示；3—下平衡量；4—轮辋直径；5—安装位置；
6—安装位置设定；7—轮辋直径设定；8—轮胎厚度设定；9—轮胎厚度

图 5 - 41　显示面板

车轮由专用的定位锥和紧固件安装就绪后，即可启动电机实施平衡，待转数周期累积足够时，上下（或左右）不平衡值 m_1 和 m_2 即有数字显示，届时即可停车。待车轮完全停止后，可用手转动车轮，这时发光二极管即会随转动而左右（或上下）跳闪，如将上排光点调至中点，这时就可在车轮的轮辋上平面正对外缘（操作者方向）处加装 m_1，显示的平衡重见图 5 - 42，用同样方法加装 m_2 值平衡重。加装完毕后，进行第二次试验，观察剩余不平衡量是否满足法规要求。具体的操作步骤各机型略有差异，使用者应按所用机型的使用说明书进行操作。

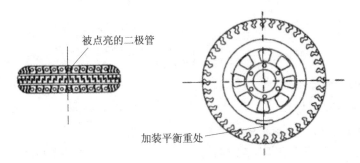

图 5 - 42　装平衡重处

车轮在平衡机主轴上的定位至关重要，为了确保不同形式和不同规格的车轮的中心都能与主轴中心严格重合，所有离车式车轮平衡机均配有数个大小不等的定位锥体，如图 5 - 43 所示。锥体内孔与主轴高精度配套，外锥面与轮辋中心孔紧密接合，并由专用快速蝶形压紧螺母紧压于主轴定位平台上，如图 5 - 44 所示。注意车轮的外侧向下（立式平衡机）或向内（卧式平衡机）。

图 5 - 43　定位锥体

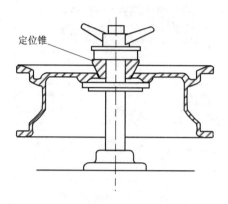

图 5 - 44　快速蝶形压紧螺母

　　为了方便用户，离车式平衡机都随机配备一个专用卡尺，如图 5 - 45 所示，以供用户测量轮辋直径 D 和轮胎宽度 B，因为轮胎宽度用直尺是难以测量的。为了适应不同计量制式和国度，平衡机上的所有标尺一般都同时标有英制和公制刻度。

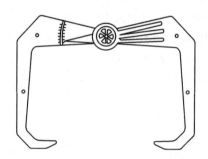

图 5 - 45　平衡机的专用卡尺

2. 车轮平衡仪的使用

1）就车式平衡仪的使用方法

用就车式车轮平衡仪检测车轮静平衡的方法和步骤如下：

　　（1）被测车轮的准备。去掉车轮辋上已有的平衡块，清除轮胎表面的泥土和花纹中的石子，检查轮胎气压并充至规定值，在轮胎侧面任意处贴上白色反光标志。

　　（2）用举升器顶起车桥，将车桥落座于车桥支架上，检查车轮转动是否自如，车轮轴承有无松旷，如松旷应进行调整。

　　（3）把摩擦轮紧压在被测车轮上，按下第一次试验按钮，启动电动机带动摩擦轮和被测车轮高速旋转，注意使车轮旋转方向与汽车前进时一致。待转速上升到适当转速时，在分离摩擦轮的同时释放按钮，测量系统记录与不平衡力及其相位有关的、但未经标定的原始数据。

（4）在反光标志处加装预设的标定质量，按下第二次试验按钮，重复第三步操作。当转速达到设定值时指示灯亮，测量系统把第一次试验测得的数据转换成为应加装的平衡块质量和相位，并显示在仪表板上，这就是平衡机的自标定功能。根据显示的质量，在指定相位上加装上平衡块，同时去掉标定质量块。

（5）再次重复第三步操作，检测剩余不平衡量，看其是否满足规定要求。

如果是驱动桥，则可利用发动机动力驱动车轮旋转，其他操作同上所述。对于平衡要求较高的车辆，为了消除阻尼造成的相位误差，平衡时可令车轮左右各转一次，取两次的平均值为最后测定值。

这里必须着重指出，所有平衡仪都有最大不平衡量限值，严重失衡的车轮是不能上机平衡的。

2）离车式平衡仪的使用方法

用离车式车轮平衡仪检测车轮静平衡的方法和步骤如下：

（1）清除被测车轮上的泥土、石子和旧平衡块。

（2）检查轮胎气压，视必要充至规定值。

（3）根据轮辋中心孔的大小选择锥体，将其仔细地装上车轮，用大螺距螺母上紧。

（4）打开电源，检查指示与控制装置的面板是否指示正确。

（5）用卡尺测量轮辋宽度、轮辋直径（也可以胎侧读出），用平衡机上的标尺测量轮辋边缘至机箱的距离，再用输入或选择器旋钮对准测量值的方法，将以上参数值输入指示与控制装置中去。

（6）放下车轮防护罩，按下起动键，车轮旋转，平衡测试开始，微机自动采集数据。

（7）车轮自动停止或听到"笛"声时，按下停止键并操纵制动装置使车轮停止旋转，从指示装置读取车轮内、外不平衡量和不平衡位置。

（8）抬起车轮防护罩，用手慢慢转动车轮，当指示装置发出指示时停止转动，在轮辋的内侧或外侧上部（12点位置）加装指示装置显示的该侧平衡块质量。内、外侧要分别进行，平衡块装卡要牢固。

（9）安装平衡块后有可能产生新的不平衡，应重新进行平衡试验，直至不平衡量＜5 g，指示装置显示"00"或"OK"时才能满意。

（10）测试结束，关闭电源开关。

3. 检测标准及检测结果分析

车轮不平衡检测时，若其不平衡量小于该车型的规定值，则对该车轮不必进行平衡；若其不平衡量超标，则应进行平衡作业。实际上往往通过平衡作业可使车轮平衡性满足要求，但当不平衡值过大时，或通过平衡作业难以达到要求时，应对车轮进行进一步的检查，以找出故障原因。

车轮不平衡的主要原因有以下几项：

（1）前轮定位不当，尤其是前束和主销倾角不仅影响汽车的操纵性和行驶稳定性，而且会造成轮胎偏磨，这种胎冠的不均匀磨损与轮胎不平衡形成恶性循环，因而在使用中出现车轮不平衡，也可能是车轮定位角失准的信号。

（2）轮胎和轮辋以及挡圈等因几何形状失准或密度不均匀而先天形成的重心偏离。

（3）因轮毂和轮辋定位误差使安装中心与旋转中心难以重合。

（4）维修过程中的拆装破坏了原有的整体综合重心。

（5）轮辋直径过小，运动中轮胎相对于轮辋在圆周方面滑移，从而发生波状不均匀磨损。

（6）车轮碰撞造成的变形引起的质心位移。

（7）轮胎翻新中因定位精度不高而造成新胎冠厚度不均匀而使重心改变。

（8）高速行驶中制动抱死而引起的纵向和横向滑移，会造成局部的不均匀磨损。

（9）车轮平衡块脱落。

学习测试

一、填空题

（1）车轮不平衡的影响因素有_____、_____、轮毂与轮辋加工质量不佳和安装位置不正确等。

（2）车轮静不平衡是指车轮质心与_____不重合。

（3）车轮动平衡时，应先输入轮辋肩部至机体的距离和_____、_____和_____三个参数。

二、判断题

（1）静不平衡的转向轮旋转时，会形成绕主销来回摆动的力矩，造成转向轮摆振。

（　　）

（2）静不平衡的转向轮旋转时，当左、右前轮的不平衡质量相互处于同一位置时，左右轮跳动相位相反，将引起车身的横向摆振，前轮摆振也最为严重，影响汽车行驶时的操纵稳定性。（　　）

（3）用就车式车轮平衡仪检测车轮动、静不平衡情况时，一般若动、静不平衡量在 10 g 以内，则认为车轮可继续使用；若超过 10 g，则应进行平衡作业。（　　）

（4）若车轮动、静不平衡量过大，则主要检查车轮平衡块是否脱落，是否存在轮胎异常磨损、局部损坏或修补方法不当的情况，汽车行驶中该车轮是否因发生过较严重的碰撞而产生轮辋变形等。（　　）

（5）动平衡仪装有精密的位移传感器和易碎裂的电压晶体传感器，严禁冲击和敲打主轴或传感器。（　　）

（6）动平衡仪的传感器的螺栓拧紧力矩直接影响到检测精度。（　　）

三、选择题

（1）随着汽车行驶里程的提高，（　　）的影响愈加突出。

A. 定位参数　　　　　　　　　　B. 车轮平衡

C. 轮胎磨损　　　　　　　　　　D. 轮胎气压

（2）安装平衡块后，车轮的不平衡量不超过（　　）。

A. 5 g　　　　　　　　　　　　　B. 10 g

C. 15 g　　　　　　　　　　　　　D. 20 g

（3）转向车轮不平衡质量在高速旋转时所形成的不平衡力将牵动转向轮左右摆动，影响汽车的（　　）。

A. 转向特性　　　　　　　　　　B. 操纵稳定性

C. 机动性　　　　　　　　　　　D. 通过性

（4）在利用离车式平衡仪检测车轮平衡时，不要求输入的参数是（　　　）

A. 车轮宽度　　　　　　　　　　B. 平衡仪结构参数

C. 车轮轮辋直径　　　　　　　　D. 车轮安装尺寸

四、问答题

（1）简述不平衡车轮的成因及其危害性。

（2）何谓静平衡，何谓动平衡？举例说明。

（3）简述离车式平衡仪的工作原理及操作步骤。

学习任务 4　汽车转向轮侧滑检测

学习目标

（1）理解转向轮侧滑的基本概念；

（2）了解侧滑试验台的结构；

（3）理解侧滑试验台的工作原理；

（4）掌握侧滑试验台的操作方法。

（5）能正确使用侧滑试验台检测汽车车轮的侧滑。

任务分析

车辆在使用中由于车架、车轴、转向机构的变形与磨损改变了原有的参数值，致使前轮定位失准（主要是前轮外倾角和前轮前束），车辆行驶时转向轮在向前滚动的同时还将产生横向滑移，这就是我们所说的侧滑。当滑移现象过于严重时，将破坏车轮的附着条件，丧失定向行驶能力，引发交通事故并导致轮胎的异常磨损。可用车轮侧滑量作为指标来评价前轮外倾角和前轮前束配合是否恰当。当二者配合恰当时，车辆保持直线行驶的状态。

使用汽车侧滑试验台可检测车轮侧滑量：用动态检测法使汽车以一定的行驶速度通过侧滑试验台，从而测量转向轮的侧滑量。侧滑试验台有单板式和双板式，本任务主要介绍用双板式侧滑试验台检测车轮侧滑。

任务实施

【项目 1】　车轮侧滑概念认知

侧滑一般是指车轮在前进过程中的横向滑移现象。造成侧滑的原因，既可能是由车轮定位（即车轮各个角度参数）不合适所引起，也可能是由紧急制动时车轮"抱死"所造成。对于后一种情况，我们在有关制动检测的内容中做过介绍，这里仅讨论由于前轮定位不当导致的侧滑问题。

前轮是汽车的转向轮。我们已经知道，为了保证汽车具有良好的操纵稳定性，前轮所在平面以及主销轴线总是设计成与汽车的纵向或横向铅垂面成一定角度。这些角度参数包括主销内倾角、主销后倾角、前轮外倾角和前轮前束，合称前轮定位参数。

前轮外倾角如图 5-46 所示。其作用一方面是为了避免汽车承重后，前梁变形引起前轮出现内倾，从而加速轮胎的磨损和加大轮毂外侧轴承负荷。同时，有了外倾角也可以适应拱形路面。

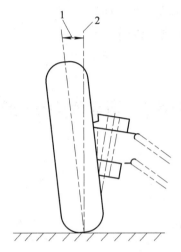

1—前轮外倾角；2—地面垂线；

图 5-46 前轮外倾角

车轮有了外倾角以后，就会有类似于圆锥的滚动，出现两个车轮企图向各自的外侧滚开的趋势。由于受到横直拉杆和车桥的约束而不可能向外滚开，因此车轮将在地面上出现边滚边滑（向内）的现象，从而增加轮胎磨损。

为了消除前轮外倾带来的不良后果，在安装前轮时，人为地使两轮中心平面不平行，在前进方向上，两轮前端距离小于后端距离。如图 5-47 所示，B 与 A 之差就称为前束值。

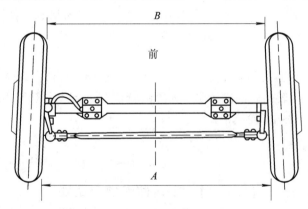

图 5-47 前轮前束

由于前束的作用，车轮在前进时，两轮力图向内侧滚动。同样，由于机械上的约束，车轮不可能向内侧滚动，这就又出现了车轮边滚动边向外滑的现象（或存在这种倾向）。

为保证汽车转向轮无横向滑移的直线滚动，要求车轮外倾角和车轮前束有适当配合。

当车轮前束值与车轮外倾角匹配不当时，车轮就可能在直线行驶过程中不作纯滚动，而产生侧向滑移现象。

为了分析方便，我们首先分别分析前束和前轮外倾对侧滑的影响，再看二者共同作用的综合效果。

1. 由前束引起的侧滑作用

如图 5-48 所示，让带有前束的前轮驶过只能横向移动的滑板。由于前束的存在，每个车轮都将一边滚动、一边向外侧推动滑板。滑板被横向推动的距离应该既与前束的大小有关，又与车轮走过的距离有关。若在车轮滚过一段距离 D 之后，两块滑板外侧之间的距离由 L_1 变为 L_2，那么滑板总的滑移量是 $L_2 - L_1$，其中 $L_2 > L_1$。平均每个车轮的滑移量就是 $(L_2 - L_1)/2$。

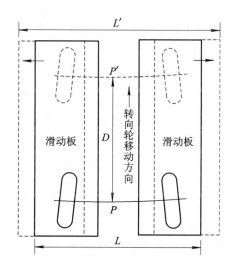

图 5-48 前束引起的侧滑作用

应该指出，滑移量的出现是左、右两个车轮共同作用的结果。不论两轮的偏斜情况是否对称，都不会影响以上的分析。

由于滑移量的大小与车轮驶过的距离有关，因此定义侧滑量是每驶过单位距离引起的单轮横向滑移量。从而由前束引起的侧滑量为

$$S_1 = \frac{L_2 - L_1}{2D} \ (\mathrm{mm/m}) \tag{5-36}$$

S_1 的含义是：每前进 1 m 时横向滑移的距离(mm)。

2. 由前轮外倾引起的侧滑作用

如图 5-49 所示，若让仅有前轮外倾而无前束的车轮驶过滑板，那么由于前轮外倾力图使车轮边滚边散开的作用受到约束，因此前轮只能边滚边向内侧滑移，从而推动滑板向内侧移动。

与前面的分析相似，若车轮驶过距离为 D，滑板外侧间的距离由 L_1 缩短为 L_2，那么滑板总的滑移量是 $L_2 - L_1$，注意其中 $L_2 < L_1$。平均单边的滑移量仍是 $(L_2 - L_1)/2$。则前轮外倾引起的侧滑量为

$$S_2 = \frac{L_2 - L_1}{2D} \quad (\text{mm/m}) \tag{5-37}$$

其中 S_2 为负值。

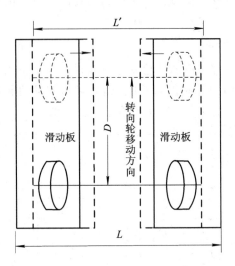

图 5-49　前轮外倾引起的侧滑作用

3. 总的侧滑量

由前轮外倾和前束引起的侧滑作用相反，总的侧滑量为

$$S = S_1 + S_2 = \frac{d}{D} \quad (\text{mm/m}) \tag{5-38}$$

式中：d——滑板单边滑移量（mm）；

　　　D——滑板沿前进方向的宽度（m）。

由于 S_1 为正而 S_2 为负，故总的侧滑量为二者的代数和。

这里请注意：

（1）侧滑现象是由左、右两个车轮共同造成的，侧滑量规定为每个轮侧滑量的平均值。

（2）侧滑量是有符号的。滑板向外滑时为正，表示前束的影响较大；反之，滑板向内滑为负，表示前轮外倾的影响较大。

【项目 2】　车轮侧滑检测

1. 侧滑台的结构

侧滑检验台是使汽车在滑动板上驶过时，用测量滑动板左右移动量的方法来测量前轮侧滑量的大小和方向，并判断是否合格的一种检测设备。目前，在国内侧滑检验台有单板侧滑检验台和双板联动式侧滑检验台。

1）双板联动式侧滑试验台的结构

侧滑试验台主要包括机械和电气两大部分。机械部分主要有滑板、联动机构以及滚轮、弹簧等；电气部分主要有传感器、信号放大处理电路以及指示仪表等。侧滑试验台种类较多，不过其机械部分大同小异，主要差别在于电气仪表部分。

（1）机械部分。机械部分的结构原理见图 5-50。两块滑板分别支承在各自 4 个滚轮上，每块滑板通过与其连接的导向轴承(图中未画出)在导轨内滚动，保证了滑板能够沿左右方向滑动而限制了其纵向的运动。左、右滑板通过中间的三连杆机构连接起来，从而保证两块滑板作同时向内或同时向外的运动。相应的位移量通过位移传感器转换成电信号，经放大处理后送到指示仪表。

复位弹簧可以起到自动复位的作用，以使滑板在不受力时能够保持在中间位置(零位)。

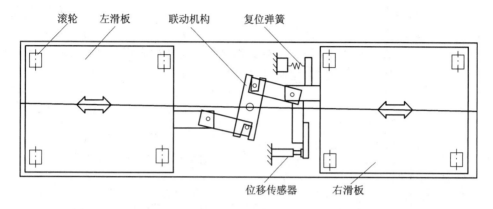

图 5-50　双板联动式侧滑试验台结构示意图

(2) 电气部分。电气部分按传感器的种类不同而有所区别。目前常用的位移传感器有电位计式和差动变压器式两种。早期的侧滑台也有用自整角电机的，现已很少使用。

① 电位计式测量装置。其原理非常简单，将一个可调电阻安装在侧滑检验台底座上，其活动触点通过传动机构与滑板相连，电位计两端输入一个固定电压(如 5 V)，中间触点随着滑板的内外移动也发生变化，输出电压也随之在 0~5 V 之间变化。把 2.5 V 左右的位置作为侧滑台的零点，如果滑板向外移动，则输出电压大于 2.5 V，达到外侧极限位置的输出电压为 5 V；如果滑板向内移动，则输出电压小于 2.5 V，达到内侧极限的输出电压为 0 V。这样仪表就可以通过 A/D 转换将侧滑传感器电压转换成数字量，并送入单片机处理，得出侧滑量的大小。

② 差动变压器式测量装置。原理与电位计式类似，只是电位计式输出一个正电压信号，而差动变压器式输出的是正负两种信号。把电压为 0 时的位置作为零点，滑板向外移动时输出一个大于 0 V 的正电压，向内移动时输出一个小于 0 V 的负电压。同样，仪表就可以通过 A/D 转换将侧滑传感器电压转换成数字量，并送入单片机处理，得出侧滑量的大小。

(3) 指示仪表。指示仪表可大致分为指针式和数字式两类。前述自整角机式测量装置一般连接指针仪表，而差动变压器式则多连接数字式仪表。目前检测站较普遍使用的是数字式仪表。数字式仪表多为智能化仪表，实际上它就是一个单片机系统，因而具有较强的功能。不过指针式仪表也有它的优点，就是结构简单、维修方便，并且也很直观。目前两类仪表都在使用。

(4) 释放板的作用。GB 468—2004《机动车安全检验项目与方法》要求侧滑台具有车轮应力释放功能。车轮在驶入侧滑台前，由于车轮侧滑量的作用，车轮与地面间接触产生的横向应力迫使车轮产生变形，在驶上侧滑板的瞬间将迅速释放并引起滑板移动量大于实际侧滑量引起的位移；在驶出滑板的瞬间，已接触地面部分的轮胎将积聚应力阻碍滑板移动，从而使滑板位移量小于实际值。

因此，近年来陆续出现了前后带应力释放板的侧滑台，以保证车轮通过中间滑板（带侧滑量检测传感器）时能得以准确测量。因进车时的应力释放对侧滑测量造成的影响比出车时大得多，故考虑到成本因素，目前在进车方向带释放板的侧滑台较多。

2）单滑板侧滑试验台的工作原理

单滑板试验台仅用一块滑板，检测时仅有一侧车轮从滑板上驶过，另一侧车轮则从地面上驶过。单滑板侧滑试验台的测量原理如图 5-51 所示。假设汽车左前轮从这块滑板上驶过，右前轮则从地面上驶过。由于两轮在试验中所处的地位不同，因而我们分两种极端情况进行分析，并且为了简单，先假定侧滑仅由前束造成。

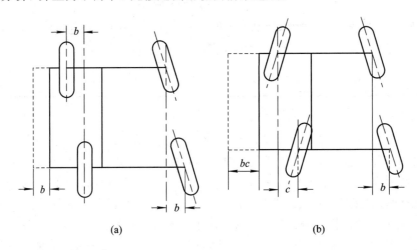

图 5-51 单滑板侧滑试验台的工作原理

（1）左轮正直，右轮有偏斜。如图 5-51(a)所示，假设左轮与汽车纵向平面完全平行，右轮调前束时有偏斜。这是一种不对称的前束。因右轮行驶时有向内侧滚动的趋势，而左轮走在滑板上，右轮的内滚趋势受不到什么约束（我们在此忽略一些次要因素，例如汽车行驶的惯性，以及滑板相对底座的摩擦力等），这样，滑板在右侧车轮的侧向推力作用下会向左移动一段距离 b。事实上，在这种情况下，汽车的行驶方向也会向左偏斜。可以认为，此时滑板的滑移是右轮造成的。

（2）右轮正直，左轮有偏斜。这种情况如图 5-51(b)所示。由于右轮完全正直，又走在地面上，因此它与地面之间的附着力远远大于滑板与底座间的摩擦力。于是毫无疑问，汽车会按照直线行驶。而左轮走在滑板上的这段时间里，左轮向内侧滚动的趋势却受到约束，所以左轮只能边走边将滑板推向左侧，滑板便会形成滑移量 c。这和前面分析前束作用时的道理是一样的。所以，在这种情况下滑板的滑移是由左侧车轮造成的。

（3）总的效果。在左、右车轮都有偏斜（也不论这种偏斜是由前轮外倾还是前束造成）的一般情况下，据前面分析可知，滑板的总滑移量应是左、右两轮共同作用的结果。具体侧滑量的计算方法与双滑板时类似，即有

$$S = \frac{b+c}{2D} \quad (\text{mm/m}) \tag{5-39}$$

需要补充说明的是，由于双滑板与单滑板侧滑试验台的结构不同，测量机理也不同，

因而造成实际测量时的误差(包括系统误差和随机误差)也常有不同。

理论分析可以证明,不论左、右两侧的车轮偏斜情况是否对称,也不论这种偏斜是由前轮外倾还是前束造成的,所测量的总滑移量都是左、右两轮共同作用的结果。所以,单滑板与双滑板的测量效果是一样的,具体侧滑量的计算方法与双滑板时也是类似的。

2. 侧滑试验台的操作

1) 使用前的准备

(1) 对于指针式仪表,要预先检查机械零点再接通电源;对于数字式仪表,要按说明书要求进行通电预热。

(2) 接通电源后,将滑板左右推动几下,待滑板静止后,检查滑板是否完全复位,看仪表指示是否为零。

(3) 汽车轮胎保持标准气压。

(4) 检查汽车轴重,不要超过试验台的承载能力。

2) 测量步骤

(1) 将车辆对正试验台,并使方向盘处于正中位置。

(2) 使车辆沿试验台板上的指示线以 3~5 km/h 车速平稳驶过试验台。在行进过程中,不得转动方向盘,也不得进行制动。

(3) 待车辆完全通过试验台后,读取仪表指示的最大值。注意侧滑量的正负号。进行记录时,应遵循如下约定:滑动板向外侧滑动,侧滑量记为负值,表示车轮向内侧滑动(即IN);滑动板向内侧滑动,侧滑量记为正值,表示车轮向外侧滑动(即 OUT)。

3) 使用维护注意事项

(1) 车辆通过侧滑检验台时,不得转动转向盘。

(2) 不得在侧滑台上制动或停车。

(3) 勿使轴荷超过检验台允许载荷的汽车驶到检验台上,以防压坏机件或压弯滑动板。

(4) 不要在检验台上进行车辆修理维护工作。

(5) 清洁时,不要将水或泥土带入试验台。应保持侧滑台滑板下部的清洁,防止锈蚀或阻滞。

侧滑试验台长期使用后,由于零件磨损等原因会造成精度下降。为保证测量精度,必须对试验台进行定期检定调整。检定调整工作按有关国家标准进行。

3. 侧滑试验台的维护

(1) 使用前应清除检验台盖板、滑板上的油、水、泥、砂等杂物,检查活动滑板运动是否灵活。

(2) 每月检查连杆机构的工作状态,各接触部位不得有移动和窜动等不良现象。

(3) 当不检测时,应将滑板锁止,待测试时再打开。

(4) 每三个月检查测量机构的杠杆及回位情况,如果杠杆动作不够灵活,则需进行清洁与润滑工作,调整复位弹簧拉力。

(5) 每六个月检查滑动板下面的滚轮、轨道并清洁泥污,紧固润滑。维护方法为拆下滑板,用溶剂清除滚轮、轨道等处的旧油,再涂上新润滑油。对磨损严重的滚轮、导向轴轨道等可据情更换。

4. 侧滑试验台的调整

通过对侧滑台的检定，往往会发现示值超差。造成超差的基本原因有两个：一是机械方面的原因，主要是滑动板及联动机构等机械构件在制造过程中存在隐蔽缺陷，以及长期使用后机件磨损，间隙增大所致；二是电气方面的原因，测试仪表内的电子器件日久老化，或作用过程中的操作不慎而造成零点漂移或阻值变化，或部分元件损坏所致。出现超差后的调整方法如下：

1）调整仪表零点

侧滑台显示仪表依据仪表类型可分为两种调整零点形式：

（1）电零位调整：利用仪表上的零点调整电位器，改变电阻值的大小进行调整。

（2）机械零位调整：当电零位调整仍无法将仪表指针调零时，可通过机械的方法调整。如改变传感器的安装位置，改变滑臂转动角度（对于旋转电位器）或调整复位弹簧预紧力（对于机械指针式显示仪表）等。

2）调整示值超差

当侧滑台左右滑动板的示值偏大或偏小时，可通过仪表板上的增益电位器进行调整。有些侧滑台的仪表板上设有两只调整增益用的电位器，对滑动板的向外和向内可分别进行调整。在检定中常发现，由于联动机构间隙过大或轴承松旷，可造成仪表示值超差。在此情况下，应注意恢复机构配合间隙。如适当增加调整垫片或对轴承座圈进行镀铬修复等，以及改变调整螺母的松紧度以消除间隙，必要时也可更换磨损严重的轴承等易损件。

3）调整报警判定点超差

由于报警点规定在 5 m/km 点，因此报警判定点超差必然是 5 m/km 点示值误差超差所致。有些仪表板上有电位器调整点，通过它可以方便地进行调整。当无此电位器调整点时，可用机械调整方法来解决。对于数字式仪表则无须调整，由示值精度予以保证。

4）调整动作力超差

滑动板动作力超差时，可以通过调整复位弹簧预紧力解决或更换复位弹簧。在测定滑动板动作力时，常可发现在滑动板移动过程中动作力不均匀，当滑动板移到某一点时，动作突然增加，造成动作力超差。其主要原因是滑动板卡滞。

学习测试

一、填空题

（1）侧滑一般是指车轮在前进过程中的_____现象。

（2）滑板向外滑时为正，表示_____的影响较大；反之，滑板向内滑为负，表示_____的影响较大。

（3）通过对侧滑台的检定，往往会发现示值超差，造成超差的基本原因有两个：一是_____原因；二是_____的原因。

二、判断题

（1）前轮侧滑量的检测须采用动态检测法，检测的主要目的是确定前轮前束与前轮外倾配合是否恰当，使用的检测设备主要有滑动板式侧滑试验台和滚筒式车轮定位试验台两种。（　　　）

（2）滑板式侧滑试验台一般由测量装置、指示装置和报警装置等组成。（　　）

（3）对于后轮没有定位的汽车，可用侧滑试验台根据汽车后轮前进、后退驶过滑动板时滑动板的滑动方向和滑动量大小来检测后轴是否变形和轮毂轴承是否松旷。（　　）

（4）若转向轮向内侧滑，且侧滑量超标，则表明转向轮前束过大，或负外倾角过大。

（　　）

三、选择题

（1）汽车前进通过侧滑试验台的侧滑板时，若车轮向内滑，则说明（　　）。

A. 前束值过大　　　　B. 前束值过小　　　　C. 前束值合适　　　　D. 前束值不确定

（2）侧滑检测时汽车以（　　）km/h 的速度垂直驶向试验台，使前轮平稳通过滑动板。

A. 1～2　　　　　　　B. 2～3　　　　　　　C. 3～5　　　　　　　D. 6～7

（3）用侧滑试验台检验转向轮的横向侧滑量时，其值应≤（　　）m/km。

A. 2　　　　　　　　B. 5　　　　　　　　C. 8　　　　　　　　D. 6

四、问答题

（1）常用侧滑台有几种结构形式？

（2）侧滑台常用的传感器有哪几种？它们的作用和工作原理是什么？

（3）车轮仅有外倾角时，测试中的滑板如何运动？

（4）车轮仅有前束时，测试中的滑板如何运动？

学习任务 5　汽车车轮定位参数检测

学习目标

（1）理解车轮四轮定位参数的含义；

（2）熟悉典型四轮定位仪的结构；

（3）掌握典型四轮定位仪的操作方法；

（4）能正确使用四轮定位仪检测四轮定位参数。

任务分析

车轮定位包括前轮定位和后轮定位。车轮定位参数主要有主销后倾角、主销内倾角、前轮外倾角、前轮前束、前轮外展、后轮外倾角、后轮前束等。车轮定位检测就是利用有关的仪器或设备对这些参数进行检测。

车轮定位的检测有动态检测和静态检测两种方式。静态检测就是在汽车静止状态下，使用气泡水准仪或四轮定位仪对车轮的定位参数进行测量；动态检测是使汽车在以一定的速度行驶状态下，用测量仪器检测车轮定位产生的侧向力或侧滑量。

任务实施

转向系是汽车的重要组成部分，直接关系着汽车的操纵稳定性和行驶安全性。转向系应保证的主要设计性能包括工作的安全可靠性、操纵的轻便灵敏性、直线行驶稳定性，以及转向系对前轮受到冲击时逆向传递到转向盘上的冲击力要小。但是在车辆长期运行中，转向系各零件难免会发生磨损、变形以及因金属疲劳而产生裂纹。这些变化轻则影响转向系的工作性能，破坏车辆的正常运行，表现在行驶过程中的转向沉重、方向不稳、行驶跑偏、前轮摆振和轮胎异常磨损等故障，重则会引发安全事故。

随着道路条件的改善，现代轿车的行驶速度愈来愈快，有许多高档轿车都设置了四轮定位。对于前轮驱动汽车和独立后悬挂汽车，如果后轮定位不当，则即使前轮定位良好，仍然会有不良的操纵性和轮胎早期磨损。因此，对转向系的检测有着特别重要的意义。

【项目 1】 车轮四轮定位参数认知

1. 主销后倾角（Caster）

如图 5-52 所示，主销后倾角定义为上球头或支柱顶端与下球头的连线（转向时，车轮围绕其进行转向运动的转向轴）向前或向后倾斜的角度。简单地说，主销后倾角就是转向旋转轴与汽车轴垂直线间的夹角。向前倾斜称为负主销后倾角，向后倾斜称为正主销后倾角。主销后倾角的存在可使转向轴线与路面的交会点位于轮胎接地点的前方，可利用路面对轮胎的阻力让汽车保持直进，其原理就如购物推车的前轮会自动转至你施力的方向并保持直进一般。主销后倾角越大，汽车的直进性越好，转向后方向盘的回复性也越好，但却会使转向变得沉重。一般汽车的主销后倾角大约在 $1°\sim2°$ 之间。

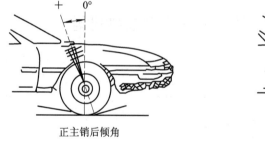
正主销后倾角

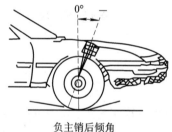
负主销后倾角

图 5-52 主销后倾角

（1）主销后倾角太小会造成不稳定。转向后缺乏方向盘自动回正能力，车速高时发飘，车辆在高速公路上行驶时应对此项予以充分重视。

（2）主销后倾角不对称会造成跑偏。左右两轮的主销后倾角相差超过 $30'(0.5°)$ 时，车辆会出现跑偏，方向朝向主销后倾角较小的一侧。比如：左前轮主销后倾角设定为 $+1.0°$，右前轮主销后倾角设定为 $+2.0°$，则这辆车向左跑偏。

2. 主销内倾角（Steering Axle Inclination）

主销内倾角定义为由车前看转向轴中心线与垂直线所成的角度，如图 5-53 所示。有了主销内倾角，可使车重平均分布在轴承之上，保护轴承不易受损，并使转向力平均，转向轻盈。反之，若主销内倾角为 $0°$，则车重和地面的反作用力会在车轴产生很大的横向切应力，易使车轴受损，转向也会变得沉重。此外，主销内倾角也是前轮转向后回正力的来源。主销内倾角在车辆悬架设计之初就已设定好，通常是不可调整的。

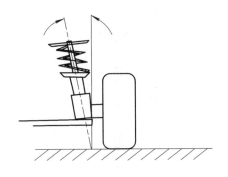

图 5 - 53　主销内倾角

3. 外倾角(Camber)

如图 5 - 54 所示，车轮中心平面与平行垂直面的夹角称为车轮的外倾角。轮胎的上沿偏向车辆内侧，朝向发动机，为负外倾角；轮胎的上沿偏向车辆外侧，偏离发动机，为正外倾角。其目的是：让轮胎接触地面的中心点尽可能接近负载作用的中心点；减少接触半径，缓和路面冲击，使方向盘操作更加轻松；尽可能把负载作用于车辆内侧轴承上，防止行车时轮胎脱出。

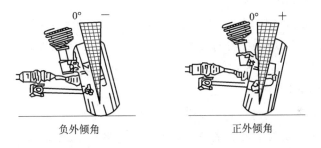

负外倾角　　　　　　　　　　正外倾角

图 5 - 54　外倾角

（1）正外倾角太大的影响：轮胎外侧单边磨损；悬挂系统零件磨损加速；车辆会朝着正外倾角较大的一侧跑偏。

（2）负外倾角太大的影响：轮胎里侧单边磨损；悬挂系统零件磨损加快；车辆会朝着负外倾角较大的一侧跑偏。

例如：左前轮外倾角设定为 0.5°，右前轮外倾角设定为 0.0°，车辆向左跑偏。当左、右轮外倾角相差 0.5°时，车辆就会出现跑偏现象。

4. 前束(Top)

如图 5 - 55 所示，从车辆的前方看，于两轮轴高度相同处测量左、右轮胎中心线之间的距离，车轮前端距离与后端距离的差值称为前束。前端距离大于后端距离时为负前束，反之为正前束。其目的是：防止因外倾使两前轮和两后轮向内或向外滚动；防止行驶过程中车辆跑偏；降低轮胎磨损与滚动摩擦。

1）正前束太大造成的影响

（1）轮胎外侧快速磨损：对子午胎，会有类似正外倾角太大所形成的磨损形态；磨损形式为锯齿状或块状；当用手由轮胎之内侧向外侧抚摸时，胎纹内缘有锐利的感觉。

（2）转向不稳定：直行性差；轮胎发抖；轮胎与地面摩擦力太小(转向时车辆飘忽不定)。

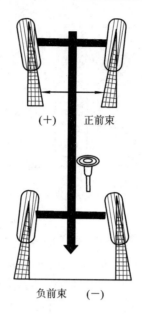

(＋)　　正前束

负前束　　（－）

图 5-55　前束

2）负前束太大造成的影响

（1）轮胎内侧快速磨损：对子午胎，会有类似负外倾角太大所形成的磨损形态；磨损形式为锯齿状或块状；当用手由轮胎之外侧向内侧抚摸时，胎纹内缘有锐利的感觉。

（2）转向不稳定：直行性差；车轮发抖；转向沉重。

5. 退缩角（Set Back）

退缩角是指一边轮胎比另一边较为退后，如图5-56所示。其形成的原因有：一是制造厂特别的设计，主要是为了抵消路拱的影响；二是撞击。退缩角事实上反映了车辆轴距的变化。退缩角达到某种程度后，车辆将出现跑偏，跑偏方向朝向轴距较小一侧。

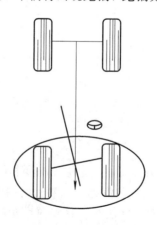

图 5-56　退缩角

6. 推力角（Thrust Angle）

推力角定义为由车后轮总前束的夹角平分线（推进线）与几何中心线所成的角度（见图5-57）。一般规定推进线朝左时推力角为正值，朝右时推力角为负值。如果推力角不为 0，则车辆存在侧向运动的趋势。如果出现这种情况，需要对后轮前束进行调节。运行状况良好的汽车是不应该有推力角的，但由于后轴胶套磨损等原因，会使后轴推力线偏斜，后轮沿推力线产生绕汽车质心的力矩，使汽车跑偏。因此，推力角的存在是汽车跑偏的一个重要原因。四轮定位仪测量推力角的范围为±6°。

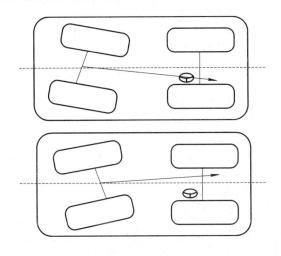

图 5-57 推力角

7. 轴距差

如图 5-58 所示，两前轮中心的连线与两后轮中心的连线之间的夹角称为汽车的轴距差(也称为轴距偏差)。当右侧车轮的距离比左侧车轮的距离大时，此状态下规定轴距差为正值；反之，当右侧车轮的距离比左侧车轮的距离小时，此状态下规定轴距差为负值。如果在汽车的规格值中，汽车的前后轮距已经知道，则轴距差可用角度值来表示。

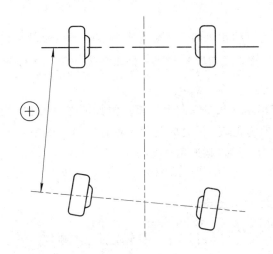

图 5-58 轴距差

8. 轮距差

左前轮和左后轮与地接触点之间的连线，与右前轮和右后轮与地接触点之间的连线所形成的夹角称为汽车的轮距差(也称为轮迹宽度偏差)，如图 5-59 所示。当两后轮中心的连线距离比两前轮中心的连线距离大时，此状态下规定轮距差为正值，反之，规定轮距差为负值。如果在汽车的规格值中，汽车的左右轴距已经知道，则轮距差可用角度值来表示。

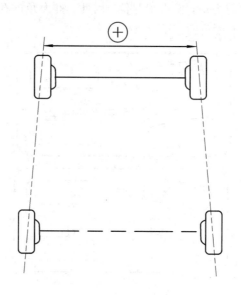

图 5-59 轮距差

9. 左(右)横向偏置(角)

左(右)后轮与左(右)前轮在汽车横向上的相对偏置量称为左(右)横向偏置。当左(右)后轮比左(右)前轮向外偏时，左(右)横向偏置为正值，反之为负。左(右)侧前后轮中心的连线与推进线之间的夹角称为左(右)横向偏置角。

10. 轴偏置(角)

前、后轴在汽车横向上的相对偏置量称为轴偏置。当后轮轴比前轮轴向右偏时，轴偏置为正值，反之为负值。轮距差角的平分线与推进线之间的夹角称为轴偏置角。

11. 延迟(角)

同一轮轴上的两侧车轮在汽车纵向上的相对偏置量称为延迟。当前(后)轴上的右轮在左轮后面时，前(后)延迟为正值，反之为负值。两前(后)轮的中心连线与汽车纵向几何中心线垂线之间的夹角称为前(后)延迟角。

12. 包容角

主销内倾角与车轮外倾角之和称为包容角。

【项目 2】 四轮定位检测

1. 四轮定位仪的结构

下面以天津澳利 E—7000 型四轮定位仪为例说明四轮定位仪的结构。

四轮定位仪整体配置包括四轮定位仪主机和机箱、传感器、外置接收卡、传感器卡具、传感器充电线、传感器变压器、前轮转角仪、方向盘固定器、刹车器、地线杆等。

1) 主机和机箱

主机和机箱配置见表5.1。

表 5.1　主机和机箱配置

部件名称	规 格 及 标 准
中央处理器 CPU	赛扬 1.8 G
内存	128 MB
硬盘	40 GB
显示卡	4 MB
声效卡	AC97
调制解调器	56K 内置
音箱	EW×2
显示器	17 寸纯平 1772ED
键盘	标准
鼠标	3D 机械
打印机	惠普 3538

2) 计算机键盘

计算机键盘及其功能如图 5-60 所示。

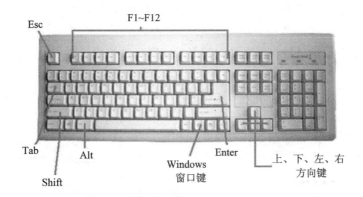

图 5-60　计算机键盘及其功能

F1～F5：测试时最常用的键，其中 F1 为测定调试；

F2：客户资料；

F3：系统设置；

F6：返回初始画面；

F12：随时可以使用，弹出帮助菜单；

Esc：可在初始画面关机；

Enter：确定键；

Insert：插入或增加内容；

Page Up：翻页。

↑、↓、←、→：方向键，可让光标上、下、左、右移动。

3）传感器卡具配置及键盘

传感器卡具配置如图 5-61 所示。

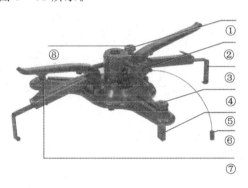

图 5-61　传感器卡具配置

其中：

① 与传感器的接口：将传感器由此口连接在卡具上。

② 固定传感器手钮：将传感器用此钮固定在卡具上，防止传感器左右转动。

③ 轮胎卡爪：主要加力部分，左右两个铁钩将抱住轮胎，使卡具牢牢固定在整个车轮上。

④ 固定卡具爪手钮：将卡具爪调好位置后固定住。

⑤ 卡具爪：整个卡具有三个这样的卡具爪，卡具卡在车轮上时，只有这三个爪顶住钢圈。

⑥ 保险绳：卡好卡具后，将保险绳的前端固定在轮胎的气嘴上，防止卡具不慎脱落而掉在地上。

⑦ 右侧调整手钮：松开手钮后，可以根据所测车辆的钢圈直径调节相应的尺寸，此动作在卡具卡在轮胎上之前完成。

⑧ 左侧调整手钮：功能与右侧调整手钮相同。

卡具的主要部件及名称如图 5-62 所示。

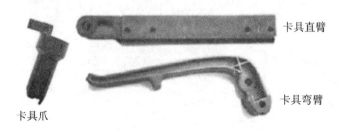

图 5-62　卡具的主要部件

传感器卡具的键盘如图 5 - 63 所示。

图 5 - 63　传感器卡具的键盘

① 电源灯：亮时代表传感器电源已经打开。

② 充电灯：亮时代表充电线已经连接到传感器上。

③ 向后移动：固定主销后倾键。

④ 向前移动。

⑤ 存储键。

⑥ 变换测定画面键。

打开传感器：按一下传感器键盘上的 RESET（绿色）键，即可打开传感器，此时绿色的电源灯变亮。

关闭传感器：同时按下传感器键盘上的 RESET（绿色）键和 MEMORY 键（红色），即可关闭传感器，此时绿色的电源灯熄灭。

4）其他附件

（1）脚刹固定器（图 5 - 64）：用于固定整车，可使车辆在测试时固定不动，避免测量数值不准。此附件安装在车辆的脚刹车和座子之间。

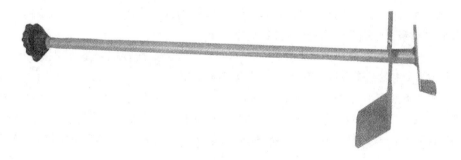

图 5 - 64　脚刹固定器

（2）方向盘固定器（图 5 - 65）：在检测出数据后把方向盘调正，用此设备可将方向盘固定，再进行底盘调试。此附件安装在方向盘和座子之间。

（3）前轮转角仪（图 5 - 66）：此附件用来减轻转动方向盘时的阻力，使用方法是将车辆的两个前轮分别放在两个转角仪的中心线上，并且与中心线平行。

图 5-65　方向盘固定器

图 5-66　前轮转角仪

2. 四轮定位仪的操作方法

1）上车前的准备

（1）检查车辆。主要是保证汽车处于空载状态，去掉不计在整备质量内的物品；注意，有的汽车会对行李箱、工具箱或油箱油量做出限量要求。

（2）检查轮胎。同轴的轮胎型号、气压、磨损程度是否一致；做车轮动平衡及径向跳动检查；检查胎压；磨损情况，左右胎纹磨损是否接近；轮胎新旧和花纹最好一致。

（3）检查悬架高度。检查地面到车身底部的距离，若有问题可能是减振器或弹簧损坏，查明原因并修复或更换；扭力杆式的悬架，其高度可以调整。

（4）检查减振器与滑柱。观察减振器是否漏油（用眼观察或进行弹跳实验）；滑柱上支座轴承间隙是否过大；螺栓是否松动；橡胶衬套或缓冲块是否破损。

（5）检查轴承。检查轴承造成的车轮转动异响（判断轴承失效）；轴承间隙检查（车轮是否有水平移动量）。如有问题，必须进行清洁、更换或调整。

（6）检查摆臂、衬套和球头。检查摆臂是否弯曲变形；摆臂衬套是否磨损松旷，发现问题必须更换。（注意：检查这一项需要把车辆支起。）

（7）检查转向传动装置及转向拉杆球头。转向传动装置是否弯曲变形，转向拉杆球头是否松旷，发现问题必须更换；转向机构的检查还可以通过方向盘间隙检查来进行。

（8）检查转向稳定杆及衬套。检查横向稳定杆是否变形；稳定杆固定螺栓、隔振垫以及铰链是否磨损，发现问题必须更换（损坏的稳定杆会造成车身过度侧摆，在不平路面会发出"咔嗒"声）。

2）安装卡具和传感器

（1）根据钢圈直径调整好卡具左右两个调整手扭。

（2）调整好卡具的卡爪左右孔数。

（3）将三个卡具爪与钢圈完全接触。

（4）用手将卡具弯把向轮胎方向推，同时将卡爪左右抱紧轮胎的同一层花纹槽。

（5）把保险绳连接到轮胎的打气嘴上。

（6）将传感器连接到卡具传感器接口上，固定传感器手扭。

3）测量前的准备工作

（1）打开机箱总电源开关。在确保计算机的显示器、音箱、主机都已经接好信号线和电源线后，并且将传感器正确卡到车轮上时，再打开计算机主机的开关。几分钟后，可以在显示器上看到四轮定位仪测试软件的初始界面（图 5 - 67）。

图 5 - 67　四轮定位仪测试软件的初始界面

（2）输入登记表格，包括各项客户信息，如姓名、车牌号、委托书号等，以便日后调档查询；还有车辆信息，如车轮的尺寸、轮胎气压、花纹深度等输入信息。填完表格后，按 F1 键进入"选择制造厂家"界面（图 5 - 68）。

图 5 - 68　"选择制造厂家"界面

注：几乎在每个画面下方都有 F1～F5 的按钮，并且有相应的按钮名称，可以通过这些按钮直接实现某些功能。

（3）按 F1 键，进入"选择车型"界面（见图 5 - 69）。从中选择车辆的品牌、生产年份、底盘型号等相应资料。

（4）轮圈偏位补偿。选择好车型资料后，就进入轮圈偏位补偿界面。因为定位仪检测

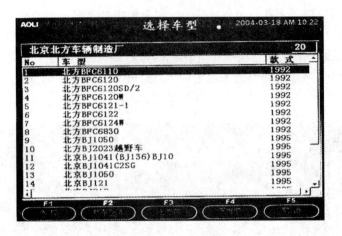

图 5-69 "选择车型"界面

定位参数是以车轮为基准的,如果轮圈或轮胎变形,则检测出的数据的额外误差是不可估量的,所以需进行偏位补偿,以将误差控制到最小的范围之内。

(5)按 F1 键进入"车辆数据"界面(图 5-70)。

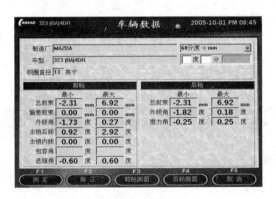

图 5-70 "车辆数据"界面

(6)按 F1 键进入"车辆下落"界面(见图 5-71)。

图 5-71 "车辆下落"界面

注：此画面为对所选测试车辆准备工作的最后一步。请一定按照画面提示逐步完成准备工作，否则测试结果会受到影响。

4）调整前检测

（1）按 F1 键进入"主销后倾测定"界面（见图 5 - 72），这与按"M"键的功能一样。

图 5 - 72　"主销后倾测定"界面

注：到此步传感器正式开始传输信号，请不要阻挡传感器之间的信号，否则无法进行测试。

十几秒后，画面和语音都会提示将车轮先右转 10°（见图 5 - 73），打满后画面会自动转到左转 10°，同样打满后系统会提示将车轮回正（回到 0°）。车轮偏转的度数可以随时从左、右度数框里看到。

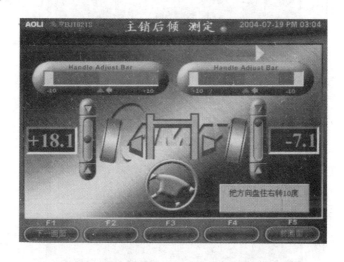

图 5 - 73　右转 10°界面（与左转 10°、回正界面类似）

（2）动作完成后，会自动进入"观察测定值"界面（见图 5 - 74）。

注：此界面标志着测量工作已经结束，接下来就是调整了。通过此界面可以大体了解所测车辆的底盘状况，让调试人员对测试车辆有一个简单的认识。

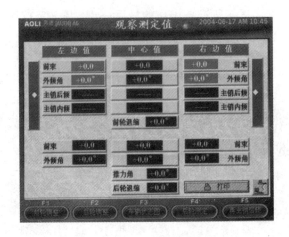

图 5-74 "观察测定值"界面

5）车轮定位调整

做定位调整前，先用方向盘锁将方向盘固定成水平状，再升起举升机到合适调整的高度，将举升机锁止在水平安全位置。将四个传感器调整为水平状态，再操作定位仪进入定位调整操作。调整程序可参照屏幕上显示的数据进行，屏幕会随时显示当前调整后的参数数据（见图 5-75、图 5-76）。

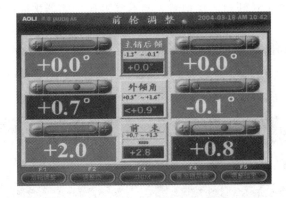

图 5-75 "前轮调整"界面

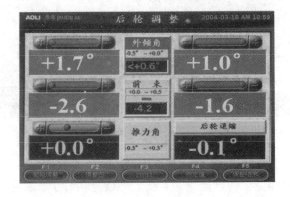

图 5-76 "后轮调整"界面

注：双击某个方框中的数据，可对该数字进行放大，方便稍远距离观察。

调整操作：不同类型的悬架可调整的参数不一样，调整手段也各不相同，这里不做详细介绍。

6）新车登录

新车登录是指将此设备上没有收集到或者新出的车型还没有来得及添加到设备数据库中的，但客户要马上使用和知道所要测试车辆的数据，就可以使用此项功能把车型的数据由客户自己添加到自己的车型数据库中。

方法如下：在"选择车型"界面，按 F2 键进入"新车登录"界面，这时画面中的所有内容都可由客户自行修改。修改完毕后按 F1 键存盘，在"选择车型"界面就可以看到刚刚添加进去的新车型。注意，输入数据的时候一定要规范，否则无法存盘。

7）客户资料的存储

在每次测试和调试完毕后，系统都会提示客户是否要将测试后的车辆数据进行保存（图 5-77）。

图 5-77　客户资料的存储

需要保存客户资料时，可按 F1 键，反之按 F5 键。当需要存储资料时，可将相关资料正确填写到指定行里，按"结束"键即可。

说明：F1 键的功能为"调整"，可回到前轮调整画面；

F2 键的功能为"打印机"，可将被测车辆的数据打印出来；

F3 键的功能为"偏心补偿"，此功能见下文介绍；

F5 键的功能为"结束"，返回初始画面。

8）偏心补偿

补偿是把传感头卡具装配于轮胎上，一定要贴紧轮圈表面，但由于操作不熟练或轮圈表面自身情况的原因也可能会贴不紧，此时就会产生测定数值的误差。目前，许多四轮定位服务商为了省事，往往省略了这一步骤。虽然偏心补偿功能并不是所有的车型都必须使用的，但如果省去，首先必须确认车辆轮圈状况良好，其次必须仔细检查并确认传感器卡具安全安装到位，只有当所测车辆的车轮钢圈正面外圈所有点不在一个平面上，才需要用此项功能对钢圈进行补偿。其原理是将轮胎钢圈旋转一定的角度后（2 点为每次旋转 $180°$，3 点为每次旋转 $120°$），取测试平均值。

使用方法：选择此功能时需要进入 F3 的系统设置，其中的偏心补偿选项选择 2 点补偿或 3 点补偿，选择好车型后，就会进入补偿画面进行补偿，要每个轮胎逐个进行操作。在确定每个传感头的电源已经打开、水平调好后，按一下传感器上的"RESET"键，显示器上相应位置会出现红颜色的圆点(见图 5-78)，当听到"嘀"的一声且红点变为黄色时为正在补偿，再响一声由黄点变成绿点时为第一个角度补偿动作完毕。此时，赶快松开固定传感器手扭，将卡具连同钢圈同时转动指定的度数，但传感器保持水平不动，这个动作必须在第一个圆点变绿和第二个圆点变黄之间完成。四个传感头逐个完成后，系统会自动转到测试画面。

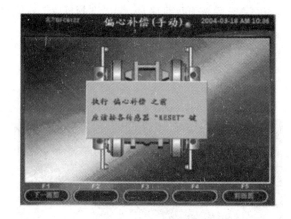

图 5-78　偏心补偿

9) 特大调整

调整过程中，在"前轮调整"画面或"后轮调整"画面时，用鼠标双击某个方框中的数据，都会对该数字进行放大，以便在稍远的距离观察(见图 5-79)。

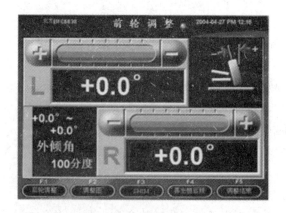

图 5-79　特大调整画面

10) 避震高度

独有的避震器高度测量功能，可对因避震器高度不等而引起的跑偏现象进行测量(见图 5-80)。

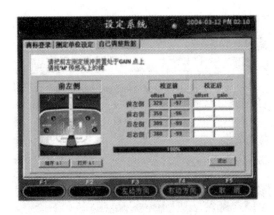

图 5 - 80　避震高度

11) 阻流板程序

对车身较低的车辆,因两个前头传感器的退缩角之间被挡住,所以,两个传感头无法正常通信。此时就需要用阻流板程序,系统会提示是否使用阻流板程序,如果使用,则按 F1 键;如果不使用,则按 F5 键(见图 5 - 81)。

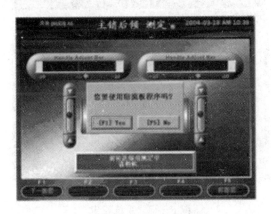

图 5 - 81　阻流板程序

若按 F1 键,则会提示"将前轮左边垂下后按存储键",此时,松开固定传感器手钮,将传感头退缩角往下按一定角度后(注意要按到底盘以下)再按存储键,系统会提示"将右边前轮垂下后按存储键",与左边同样做法,注意按下的角度要一致,然后按一下存储键,这时退缩角开始测定,测定完毕后,将前轮两个传感器还原到水平位置,再按一下存储键,继续下面的测定。

12) 客户资料(F2)

此功能用来对客户资料进行保存,对所有重要客户进行存档。保存的方法在前面介绍过(见图 5 - 82)。

在此功能下,可以直接调出所存车辆的数据并进行复查。查找所需的车型时,只要将相关字段输入到所提供的检索目录中去,按下"检索"按钮就可以很快找到相关车辆,大大节省了查询时间,而且可以对查寻到的车辆数据进行打印。

图 5-82 客户资料

13) 系统设定(F3)

系统设定界面如图 5-83 所示。

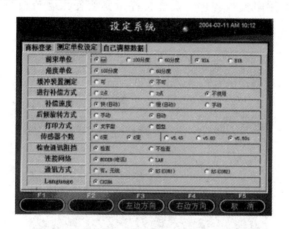

图 5-83 系统设定

建议用户不要更改此项中的内容,如设置错误,会造成设备不能正常运行或测出数据不准确的情况。

3. 汽车车轮定位仪的使用注意事项和维护

1) 汽车车轮定位仪的使用注意事项

因四轮定位仪是一种较精密的检测设备,操作人员在使用前需经过专业培训,并且在使用定位仪前应仔细阅读四轮定位仪的产品说明书,以便更好地了解四轮定位仪的操作过程。一般注意事项有:

(1) 使用前,检查四轮定位仪所配附件是否与说明书上列出的清单相符。

(2) 在安装设备时一定要按照产品说明书上的要求去做。

(3) 对于光学式四轮定位仪中的投影仪(或投光器),需要细心维护,并经常进行调整。

(4) 传感器是电脑式四轮定位仪的重要元件,在使用前要进行校正,以保证测试精度。

(5) 传感器在卡盘轴上安装要妥当,在不用时应妥善保存,避免受到损害;电测类传感器在通电前应该接线安装完毕,不要带电接线,以避免电子振荡,冲击并损坏器件。

（6）四轮定位仪需要移动时，注意不要使其受到震动，否则可能会损坏传感器及计算机等部件。

（7）四轮定位仪应按期检验标定，标定工作应在专用标定器具上进行（在购买四轮定位仪时应带专用标定器具和标定程序）。

（8）在用四轮定位仪检测车轮定位角之前，一定要进行车轮传感器安装夹具偏摆补偿操作，否则会引起相当大的测量误差。

（9）在四轮定位仪的安装地点，应在墙上或其他的地方安装一个带熔断器的开关盒，同时要求开关盒内配有四轮定位仪的过载保护装置。

2）汽车车轮定位仪的维护

四轮定位仪是一种高精度的检测设备，对工作环境有严格要求，针对汽车修理厂的工作条件，该设备在使用时应注意以下情况：

（1）不应在温度过高或过低的条件下保存或使用，保存或使用该设备的温度范围是0～40℃，相对湿度的范围是 30％～80％。

（2）定位车间要保持清洁，不要在多尘的场所使用设备。

（3）不要在化学烟尘集中的场所保存或使用。

（4）不要在震动过大或地面不稳定、不平坦的场所使用设备。

（5）不要在强光直接曝晒的场所保存或使用设备。

（6）不要在通风不畅的场所保存或使用设备。

（7）传感机头为精密装置，使用时应轻拿轻放，不可对其进行撞击、跌落等损坏机头的操作。

（8）要定期将传感器送厂家或请专业技术人员进行检验和标定。

学习测试

一、填空题

（1）四轮定位仪可检测 _____ 、_____ 、_____ 、_____ 、_____ 轮距、轴距、推力角和左右轴距差。

（2）一般新车在行驶 _____ 就应该做四轮定位，以后每行驶 _____ ，更换轮胎或减振器及 _____ 都应及时做四轮定位。

（3）在设定条件下，主销后倾角与车轮外倾角的变化量接近 _____ 。

（4）为了减小 _____ 、_____ 和装夹而引起的误差，四轮定位仪在检测前应进行偏心补偿。

二、判断题

（1）前轮外倾，前轮就一定前束。（　　）

（2）车轮定位值检测是，车轮外倾角可以直接测得，而主销后倾角和主销内倾角是间接测量的。

（3）将汽车驶到举升机上，使前轮正好位于转盘中心；车停稳后，拉紧驻车制动器，以确保车辆不移动和人员安全。

（4）四轮定位检测时，因前轮落在转盘上，所以车身可以不在同一水平面上。（　　）

（5）轮胎气压、轮胎规格、两前轮花纹与两后轮花纹深浅对四轮定位参数的测量没有

影响。（　　）

三、选择题

（1）下列前轮定位参数中，没有负值的是（　　）。

A. 前轮前束　　　　　　　　　B. 前轮外倾

C. 主销后倾　　　　　　　　　D. 主销内倾

（2）改变转向横拉杆的总长度，可以改变（　　）。

A. 车轮外倾角　　　　　　　　B. 前束值

C. 主销后倾角　　　　　　　　D. 车轮转角

四、问答题

（1）四轮定位仪能检测哪些项目？

（2）目前常用四轮定位仪有哪几种形式？

（3）在测量车轮外倾角和前束角时，为什么要做偏摆补偿？计算机式四轮定位仪如何进行偏摆补偿操作？

（4）测量主销倾角时，为什么要向左和向右转动车轮？通常转动多少度？

（5）在测量主销倾角时，为什么要使用制动杆？

学习任务6　汽车悬架装置检测

学习目标

（1）了解汽车悬架装置的评价方法；

（2）熟悉汽车悬架装置检测台的结构和工作原理；

（3）掌握汽车悬架装置的检测方法；

（4）能够正确使用汽车悬架装置检测台进行检测。

任务分析

悬架装置是汽车的一个重要总成。它是将车身和车轴进行弹性连接的部件。汽车悬架装置通常由弹性元件、导向装置和减振器三部分组成。其主要功能是：缓和由路面不平引起的振动和冲击，以保证汽车具有良好的平顺性；迅速衰减车身和车桥的振动；传递作用在车轮和车身之间的各种力和力矩；保证汽车行驶时必要的安全性和操纵稳定性。

汽车悬架装置的检测主要是测试减振器性能，在评价减振器性能的同时，也就对悬架装置的性能作出了综合评价。要检测悬架装置的性能，就需要掌握汽车悬架装置的性能指标，以及如何使用悬架装置检验台检测悬架装置，从而判断悬架装置的性能是否符合要求。

任务实施

汽车悬架装置的各元件的品质和匹配后的性能，对汽车行驶性能有着重要影响。依靠汽车行驶中车轮作用在道路上接地力的变化，可评价汽车悬架装置的品质和性能。悬架装置检测台可分为跌落式和共振式两种类型。GB 18565—2001 规定，对于最大设计车速大于或等于 100 km/h、轴载质量小于或等于 1500 kg 的载客汽车，应按规定进行悬架特性检测。

【项目 1】　汽车悬架装置的评价方法认知

汽车悬架装置若在使用中出现结构元件故障和损坏，就会影响汽车行驶性能。由汽车理论可知，汽车悬架装置的弹性元件或减振器损坏，会使悬架装置角刚度减少，增加高频非悬挂质量的振动位移，使车轮和道路的接触状态变坏；车轮作用在地面的接地力减少，大振幅的车轮振动甚至会使车轮跳离地面。因而，这不仅影响汽车行驶平顺性，而且也使汽车行驶操纵稳定性恶化，汽车行驶安全性变坏。

从上述分析来看，我们引用了车轮和道路接触状态的新概念。汽车车轮和道路的接触状态可用车轮作用在地面上的接地力来表征。依靠汽车行驶中车轮作用在道路上接地力的变化，可评价汽车悬架装置的品质和性能。

目前出现的悬挂减振器检测台都是利用检测车轮和道路接地力的原理来快速评价悬架装置的品质和性能的。欧洲减振器制造商协会（EUSAMA）推荐的测量标准：汽车车轮稳态时的载荷定义为车轮和道路的静态接地力；在受外界激励振动下，汽车车轮在检测台上的变化载荷定义为动态载荷，将动态载荷的最小值与静态载荷之比值作为评价汽车悬架装置的指标。

上述 EUSAMA 比值分为四级：

(1) 80～100 表示很好；

(2) 60～79 表示好；

(3) 40～59 表示足够；

(4) 0～39 表示弱、不够。

我们知道，评价汽车悬架装置一直采用平顺性的评价指标，是以人体所能承受的加速度均方根值来评价的。这种评价方法不适宜在用车的快速检测分析评价上。另外，悬架装置的性能也会影响到操纵稳定性，直接影响汽车安全行驶。上述介绍的评价方法，不仅考虑了悬架装置对汽车平顺性的影响，更主要的是考虑了对汽车操纵稳定性和行驶安全性的影响，它考查的是汽车在工作条件最差的情况下，即地面激振使悬挂达到共振时，车轮与地面的接触状态。这是一个比较直观的评价指标，它既能够快速检测，又能够综合评价汽车悬架装置的弹簧与减振器的匹配性能及品质。当然，这个评价方法也有其不足之处，有待我们不断地修订和完善。

【项目 2】　汽车悬架装置检测台的结构及使用方法认知

1. 悬架装置检测台的分类

检测台能快速检测、诊断悬架装置的工作性能，并能进行定量分析。根据激振方式不同，悬架装置检测台可分为跌落式（图 5 - 84）和共振式（图 5 - 85）两种类型。其中，共振式悬架装置检测台根据检测参数的不同，又可分为测力式和测位移式两种类型。我国交通部发布的交通行业标准 JT/T448—2001《汽车悬架装置检测台》，于 2001 年 12 月 1 日起实施。

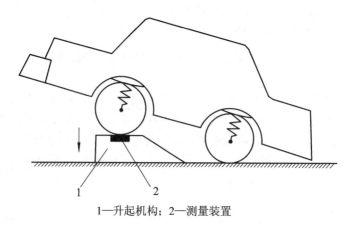

1—升起机构；2—测量装置

图 5-84　跌落式汽车悬架装置检测台

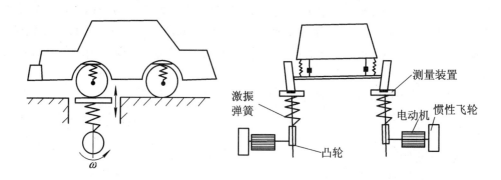

图 5-85　共振式悬架检测台

1）跌落式悬架装置检测台

测试中，先通过举升装置将汽车升起一定高度，然后突然松开支撑机构，车辆落下产生自由振动。用测量装置测量车体振幅或者用压力传感器测量车轮对台面的冲击压力，对振幅或压力分析处理后，评价汽车悬架装置的工作性能。

2）共振式悬架装置检测台

如图 5-85 所示，通过试验台的电动机、偏心轮、蓄能飞轮和弹簧组成的激振器，迫使试验台台面及其上被检汽车悬架装置产生振动。在开机数秒后断开电机电源，从而由蓄能飞轮产生扫频激振。由于电机的频率比车轮固有频率高，因此蓄能飞轮逐渐降速的扫频激振过程总可以扫到车轮固有振动频率处，从而使台面—汽车系统产生共振。通过检测激振后振动衰减过程中力或位移的振动曲线，求出频率和衰减特性，便可判断悬架装置减振器的工作性能。测位移式悬架装置检测台和测力式悬架装置检测台，一个是测振动衰减过程中的位移量，另一个是测振动衰减过程中的力，它们的结构如图 5-86 所示。由于共振式悬架装置检测台性能稳定、数据可靠，因此应用广泛。

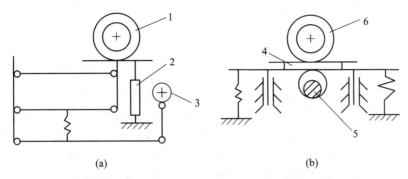

1、6—车轮；2—位移传感器；3—偏心轮；4—力传感器；5—偏心轴

图 5-86　测位移式和测力式悬架检测台结构
（a）测位移式；（b）测力式

2. 共振式悬架装置检测台的结构与工作原理

共振式悬架装置检测台一般由机械和电子电器控制两部分组成。

1）机械部分

共振式悬架装置检测台的机械部分，由箱体和左右两套相同的振动系统构成，如图 5-87 所示为检测台单轮支撑结构。这是因为一套振动系统左右对称，故另一侧省略。每套振动系统由上摆臂、中摆臂、下摆臂、支承台面、激振弹簧、驱动电机、蓄能飞轮和传感器等构成。传感器一端固定在箱体上，另一端固定在台面上。

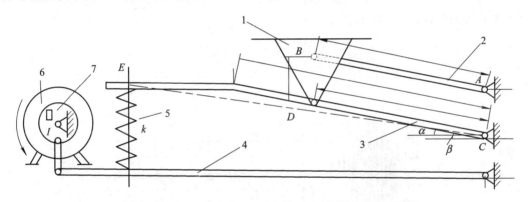

1—支承台面；2—上摆臂；3—中摆臂；4—下摆臂；5—激振弹簧；
6—驱动电机；7—偏心惯性结构

图 5-87　共振式悬架检测台单轮支承结构简图

上摆臂、中摆臂和下摆臂通过三个摆臂轴和六个轴承安装在箱体上。上摆臂和中摆臂与支承台面连接，并构成平行四边形的四连杆机构，以保证上下运动时能平行移动，以及台面受载时始终保持水平。中摆臂和下摆臂端部之间装有弹簧。

驱动电机的一端有蓄能飞轮，另一端装有凸缘。凸缘上有偏心轴。连接杆一端通过轴承和偏心轴连接，另一端和下摆臂端部连接。

检测时，将汽车驶上支承平台，启动测试程序，驱动电机带动偏心机构使整个汽车—台面系统振动。激振数秒达到角频率为 ω_0 的稳定强迫振动后，断开驱动电机电源，接着由蓄能飞轮以起始频率为 ω_0 的角频率进行扫频激振。由于停在台面上车轮的固有频率处于 ω_0 和 0 之间，因此蓄能飞轮的扫频激振总能使汽车—台面系统产生谐振。断开驱动电机电源的同时，启动采样测试装置，记录数据和波形，然后进行分析、处理和评价。

2）电子电器控制部分

共振式悬架装置检测台的电子电器控制部分主要由微机、传感器、A/D 转换器、电磁继电器及控制软件等组成。通过传感器测量汽车的振动参数（振动幅值、振动频率、相位差），将采集到的数据通过信号放大、低通滤波等前期处理后，输入计算机，进行信号处理和分析。控制软件是悬架装置检测台电子电器控制部分与机械部分联系的桥梁。软件不仅实现对悬架装置检测台测试过程的控制，同时也对悬架装置检测台所采集的数据进行分析和处理。分析系统在接到采样信号后，对采样信号进行快速傅立叶分析，获得汽车在衰减振动过程中不同频率时的振幅等参数，最终将检测结果显示并打印出来。

3. 共振式悬架装置检测台的检验方法

（1）汽车轮胎规格、气压应符合规定值，车辆空载，不乘人（含驾驶员）。

（2）将车辆受检轴车轮驶上悬架装置检测台，使轮胎位于台面的中央位置。

（3）启动检测台，使激振器迫使汽车悬挂产生振动，使振动频率增加并超过振荡的共振频率。

（4）电机转速稳定后切断电机电源，振动频率逐渐降低，并将通过共振点。

（5）记录衰减振动曲线（如图 5-88 所示），纵坐标为动态轮荷，横坐标为时间。测量共振时的动态轮荷，计算并显示共振时的最小动态车轮垂直载荷与静态车轮垂直载荷的百分比值及其同轴左右轮百分比的差值。

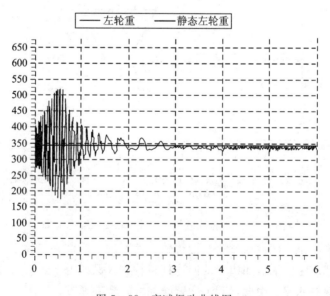

图 5-88　衰减振动曲线图

4. 共振式悬架装置检测台的使用注意事项

（1）超出试验台额定载荷的汽车，禁止驶上悬架台。

（2）不要在悬架台上停放车辆和堆积杂物，严禁做空载试验。

（3）不要让肮脏的车辆直接检测，特别是轮胎和底盘部分粘有较多泥土的情况。应首先清洗并待滴水较少时进行检测。

（4）雨天检测必须为车辆除水，滴水较少时才能检测。

（5）严禁悬架台中进水，保持传感器干燥，以保证传感器正常工作。

（6）为保证测试精度，传感器必须预热 30 分钟。

5. 共振式悬架装置检测台的维护与保养

（1）使用 3 个月后，拆开面板检查设备上的所有螺栓、螺母，包括电气接线端子的螺栓是否有松动现象并加固。

（2）使用 6 个月后，除进行第（1）项工作外，还须对台架内各部位进行清洁，同时检查线路是否牢固；并对轴承座进行润滑。

（3）应按国标进行定期检定（两次检定最长间隔不得超过 12 个月）。

6. 用平板检测台检验

（1）检验员将车辆以 5～10 km/h 的速度正直驶向平板，接近平板时置变速器于空挡。

（2）当各被测车轮均驶上平板后，急踩制动，使车辆停住。

（3）测量制动时的动态轮荷，记录动态轮荷的衰减曲线（如图 5-89 所示）。

（4）计算并显示悬架效率和同轴左右轮悬架效率之差值。

$$悬架效率：\eta = 1 - \left| \frac{GB - GO}{GA - GO} \right|$$

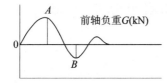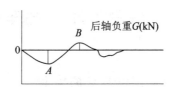

图 5-89 动态轮荷曲线

7. 汽车悬架装置检验技术要求

1）用共振式悬架检测台检验的技术要求

GB 18565－2001 规定，用悬架检测台检测时，受检车辆的车轮在受外界激励振动下测得的吸收率（被测汽车共振时的最小动态车轮垂直载荷与静态车轮垂直载荷的百分比值）不得小于 40％，同轴左右吸收率之差不得大于 15％。

2）用平板制动检测台检验的技术要求

GB 18565－2001 规定，用平板制动检测台检测时，受检车辆制动时测得的悬架效率应不小于 45％，同轴左右轮悬架效率之差不得大于 20％。

学习测试

一、填空题

（1）汽车悬架装置通常由_____、_____和_____三部分组成。

（2）根据激振方式不同，悬架装置检测台可分为_____和_____两种类型。

（3）GB 18565－2001 规定，用平板制动检测台检测时，受检车辆制动时测得的悬架效率应_____，同轴左右轮悬架效率之差_____。

二、判断题

（1）汽车悬架振动台进行测试时，操作人员和引车员不必按振动台软件界面和点阵屏提示进行操作。（　　）

（2）共振式悬架装置检测台的电子电器控制部分由箱体和左右两套相同的振动系统构成。（　　）

三、选择题

（1）悬架特性的评价指标是采用"吸收率"。在（　　）之间时，表示汽车的悬架性能优良。

A. 60%～80%　　　　B. 70%～90%　　　　C. 80%～100%　　　　D. 90%～100%

（2）谐振式悬架装置检测台检测汽车悬架特性时，"吸收率"应不小于40%，同轴左右轮"吸收率"之差不得大于（　　），受检车辆同时满足这两项要求为合格。

A. 50%　　　　　　B. 10%　　　　　　C. 2%　　　　　　D. 15%

四、问答题

（1）试简述对汽车悬架装置检测的必要性。

（2）试简述汽车悬架装置检测台的评价指标。

（3）试简述共振式汽车悬架装置检测台的结构及工作原理。

综合实训4　汽车的操纵稳定性检测

实训1　汽车四轮定位参数的检测

1. 实训目的和要求

（1）理解四轮定位仪的结构与工作原理；

（2）掌握四轮定位仪的使用方法和四轮定位参数的检测方法；

（3）会进行四轮定位参数的调整。

2. 实训内容简述

（1）认识四轮定位仪的基本结构；

（2）进行四轮定位参数的检测；

（3）进行四轮定位参数的调整。

实训2　汽车车轮侧滑检测

1. 实训目的和要求

（1）理解汽车车轮侧滑检验台的结构与工作原理；

（2）掌握汽车车轮侧滑检验台的使用方法和车轮侧滑检测方法；

（3）会分析汽车车轮侧滑量不合格的原因。

2．实训内容简述

（1）认识汽车车轮侧滑检验台的基本结构；

（2）进行车轮侧滑检测；

（3）分析汽车车轮侧滑量不合格的原因。

实训 3　车轮动平衡检测

1．实训目的和要求

（1）了解车轮动不平衡的危害和车轮动平衡仪的结构与工作原理；

（2）掌握车轮动平衡仪的使用方法和车轮动平衡的检测方法；

（3）会分析车轮动不平衡产生的原因。

2．实训内容简述

（1）认识车轮动平衡仪的结构；

（2）进行车轮动平衡检测；

（3）分析车轮动不平衡产生的原因。

模块 6　汽车的平顺性与通过性

学习任务 1　汽车的行驶平顺性认知

学习目标

（1）了解振动对行驶平顺性的影响以及人体对振动的反应；

（2）理解平顺性的评价方法；

（3）能正确分析影响汽车行驶平顺性的因素。

任务分析

现在，人们不仅追求汽车的动力性、经济性和安全性，且越来越注重乘坐是否舒适，而这跟汽车的平顺性的好坏有直接关系。平顺性的优劣与汽车的底盘参数、车身几何参数、汽车的动力性以及操控性等有着十分密切的关系。

任务实施

汽车的行驶平顺性是指保持汽车在行驶过程中乘员所处的振动环境具有一定舒适度的性能，对于载货汽车还包括保持货物完好无损的性能。行驶平顺性既是决定汽车舒适性最主要的方面，它本身也是评价汽车性能的主要指标。

【项目 1】　人体对振动的反应和平顺性的评价

1. 振动及其传递途径

行驶平顺性问题可以用方框图 6-1 来分析。行驶中的汽车是个复杂的"振动系统"，振动的发生源主要有路面凹凸不平的变化、不平衡轮胎的旋转、不平衡传动轴的旋转以及发动机的扭矩变化等。这些因素引起的振动又大多与车速相关，尤其是路面凹凸不平引起的振动，随着车速的变化，振动的频率和强弱会产生相应的变化。

图 6-1　汽车振动系统框图

上述诸多"信号"不断地"输入"行驶中的汽车，而汽车又可以看做是由轮胎、悬架、座垫等弹性、阻尼元件和悬架质量及非悬架质量构成的"振动系统"。各种"输入"信号沿不同的路径传至乘员人体，其主要传递路径如图 6-2 所示。

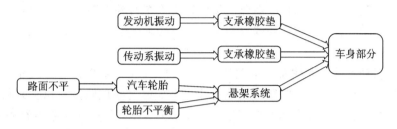

图 6-2 汽车行驶振动传递路线示意图

因路面、轮胎产生的振动先传到悬架，受悬架自身的振动特性影响后再传给车身，通过车身传到乘客的胸部，同时通过座椅传给乘客的臂部和背部，还通过转向系以转向型抖动的形式传到驾驶员手部。

因发动机、传动系产生的振动通过支承发动机、变速器和传动轴的缓冲橡胶块，经衰减后传给车身，再经上述途径传至人体各个部位。

当振动频率超过 40 Hz 以上时，便形成噪声传进人的耳朵。

作为系统的"输出"，是人体或货物受到的振动，其中最重要的是振动的频率和振动加速度。由物理学知识可知，任何"振动系统"均有个"固有频率"，当外界激振信号的频率接近或等于"固有频率"时，将出现"共振"现象，产生剧烈的振动。研究汽车行驶平顺性实际上要解决两方面的问题：一是如何避免汽车这个"振动系统"的"共振"现象，这既会影响到汽车的操纵稳定性，也会影响行驶平顺性；二是使"振动系统"输出的振动频率避开人体敏感的范围，使振动加速度不超过人体所能承受的强度。

2. 人体对振动的反应

人体是个复杂的机械振动系统。人体对振动的反应既与振动频率及强度、振动作用方向和暴露时间有关，也与人的心理、生理状态有关。

通过大量的振动试验表明，人体对不同方向的振动反应存在差异，对上下振动忍耐性最强，其次是前后振动，对左右振动最敏感。人体上下振动的共振点大约在 4~8 Hz，水平振动的共振点大约在 1~2 Hz。如果在共振点上加振，则人的抗振能力会严重下降，氧气消耗量剧增，能量代谢加快。

所谓暴露时间是指人体处于振动环境的时间。暴露时间越长，人体所能承受的振动强度越小。

汽车行驶平顺性的评价方法，通常是根据人体对振动的生理感受和保持货物的完整程度来制定的，并用表征振动的物理量如频率、振幅、位移、加速度等作为评价指标。这些物理量称为振动参数。

最简单且目前常用的评价行驶平顺性的指标是按照车身振动的低频率制定的，它决定悬架装置的性能。

人体器官自幼就已习惯于行走所引起的垂直振动的频率，如果车身振动频率与步行速度频率接近，则乘坐者不会感到不舒适。取步距为 0.75 m，中等步行速度为 3~4 km/h,

则振动频率约为 1.1～1.5 Hz。如车身振动频率在此范围内，则可以认为是人体器官所习惯的。当振动频率低于 1 Hz 时，会引起乘客晕车和恶心；当振动频率高于 1.5 Hz 时，车身振动强烈，也会引起乘客疲劳和不舒适的感觉。

经长期的实践证明，采用这种简化的指标评价汽车行驶平顺性时，某些汽车虽然有较好的自由振动频率指标，但其实际的行驶平顺性并不好。因此，仅用自由振动频率来评价汽车行驶平顺性是不够的。

为了确立振动参数与人体器官生理感受之间的关系，人们曾进行过大量的试验研究。由于试验对象和条件不同，因此结果也不完全一样。但这些试验都可以得到同样的结论，即所有振动参数都会对人体器官发生影响，不过起主要作用的振动参数随着频率的变化而变化。根据试验结果，影响汽车行驶平顺性的主要振动参数为振动加速度、振动加速度的变化速度和自由振动频率，其中后者是最重要的指标。振动加速度对行驶平顺性有较大影响，因为加速度很大时，惯性载荷对人体的肌肉和器官产生影响，特别是突然振动引起加速度的变化，乘客是最不能适应的。加速度变化越迅速，人越感不适。基于这些原因，汽车平顺性也按振动加速度和加速度的变化速度来评价。为了保证汽车有良好的行驶平顺性，车身的自由频率应在 1.1～1.5 Hz；振动加速度的极限容许值在 3～4 m/s² 之间，从保持所运货物完整性的观点出发，可由车身加速度来评定所容许的振动。如果车身加速度达到 1g，则未经固定的货物有可能离开车身地板，而后以很大的加速度降落。因此，为了保持货物完整性，应取车身振动加速度的极限值为(0.6～0.7)g。

3. 平顺性的评价方法

目前对行驶平顺性的评价仍是以人的主观感觉为最终依据，它既受振动环境特点的影响，又受人的心理、生理因素的影响。所以，这种评价和衡量是非常困难和复杂的。

20 世纪 70 年代初，国际标准化组织(ISO)在综合大量有关人体全身振动的研究工作和文献的基础上，制定了国际标准 ISO 2631《人体承受全身振动能力的评价指南》，该标准是人体承受全身振动评价的国际通用标准。但 ISO 2631 是以短时间简谐振动的实验研究成果为基础的，而汽车的行驶过程是长时间的随机振动，并伴有较大的冲击振动。

我国参照 ISO 2631 制定了 GB 4970—1996《汽车平顺性随机输入行驶试验方法》，用于测定汽车在随机不平的路面上行驶时振动对乘员及货物的影响，以及 GB 5902—86《汽车平顺性单脉冲输入行驶试验方法》，用于测定汽车驶过单凸块时的冲击对乘员及货物的影响，以此来评价汽车的平顺性。

1) 国际标准 ISO 的评价方法

国际标准 ISO 2631 用加速度均方根值给出了在 1～80 Hz 振动频率范围内人体对振动反应的三个不同界限：

(1) 暴露极限。当人体承受的振动强度在这个极限之内时，将保持健康或安全。通常把此极限作为人体可以承受振动量的上限。

(2) 疲劳—工效降低界限 T_{FD}。该界限与保持工作效能有关，当驾驶人承受的振动强度在此界限之内时，能准确灵敏地反应，正常地进行驾驶。

(3) 舒适降低界限 T_{CD}。此界限与保持舒适有关，在这个界限之内，人体对所暴露的振动环境主观感觉良好，能顺利地完成吃、读、写等动作。

图 6-3(a)和(b)分别为垂直和水平方向，在不同暴露时间(承受振动的持续时间)下的

疲劳—工效降低界限。另外两个不同反应界限的振动允许值随频率的变化趋势与此完全相同，只是振动加速度均方根允许值不同，暴露极限的值为疲劳—工效降低界限的 2 倍，舒适降低界限为疲劳—工效降低界限的 1/3.15。

图 6-3 所示 ISO 263166 疲劳—工效降低界限是用双对数坐标给出的，即纵、横两个坐标轴都是按以 10 为底的对数等间距刻度的。图上纵坐标允许加速度值 0.1～1 m/s² 的间距和 1～10 m/s² 的间距相等，因为对数差值 lg10－lg1＝lg1－lg0.1＝1。图上横坐标 1～10 Hz 和 10～100 Hz 的间距也相等，变化范围都是 10 倍。

采用对数坐标的主要优点是能把很大的数值变化范围压缩地画在有限的刻度范围内，并且能对较小的数值扩展，以保持其精度。

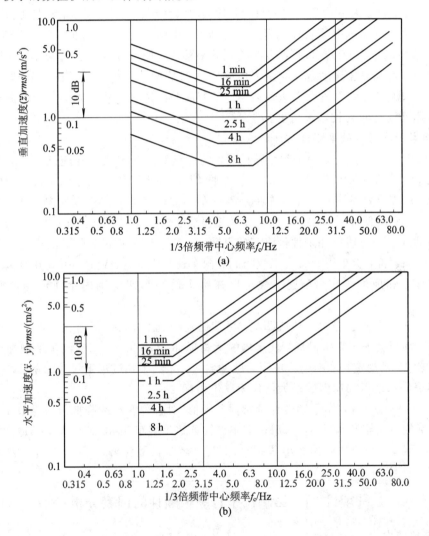

图 6-3　ISO 2631 人体对振动反应的疲劳—工效降低界限
(a) 垂直方向 (z)；(b) 水平方向 (x-纵向，y-横向)

由图 6-3 可以看出，疲劳—工效降低界限振动加速度允许值的大小与振动频率、振动作用方向和暴露时间这三个因素有关。

(1) 振动频率。在图 6-3 中，对于每一个给定的暴露时间都相应有一条疲劳—工效降低界限曲线，它表明不同频率下，同一暴露时间达到"疲劳"，即人体对振动强度的感觉相同时，加速度允许值不同。也有人把该曲线称为等感觉曲线。由这些曲线可以看出，人体对振动最敏感的频率范围（垂直方向 4～8 Hz，水平方向 1～2 Hz）的加速度允许值最小。

（2）振动作用方向。将图 6-3(a)和(b)重叠加以比较，可以看出，在同一暴露时间下，水平方向在 2.8 Hz 允许的加速度值与垂直方向最敏感频率范围 4～8 Hz 允许的加速度值相同；2.8 Hz 以下水平方向允许的加速度值低于垂直方向 4～8 Hz 的允许加速度值；水平方向最敏感频率范围 1～2 Hz 比垂直方向 4～8 Hz 允许值低 1.4 倍。对于汽车的振动环境，2.8 Hz 以下的振动所占比重相当大，故对于由俯仰运动引起的水平振动的影响应给予充分重视。

（3）暴露时间。人体达到一定的反应界限，如"疲劳"、"不舒适"等，都是由人体感觉到的振动强度大小和暴露时间长短二者综合的结果。由图 6-3 可以看出，在一定频率下，随暴露时间加长，疲劳—工效降低界限曲线向下平移，即加速度的允许值减小。亦即在实际行驶过程中，若振动加速度越大，则人体感觉达到某振动强度"界限"的时间越短；反之，若振动加速度越小，则人体感觉达到某"界限"所需时间越长。故人体感觉到的振动强度的大小可以用暴露时间的长短来衡量。

2）国家标准对行驶平顺性的评价方法

GB 4970—1996 规定，用平顺性随机输入行驶试验来测定汽车在随机不平的路面上行驶时振动对乘员及货物的影响，评价汽车的平顺性。因为随机输入是汽车行驶中遇到的最基本情况，所以这种试验是评定汽车平顺性的最主要的试验。该标准规定，以疲劳—工效降低界限 T_{FD} 和降低舒适界限 T_{CD} 为人体承受振动能力的主要评价指标；以 T_{FD} 和 T_{CD} 与车速的关系曲线——车速特性来评价汽车的平顺性。其中轿车和客车用降低舒适界限车速特性 $T_{CD}-V$ 来评价，货车用疲劳—工效降低界限车速特性 $T_{FD}-V$ 来评价，并对试验条件及车速范围作了相应的规定。车速特性可以在整个使用车速范围内全面地评价汽车的平顺性。

汽车行驶时偶尔会遇到凸块或凹坑，尽管遇到的概率不多，但过大的冲击会严重地影响平顺性，甚至会损害人体健康，使运输的货物损坏。GB 5902—86《汽车平顺性单脉冲输入行驶试验方法》规定，采用单凸块作为脉冲输入，让汽车驶过规定尺寸的单凸块，测定座垫上和座椅底部地板加速度的最大值作为评价指标。

QC/T474—1999《客车平顺性评价指标及限值》对各种客车的降低舒适界限 T_{CD} 作了明确规定。空气悬架旅游车 $T_{CD} \geq 2.5$(h)，非空气悬架旅游车 $T_{CD} \geq 1.0$(h)，长途大、中型客车 $T_{CD} \geq 0.5$(h)，城市大中型客车 $T_{CD} \geq 0.4$(h)，高级轻型客车 $T_{CD} \geq 1.2$(h)，普通轻型客车 $T_{CD} \geq 0.8$(h)。

【项目 2】 影响汽车行驶平顺性的因素分析

1. 悬架结构

减小悬架刚度，降低固有频率，可以减小由于不平路面而引起乘员承受的加速度值，这是改善平顺性的基本措施。为此，需要采用软弹簧及低的轮胎气压。但悬架刚度也不宜过小，否则会引起悬架下质量高频振动幅值加大，影响操纵稳定性；还会引起紧急制动时汽车"点头"现象严重，转弯时车身容易产生较大的侧倾角等不良现象。

对于载荷变化较大的公共汽车和载货汽车，为满足不同载荷对悬架刚度的不同需要，常采用非线性悬架，即变刚度悬架。载荷较小时，悬架刚度较小，以避免振动频率过高，平顺性变差；当载荷较大时，刚度急剧增大，使汽车的侧倾和纵向角振动减轻。

为避免出现"共振"，前、后悬架的固有频率应避开激振效率。另外，由于来自路面的激振先作用于前轮，然后才作用到后轮，为减轻由此引起的纵向角振动，前悬架的固有频率应略低于后悬架，亦即前悬架刚度略低于后悬架。

2. 悬架阻尼

悬架系统的阻尼主要来自减振器、钢板弹簧叶片之间的摩擦以及轮胎变形时橡胶分子间的摩擦。其作用是使车身的振动迅速衰减，减小传递给乘员和货物的振动加速度，缩短振动时间，改善行驶平顺性，还能改善车轮与道路的接触状况，防止车轮跳离地面，提高操纵稳定性。

在使用中，应注意减振器及钢板弹簧的维护，以防减振器失效及弹簧片生锈锁住而影响行驶平顺性。

3. 轮胎

轮胎对行驶平顺性的影响主要取决于轮胎的径向刚度，适当减小轮胎的径向刚度，可以改善行驶平顺性。比如采用子午线轮胎，径向刚度减小，轮胎的静挠度增加 40% 以上，行驶平顺性得到改善。但轮胎刚度过低的，会引起侧向偏离加大，影响汽车的操纵稳定性。在使用中，通过动平衡试验消除轮胎的动不平衡现象，也是保证行驶平顺性的必要措施。

4. 座椅

座椅的布置对平顺性有较大影响。接近车身中部的座位，振幅较小，前、后两端的座位振幅较大，在相同频率下，乘员感受到的振动加速度就不一致，所以轿车的座位均布置在前后轴轴距之内。载货汽车和公共汽车，为了减小水平前后方向的振幅，座位在高度方向上应尽量缩小与重心间的距离。

坐垫也有一定的减振作用。坐垫的刚度和阻尼要作适当选择，以便人—座椅系统的固有频率避开人体最敏感的 4～8 Hz 范围，同时应使其相对阻尼系数达到 0.2 以上。

5. 非悬架质量

非悬架质量对汽车的平顺性有较大的影响，其质量的大小直接影响到传递到车身上的冲击力。质量越小，冲击力越小，反之将加大。非悬架质量对行驶平顺性的影响，常用非悬架质量与悬架质量之比 m/M 来评价，此比值轿车一般在 10.5%～14.5% 之间，以小些为好。

学习测试

一、填空题

(1) 国家标准规定，以 _____ 和 _____ 为人体承受振动能力的主要评价指标。以这两项指标与 _____ 的关系曲线来评价汽车的平顺性。

(2) 坐垫也有一定的减振作用。坐垫的刚度和阻尼要作适当选择，以便人—座椅系统的固有频率避开人体最敏感的 _____ 范围，同时应使其相对阻尼系数达到 0.2 以上。

(3) 国际标准 ISO 2631 用加速度均方根值给出了在 1～80 Hz 振动频率范围内人体对

振动反应的三个不同界限：_____、_____、_____。

二、判断题

（1）汽车行驶在不平整的路面上引起的振动，随车速的变化，振动的频率和强弱会产生相应的变化。（　　）

（2）人体对上下方向的振动反应最为敏感。（　　）

（3）对轿车和客车，用疲劳－降低工效界限车速特性来评价其平顺性。（　　）

（4）为避免出现共振现象，前悬架的固有频率应略低于后悬架。（　　）

（5）适当减小汽车轮胎的径向刚度，可以改善汽车行驶平顺性。（　　）

（6）子午胎比普通斜线胎的行驶稳定性好。（　　）

三、选择题

（1）轮舱对行驶平顺性的影响主要取决于轮胎的径向刚度，适当（　　）轮胎径向刚度，可以改善行驶平顺性。

A. 减小　　　　　　B. 增加　　　　　　C. 改变　　　　　　D. 以上都不是

（2）对于载荷变化较大的公共汽车和载货汽车，为满足不同载荷对悬架刚度的不同需要，常采用（　　）。

A. 非线性悬架　　　B. 线性悬架　　　　C. 常刚度悬架　　　D. 以上都不是

四、问答题

（1）什么叫行驶平顺性？

（2）行驶平顺性的评价指标是什么？

（3）如何改善汽车的行驶平顺性？

学习任务 2　汽车的通过性认知

学习目标

（1）理解汽车通过性评价指标；

（2）掌握汽车通过性的几何参数；

（3）能正确分析汽车越野行驶时越过台阶、壕沟的能力；

（4）能正确分析影响汽车通过性的主要因素。

任务分析

大家都喜欢看 F1 方程式汽车大赛，那么这些赛车适合在大街上跑吗？它的爬坡性能会比一般的汽车优越吗？

答案当然是否定的！虽然方程式赛车具有优越的动力性、操控性、稳定性、平顺性、制动性等，但它的底盘很低，离地间隙很小，当路面不平、坡度过大时，就有可能出现触头、托尾及顶起，甚至动弹不了等现象。也就是说，它虽然具有众多的优良性能，但却失去了在不平路面的通过性能，所以它只适合在赛道上奔跑。因此，我们有必要研究不同类型车辆的通过性，给大家在选车及使用车辆时提供一些参考。

任务实施

汽车的通过性又称越野性，是指汽车能以足够高的平均车速通过各种坏路及无路地带的能力，如通过松软地面(松软的土壤、沙漠、雪地、沼泽地)、坎坷不平地段和各种障碍(陡坡、侧坡、壕沟、台阶)等。尤其是军用、农用、工地及林区使用的汽车，要求有良好的通过性。

汽车的通过性主要决定于汽车的支承—牵引参数及几何参数，也与汽车的动力性、平顺性、机动性、视野等性能密切相关。

【项目 1】　汽车通过性评价指标及几何参数认知

1. 汽车支承通过性评价指标

目前，常采用牵引系数、牵引效率及燃油利用指数三项指标来评价汽车的支承通过性。

(1) 牵引系数 TC：单位车重的挂钩牵引力(净牵引力)。它表明了汽车在松软地面上加速、爬坡及牵引其他车辆的能力。其表达式为

$$TC = \frac{F_d}{G} \qquad (6-1)$$

式中：F_d 为汽车的挂钩牵引力；G 为汽车重力。

(2) 牵引效率(驱动效率)TE：驱动轮输出功率与输入功率之比。它反映了车轮功率传递过程中的能量损失，这部分损失是由于轮胎橡胶与帘布层间摩擦生热及轮胎下土壤的压实和流动而造成的。其表达式为

$$TE = \frac{F_d}{T_W} \frac{u_a}{\omega} = \frac{F_d r(1 - s_r)}{T_W} \qquad (6-2)$$

式中：u_a 为汽车行驶速度；T_W 为驱动轮输入转矩；ω 为驱动轮角速度；r 为驱动轮动力半径；s_r 为滑转率。

(3) 燃油利用指数 E_f：单位燃油消耗所输出的功。其表达式为

$$E_f = \frac{F_d u_a}{Q_1} \qquad (6-3)$$

式中：Q_1 为单位时间内的燃油消耗量。

2. 汽车通过性的几何参数

因汽车与地面间的间隙不足而被地面托住，无法通过的情况称为间隙失效。当车辆中间底部的零件碰到地面而被顶住时，称为顶起失效；当车辆前端或尾部触及地面而不能通过时，分别称为触头失效和托尾失效。显然，后两种情况属同一类失效。

与间隙失效有关的汽车整车几何尺寸称为汽车通过性的几何参数。这些参数包括最小离地间隙、纵/横向通过半径、接近角、离去角、最小转弯半径和内轮差等，如图 6-4 所示。

1) 最小离地间隙 h

最小离地间隙用符号 h 表示，是指汽车除车轮以外的最低点与路面之间的距离，如图

6-4 所示。它表征了汽车能无碰撞地越过石块、树桩等障碍物的能力。汽车的飞轮壳、前桥、变速器壳、消声器、驱动桥的外壳、车身地板等处一般有较小的离地间隙。

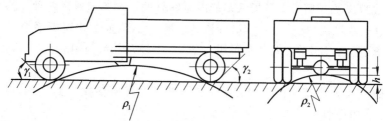

λ_1—接近角；　λ_2—离去角；　ρ_1—纵向通过半径；　ρ_2—横向通过半径；　h—最小离地间隙

图 6-4　汽车通过性的几何参数

2）纵向通过半径 ρ_1

在汽车侧视图上作出的与前后车轮及两轴中间轮廓线相切之圆的半径，称为纵向通过半径，用符号 ρ_1 表示。它表示了汽车能够无碰撞地通过小丘、拱桥等纵向凸起障碍物的轮廓尺寸。ρ_1 越小，汽车的通过性越好。

3）横向通过半径 ρ_2

在汽车的正视图上所作与左右车轮及两轮之间轮廓线相切之圆的半径，称为横向通过半径，用符号 ρ_2 表示。它表示了汽车通过小丘及凸起路面等横向凸起障碍物的能力。ρ_2 越小，通过性越好。

最小离地间隙不足，纵向和横向通过半径过大，都容易引起顶起失效。

4）接近角 γ_1 和离去角 γ_2

从汽车前端突出点向前轮引切线，该切线与路面的夹角 γ_1 称为接近角。γ_1 越大时，越不易发生触头失效。

从汽车后端突出点向后轮引切线，该切线与路面的夹角 γ_2 称为离去角。γ_2 越大时，越不容易发生托尾失效。

5）最小转弯半径 R_H 和内轮差 d

转向盘转到极限位置，作转弯行驶，前外轮印迹中心至转向中心的距离（左、右转弯，取较大者），称为汽车的最小转弯半径（见图 6-5），用符号 R_H 表示。内轮差是指前内轮轨迹与后内轮轨迹半径之差，图中用 d 表示。这两个参数表示车辆在最小面积内的回转能力和通过狭窄弯曲地带或绕过障碍物的能力。

机动车安全检测条件规定，机动车最小转弯半径，以前外轮轨迹中心线为基线测量，其值不得大于 24 m。当转弯半径为 24 m 时，转向轴和末轴的内轮差以两轮轨迹中心线计，不得大于 3.5 m。

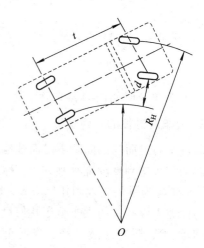

图 6-5　最小转弯半径 R_H 和内轮差 d

【项目 2】　汽车越过台阶、壕沟的能力分析

在越野行驶中，常以很低的车速去克服某些障碍物，如台阶、壕沟等。这时，可用静力学平衡方程式求得障碍物与汽车参数间的关系。

图 6-6 为硬路面上后轮驱动汽车越过台阶时的受力情况。

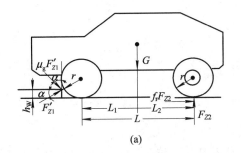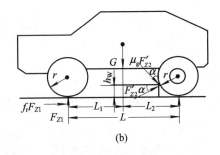

(a)　　　　　　　　　　　　　　　　　(b)

图 6-6　硬路面上后轮驱动汽车越过台阶时的受力

由图 6-6(a)可知，前轮(从动轮)碰到台阶时的平衡方程式为

$$\left.\begin{array}{l} F'_{Z1}\cos\alpha + f_r F'_{Z1}\sin\alpha - \mu_g F'_{Z2} = 0 \\ F'_{Z1}\sin\alpha + F_{Z2} - f_r F'_{Z1}\cos\alpha - G = 0 \\ f_r F'_{Z1} r + F_{Z2} L - G L_1 - r\mu_g F_{Z2} = 0 \end{array}\right\} \tag{6-4}$$

式中：F'_{Z1}——台阶作用于前轮(从动轮)的反作用力；

　　　G——汽车总重力；

　　　F_{Z2}——为后轴负荷；

　　　f_r——滚动阻力系数；

　　　μ_g——附着系数。

将方程式(6-4)中的 G、F'_{Z1}、F_{Z2} 消除，可得无因次方程式：

$$\left(\frac{\mu_g + f_r}{\mu_g}\frac{L_1}{L} - \frac{f_r}{\mu_g} + \frac{f_r r}{L}\right)\sin\alpha - \left(\frac{1}{\mu_g} - \frac{1 - f_r\mu_g}{\mu_g}\frac{L_1}{L} - \frac{r}{L}\right)\cos\alpha = \frac{f_r r}{L} \tag{6-5}$$

由图 6-6 中的几何关系可知：

$$\sin\alpha = \frac{r - h_w}{r} = 1 - \frac{h_w}{r} \tag{6-6}$$

将式(6-6)代入式(6-5)，并设硬路面上的 $f_r = 0$，则式(6-5)成为

$$\left(\frac{h_w}{r}\right)_f = \frac{1}{2}\left\{1 - \left[1 + \left(\frac{\mu_g\dfrac{L_1}{L}}{1 - \dfrac{L_1}{L} - \mu_g\dfrac{r}{L}}\right)^2\right]^{-\frac{1}{2}}\right\} \tag{6-7}$$

式中：$\left(\dfrac{h_w}{r}\right)_f$ 为前轮单位车轮半径可克服的台阶高度，它表示前轮越过台阶的能力。

由式(6-7)可知，$\dfrac{L}{r}$ 越小及 $\dfrac{L_1}{L}$ 越大，$\left(\dfrac{h_w}{r}\right)_f$ 就越大，即汽车前轮越容易越过较高的台阶。

当后轮(驱动轮)碰到台阶时(图 6-6(b))，其平衡方程式为

$$F'_{Z2} \cos\alpha + f_r F_{Z1} - \mu_g F'_{Z2} \sin\alpha = 0$$
$$F_{Z1} + F'_{Z2} \sin\alpha - \mu_g F'_{Z2} \cos\alpha - G = 0 \quad (6-8)$$
$$F_{Z1} L + \mu_g F'_{Z2} r - G L_2 + r f_r F_{Z1} = 0$$

式中：F'_{Z2}——台阶作用于后轮（驱动轮）的反作用力；

F_{Z1}——前轴负荷。

将 $\sin\alpha = 1 - \dfrac{h_w}{r}$ 及 $f_r = 0$ 代入式（6-8），可解得

$$\left(\frac{h_w}{r}\right)_f = \left(1 - \frac{1}{\sqrt{1 + \mu_g^2}}\right) \quad (6-9)$$

式中 $\left(\dfrac{h_w}{r}\right)_f$ 为后轮单位车轮半径可克服的台阶高度，它表征了汽车后轮越过台阶的能力。

由式（6-9）可知，后轮越过台阶的能力与汽车的结构参数无关。

将不同的附着系数代入式（6-7）和式（6-9）可发现，后轮是限制汽车越过台阶的因素。式（6-9）计算所得的汽车越障能力与附着系数的关系曲线如图6-7下部所示。

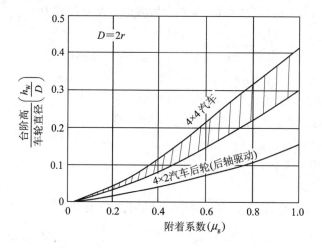

图6-7 汽车越障能力与附着系数的关系

图6-8是4×4汽车在硬路面上越过台阶时的受力情况。

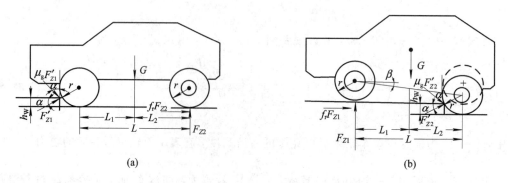

图6-8 4×4汽车在硬路面上越过台阶时的受力图

按与上述同样的方法，当前轮与台阶相遇时，则有

$$\left(\frac{1}{\mu_g} - \frac{1-f_r\mu_g}{\mu_g}\frac{L_1}{L} - \frac{r}{L}\right)\cos\alpha - \left(1 - \mu_g\frac{r}{L}\right)\sin\alpha - \mu_g\frac{r}{L} = 0 \qquad (6-10)$$

同样，将 $\sin\alpha = 1 - \dfrac{h_w}{r}$ 代入式(6-10)，可求出 $\left(\dfrac{h_w}{r}\right)_f$。经分析计算可知，$\left(\dfrac{h_w}{r}\right)_f$ 随 $\dfrac{L}{r}$

的增加而降低；另外，增加 $\dfrac{L_1}{L}$ 的值时，可使 4×4 汽车前轮越过台阶的能力显著提高，甚至可使车轮爬上高度大于半径的台阶。

当后轮遇到台阶时，有

$$\left[(\cos\beta - \mu_g\sin\beta) - \mu_g\frac{r}{L}\right]\sin\alpha - \left[\left(\frac{1+\mu_g^2}{L}\frac{L_1}{L} + \mu_g\right) - \left(\frac{1+\mu_g^2}{L}\frac{h_0}{L} + 1\right)\sin\beta - \frac{r}{L}\right]\cos\alpha$$
$$- \mu_g\frac{r}{L}[(L - L_1)\cos\beta + h_0\sin\beta] = 0 \qquad (6-11)$$

式中：h_0——汽车质心至前后轴心连线的距离；

　　　β——传动轴与水平线的夹角。

对式(6-11)进行分析可知，$\dfrac{L_1}{L}$ 值的影响正好与 4×4 汽车前轮越过台阶的情况相同。

长轴距、前轴负荷大的汽车(即 $\dfrac{L_1}{L}$ 较小)，其后轮越过台阶的能力要比前轮大。对于较大的

$\dfrac{L}{r}$ 值，不论汽车的总质量如何在轴间分配，总会改善后轮越过台阶的能力。

图 6-7 也给出了 4×4 汽车的越障性能，由图可见，4×2 汽车的越障能力要比 4×4 汽车差得多。4×4 汽车的越障能力与 $\dfrac{L_1}{L}$ 值有关，有关数据已包含在曲线的阴影区内。该区域的上、下限决定于被试验汽车的几何参数。

由图 6-7 可知，当 $\mu_g = 0.7$ 时，根据 $\dfrac{L_1}{L}$ 的参数不同，4×4 汽车的 $\dfrac{h_w}{r} = 0.18 \sim 0.26$，但是后轮驱动的 4×2 汽车的越障能力比 4×4 汽车约降低 50%。

用同样的方法解汽车越过壕沟的问题时，可以看到，沟宽 L_d 与车轮直径 r 之比值 $\dfrac{L_d}{r}$，

同上面求得的 $\dfrac{h_w}{r}$ 值间只有一个换算系数的差别，它们之间的关系为

$$\frac{L_d}{r} = \sqrt{\frac{h_w}{r} - \left(\frac{h_w}{r}\right)^2} \qquad (6-12)$$

将式(6-12)绘成曲线，可得如图 6-9 所示的车轮可越台阶与壕沟尺寸换算图。因此，只要知道车轮越过垂直障碍的能力 $\dfrac{h_w}{r}$，就可通过此图查得可越过的壕沟宽度。

如上所述，就 4×4 汽车的 $\dfrac{r}{L}$ 与 $\dfrac{L_1}{L}$ 值的变化而言，前、后轮在越障能力方面有不同的反

应。因此，在设计时就应当考虑这两方面的折中。这时，可将前、后轮对不同的 $\dfrac{L_1}{L}$ 值绘制

$\dfrac{h_w}{r} = F(\psi)$ 曲线，找出它们的理想交点来求得。初步设计时，若结果不够理想，可适当地改

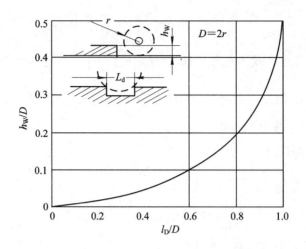

图 6-9　车轮可越台阶与壕沟尺寸换算图

变 $\dfrac{L_1}{r}$ 值，以得出较好的性能。

驱动轮在汽车上的部位及数目对通过性的影响还可从克服坡度能力加以论述。汽车上坡行驶时，其行驶所能克服的坡度大小与此有密切关系。

当汽车在坏路上行驶时，其行驶速度较低，故可略去空气阻力和加速阻力。前驱动汽车上坡的通过性最差，全轮驱动车辆爬坡能力最大。此外，增加汽车驱动轮数，还可提高汽车附着质量，增加驱动轮与松软地面的接触面积，这是改善汽车通过性的最有效方法。因此，越野汽车都采用全轮驱动。

【项目3】　影响汽车通过性的主要因素分析

汽车的通过性与汽车结构及使用条件有关。

1. 汽车结构

为了保证汽车的通过性，除了要减小行驶阻力外，还必须提高汽车的驱动力和附着力，可采用副变速器或分动器、液力传动、高摩擦式差速器和驱动防滑系统等来实现。

1）发动机的功率与扭矩

汽车通过坏路或无路地带时，要克服较大的道路阻力。为此，要提高汽车的通过性，就必须提高单位汽车重力发动机扭矩 M_e/G，或提高比功率 P_e/G。

2）传动系传动比

要提高动力性，另一方面要增大传动系传动比，故越野车均设有副变速器或使用两挡分动器。越野汽车增加传动系总传动比的另一作用是降低最低稳定车速，以减小稳定车轮对松软路面的冲击，从而减少由此引起的土壤剪切破坏的概率，提高汽车通过坏路或无路地段的能力。越野汽车的最低稳定车速值如表 6.1 所示。

表 6.1　越野汽车的最低稳定车速

汽车总质量/kN	<19.6	<63.7	<78.4	>78.4
最低稳定车速/(km/h)	<5	<2~3	<1.5~2.5	<0.5~1

3）差速器

在汽车传动系中安装差速器，可使左右驱动车轮以不同的角速度转动。普通齿轮式差速器由于具有在驱动轮间平均分配转矩的特性，因此会大大降低汽车的通过性。这是因为，驱动轮上驱动力的大小取决于附着力较小的一侧车轮，所以驱动力可能不足以克服行驶阻力，而使汽车失去通过能力。

差速器中机件间的摩擦作用对提高汽车的通过性是有益的。正是由于这种摩擦作用，差速器才可能将较大的转矩传给不滑转的车轮。越野汽车上通常采用凸块或蜗杆等高摩擦差速器，总驱动力可增加 10%～15%。如采用强制锁止差速器，总驱动力可增加 20%～25%。

4）驱动防滑系统

汽车在泥泞路段或冰雪路面行驶时，因路面的附着系数较小，常出现驱动轮滑转（或空转）的现象。另外，汽车在起步、加速过程中以及汽车在非对称路面（不同附着系数的路面）上行驶或转弯时，也容易产生驱动轮滑转的现象。当驱动轮滑转时，产生的驱动力很小，且抵抗侧向力的能力下降。当遇有侧向风或横向斜坡时，极易使汽车发生侧滑。

随着汽车电子技术的发展，汽车驱动防滑系统 ASR 在现代汽车上得到应用。汽车驱动防滑系统 ASR 是制动防抱系统 ABS 的延伸。ABS 可以防止制动过程中的车轮抱死，保持汽车制动过程中的方向稳定性和操纵性。ASR 则可以防止行驶过程中的车轮打滑（空转），保持汽车行驶过程中的方向稳定性和操纵性。

驱动轮制动控制方式比发动机转矩控制方式反应速度快，能有效地防止汽车起步时或者从高附着系数路面突然进入低附着系数路面时的车轮空转。制动控制方式还能对每个驱动轮独立控制，其效果相当于差速器锁止装置的作用。

发动机转矩控制方式则是根据路面状况，利用燃料喷射量、点火时间、节气门开度来调整发动机的输出转矩，以提供车轮最佳的驱动力矩。

5）前、后轮距

当汽车在松软地面上行驶时，各车轮都需克服形成轮辙的阻力。如果前后轮距相等，并且轮胎宽度相同，则前后轮辙重合，后轮就可沿已被前轮压实的轮辙行驶，可使总的滚动阻力减小，提高汽车的通过性。

6）液力传动

装有液力变矩器或液力耦合器的汽车，起步时扭矩增加平缓，避免了对路面的冲击，同时，不用换挡也能提高扭矩，提高了汽车的通过性。

7）驱动轮的数目

增加驱动轮的数目，可以提高相对附着质量，从而获得较大的驱动力。越野汽车均采用全轮驱动。

2. 使用因素

1）轮胎花纹

轮胎花纹对附着系数影响很大。越野汽车应选用具有宽而深花纹的轮胎，这是因为在松软地面上行驶时，轮胎花纹嵌入土壤，使附着能力提高；而汽车在潮湿路面上行驶时，只有花纹的凸起部分与路面接触，提高了单位压力，有利于挤出水分，提高附着系数。

2）轮胎气压

汽车在松软路面上行驶时，降低轮胎气压可以使轮胎与路面接触面积增加，从而降低轮胎对路面的单位压力，使路面变形减小，轮胎受到的道路阻力下降。而在硬路面上行驶时，适当提高轮胎压力可以减小轮胎变形，使行驶阻力变小。故有的越野汽车装有中央充气系统，驾驶员在驾驶室内可根据路面情况调整轮胎气压。

3）防滑链

在表面为泥泞或冰冻而下层坚硬的道路上，提高通过性的最简单方法是在驱动轮上装防滑链，使链条直接与地面坚实部分接触，提高了附着力。

4）驾驶技术

驾驶技术对汽车通过性影响很大。为提高通过性，应注意以下几点：

（1）汽车通过松软地段时，应尽量使用低速挡，以使汽车具有较大的驱动力和较低的行驶速度；尽量避免换挡和加速，尽量保持直线行驶。

（2）驱动轮是双胎的汽车，如因双胎间夹泥而滑转，可适当提高车速，以甩掉夹泥。

（3）若传动系装有强制锁止式差速器，则应在汽车进入车轮可能滑转地段之前挂上差速锁。如果已经出现滑转而再挂差速锁，这时土壤表面被破坏，附着系数下降，效果会显著下降。当汽车离开坏路地段后，应及时脱开差速锁，以免影响转向。

（4）汽车通过滑溜路面时，可以在驱动轮轮胎上套上防滑链条，以提高车轮的附着能力。

学习测试

一、填空题

（1）汽车的接近角越大，汽车接近障碍物时，越不容易发生 _____ ；汽车的离去角越大，汽车驶离障碍物时，越不容易发生 _____ 。

（2）汽车的通过性主要决定于汽车的 _____ 及 _____ ，也与汽车的 _____ 、_____ 、_____ 、_____ 等密切相关。

（3）间隙失效可分为 _____ 、_____ 、_____ 等。

（4）通过性的几何参数主要有 _____ 、_____ 、_____ 、_____ 等。

（5）汽车克服垂直障碍物的能力与 _____ 和 _____ 有关，也与 _____ 有关。

（6）越野汽车一般要增设 _____ 或具有 _____ ，以增大传动系的总传动比，获得足够大的驱动力。

（7）汽车在松软的路面上行驶时，轮胎气压应 _____ ，而在硬路面上行驶时，应适当 _____ 轮胎气压。

二、判断题

（1）最小离地间隙不足，纵向和横向通过半径大，都容易引起"顶起失效"。（ ）

（2）全轴驱动汽车比单轴驱动汽车越过台阶的能力强；路面附着条件越好，汽车能越过更高的台阶。（ ）

（3）最小离地间隙表示汽车无碰撞地越过小丘和拱桥的能力。（ ）

（4）接近角和离去角表示汽车的横向通过能力。（ ）

（5）拱形轮胎在硬路面上以及沙漠、雪地、沼泽和田间行驶时都具有良好的通过性。（ ）

（6）为使全车的行驶阻力减小，提高通过性，现代越野汽车普遍采用双并胎，各轴轮距相等。（　　）

三、选择题

（1）汽车的通过性与下列哪些能力无关？（　　　）

A. 汽车爬坡度　　　　B. 汽车加速能力　　　C. 汽车转弯能力　　　　D. 防滑能力

（2）下列哪些参数不是关于汽车通过性的几何参数？（　　　）

A. 轮胎胎压　　　　　　　　　　　　B. 轮胎直径

C. 接近角　　　　　　　　　　　　　D. 汽车最小转弯半径

四、问答题

（1）什么叫汽车的通过性？

（2）汽车的哪些几何参数与通过性有关？

（3）什么叫最小转弯半径？什么叫内轮差？

（4）为什么越野车要采用全轮驱动？

模块 7　汽车前照灯和车速表检测

学习任务 1　汽车前照灯检测

学习目标

(1) 理解汽车前照灯检测的重要性；
(2) 了解汽车前照灯检测仪的结构与工作原理；
(3) 掌握前照灯的检测标准和检测方法；
(4) 能正确使用前照灯检测仪对汽车进行检测。

任务分析

在行车过程中，汽车受到振动后，可能会引起前照灯部件的安装位置发生变动，从而改变光束的正确照射方向；同时，灯泡在使用过程中会逐步老化，反射镜也会因受到污染而使其聚光的性能变差，导致前照灯的亮度不足。这些变化都会使驾驶员对前方道路情况辨认不清，或在与对面来车交会时造成对方驾驶员眩目等，从而导致事故的发生。为了保证汽车在使用过程中具有良好的照明性能，在新车出厂、汽车年检及平时汽车安全性能检测中，都要利用专用检测仪对汽车前照灯进行检测，只有前照灯符合国家标准才能上路行驶。要能科学地利用检测设备正确地检测出前照灯的技术状况，就必须熟悉前照灯的检验指标及配光特性、前照灯的检验标准、前照灯检验仪的结构以及检验仪的正确使用等知识。

任务实施

【项目 1】　前照灯的检验指标和配光特性认知

汽车前照灯由灯泡、反光镜和配光镜构成，有远、近两种灯光。前照灯在汽车上的安装数量一般有二灯制和四灯制。

1. 汽车前照灯的检验指标

1) 发光强度
发光强度是光线在给定方向上发光强弱的度量，其单位为坎德拉，用符号 cd 表示。按国际标准单位 SI 的规定，若一光源在给定方向上发出频率 540×10^{12} Hz 的单色辐射，且在此方向上的辐射强度为每球面度 1/683 W，则此光源在该方向上的发光强度为 1 cd。

　　照度表明受光物体被光源照明的程度，其单位为勒克斯，用符号 lx 表示。1 勒克斯也等于 1.02 cd 的点光源在半径为 1 m 的球面上产生的光照度。在前照灯发光强度不变的情况下，被照物体离光源越远，被照明的程度越差，照度越小。若发光强度用 I(cd)表示，照度用 E(lx)表示，前照灯距被照物体的距离为 S(m)，则三者之间的关系为

$$E = \frac{I}{S^2} \tag{7-1}$$

　　图 7-1 所示为前照灯主光束照度随距离的变化曲线。可以看出，距离超过 5 m 时，实测值和理论计算值基本一致；距离为 3 m 时，约产生 15% 左右的误差。可见距离越远，越能得到准确的测量值。但由于受到场地限制，在用前照灯检测仪测量时，通常采用在前照灯前方 3 m、1 m、0.5 m、0.3 m 的距离进行测量，并将该测量值当作前照灯前方 10 m 处的照度。

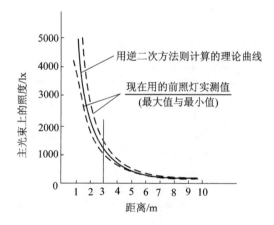

图 7-1　前照灯主光束照度随距离的变化曲线

2) 光束照射方位的偏移值

　　如果把前照灯最亮的地方看做光束的中心，则它对水平、垂直坐标轴交点的偏离，即表示它的照射方位的偏移，其偏移的尺寸就是光束照射方位的偏移值，亦称光轴的偏斜量。

2. 前照灯的配光特性

　　用等照度曲线表示的明亮度分布特征称为配光特性，亦称光形分布特性。前照灯的配光特性有 SAE(对称)配光和 ECE(非对称)配光两种。

1) SAE 配光方式

　　SAE 配光方式也称为美国配光方式，见图 7-2。远光灯丝位于反射镜焦点处，所发出光线经反射沿光学轴线方向射向远方；近光灯丝位于焦点之上，所发出的光线经反射后，大部分向下倾斜，从而下部较亮而上部较暗，所形成的光形分布是水平方向宽、垂直方向窄。若等照度曲线左右对称，不偏向一边，上下扩展不太宽，就是好的配光特性。SAE 配光方式的近光照射在屏幕上的光斑没有明显的明暗截止线。

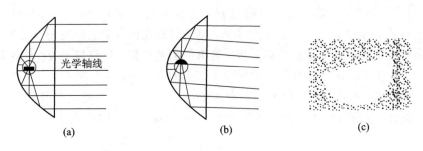

图 7 - 2　SAE 配光

(a) 近光；(b) 远光；(c) 近光照在屏幕上的光斑

2）ECE 配光方式

ECE 配光方式也称为欧洲配光方式。其远光配光与 SAE 配光方式相同；但近光灯丝位于反射镜焦点之前，且在灯丝下设一遮光屏。这样，近光光线只落在反射镜上半部分而向下倾斜反射，照到屏幕上时，可看到明显的明暗截止线和明暗截止线转角点的光斑，见图 7 - 3。

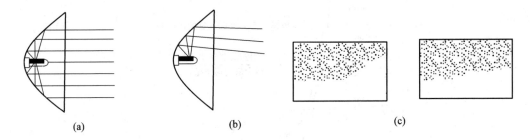

图 7 - 3　ECE 配光

(a) 远光；(b) 近光；(c) 近光照在屏幕上的光斑

ECE 配光方式有两种：一种在配光屏幕上，明暗截止线的水平部分在 $V-V$ 线（即汽车纵向中心平面在屏幕上的投影线）的左半边（如图 7 - 4(a)所示），右半部分为与前照灯基准中线高度水平线 $h-h$ 成 15°斜线向上倾斜；另一种称为 Z 形配光方式，其明暗截止线的左半部分在 $h-h$ 线下 25 mm 处，右半部分则与水平线成 45°角向上倾斜，至与 $h-h$ 线重合后成为水平线，明暗截止线在屏幕上呈 Z 字形（如图 7 - 4(b)所示）。我国前照灯的近光灯采用 Z 形配光方式，其配光性能在 GB 4599—1994《汽车前照灯配光性能》中作了具体规定。

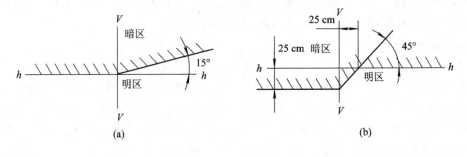

图 7 - 4　近光配光方式

【项目 2】   汽车前照灯的检测

1. 前照灯检测仪的原理与结构

1）前照灯检测仪的检测原理

汽车前照灯检测仪，通过采用能把吸收的光能变成电流的光电池作为传感器，按照前照灯光轴照射光电池产生电流的大小和比例，来测量发光强度和光轴偏斜量。

（1）光电池工作原理。

光电池是一种光电元件，前照灯检测仪上用的主要是硒光电池。硒光电池受光照后，光使金属膜和非结晶硒的上下部产生电动势，由于光电池的上部带负电，下部带正电，因此在金属膜和铁底板上装上引出线后，再把它们用导线连接起来，光电流就可使电流表指针作相应的偏转。这样通过光与电转换，从指针偏转的大小就可以判断出前照灯的发光强度和光轴的方向。

（2）发光强度的检测原理。

图 7-5 中的发光强度检测电路由光度计、光电池和可变电阻构成。当前照灯在规定距离处照射光电池时，光电池产生与受光强弱成正比的电流，使光度计的指针偏转，经标定后，其指针偏转的大小便可反映前照灯的发光强度。

（3）光轴偏斜量的检验原理。

图 7-6 所示光轴检测电路中有四块光电池，在 $S_{上}$ 和 $S_{下}$ 之间接有上下偏斜指示计，在 $S_{左}$ 和 $S_{右}$ 之间接有左右偏斜指示计。打开前照灯，四块光电池各自产生电流，根据 $S_{上}$ 和 $S_{下}$、$S_{左}$ 和 $S_{右}$ 的电流的差值，使上下偏斜指示计和左右偏斜指示计动作。

如果光电池属于无偏斜受光情况，则上下偏斜指示计和左右偏斜指示计的指针均垂直向下，处于 0 位。如果光轴偏离了中心位置，则偏斜指示计的指针偏离 0 点，其偏移量反映了光轴偏斜量。通过适当的调节机构调整光线照射光电池的光照位置，可使偏斜指示计的指针指向 0 位，那么，此调节量也就反映了光轴的偏斜量。

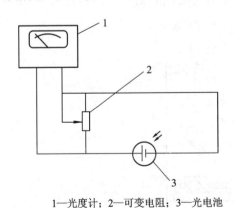

1—光度计；2—可变电阻；3—光电池

图 7-5   发光强度的检测方法

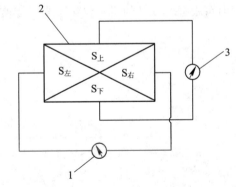

1—左右偏斜指示计；2—光电池；3—上下偏斜指示计

图 7-6   光轴偏斜量测量方法

2）前照灯检测仪的类型与构造

前照灯检测仪都是由接收前照灯光束的受光器、使受光器与汽车前照灯对正的校准装置、前照灯发光强度指示装置、光轴偏斜方向和偏斜量指示装置以及支柱、底板、导轨、汽车摆正找准装置等组成的。根据测量距离和测量方法，前照灯检测仪可分为以下几种。

（1）聚光式前照灯检测仪。

聚光式前照灯检测仪如图7-7所示。它是在1m的测量距离内，用受光器的聚光透镜把前照灯的散射光束聚合起来，根据其对光电池的照射强度，来检验前照灯的发光强度和光轴偏斜量的。根据检测的方法不同，聚光式前照灯检测仪可分为下列几种形式：

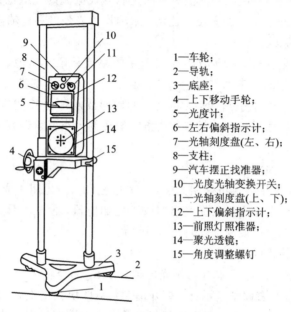

1—车轮；
2—导轨；
3—底座；
4—上下移动手轮；
5—光度计；
6—左右偏斜指示计；
7—光轴刻度盘(左、右)；
8—支柱；
9—汽车摆正找准器；
10—光度光轴变换开关；
11—光轴刻度盘(上、下)；
12—上下偏斜指示计；
13—前照灯照准器；
14—聚光透镜；
15—角度调整螺钉

图7-7 聚光式前照灯检测仪

① 移动反射镜式。如图7-8所示，前照灯的散射光束经聚光透镜聚合和反射镜反射后，照射到光电池上，若转动光轴刻度盘，则反射镜的安装角度将随之变化，照射光电池的光束位置也随之变化，从而使光轴偏斜指示计的指针产生偏转。检测时，转动光轴刻度盘使光轴偏斜指示计的指针指示为零，此时，从光轴刻度盘的刻度可读到光轴的偏斜量，同时可根据光度计的指示得出发光强度值。

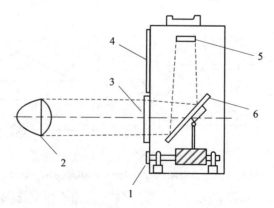

1—光轴刻度盘；2—前照灯；3—聚光透镜；
4—光轴偏斜指示计；5—光电池；6—反射镜

图7-8 移动反射镜检测法

② 移动光电池式。如图 7 - 9 所示，若转动光轴上下或左右刻度盘，则光电池随之移动，光电池的受光面位置也将相应发生变化，从而使光轴偏斜指示计指针产生偏转。在检测时，转动光轴刻度盘使光轴偏斜指示计的指针指示为零，此时，从光轴刻度盘上即可得到光轴的偏斜量，同时可根据光度计的指示得出发光强度值。

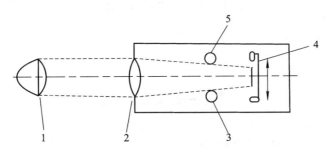

1—前照灯；2—聚光透镜；3、5—光轴刻度盘；4—光电池

图 7 - 9　移动光电池式检测法

③ 移动透镜式。如图 7 - 10 所示，将聚光透镜和光电池用特殊的连接器连成一体，移动与其联动的光轴检测杠杆，光轴偏斜指示计的指针将产生偏转。在检测时，移动光轴检测杠杆，使光轴偏斜指示计的指针为零，根据与杠杆相联动的指针指示值即可得出光轴的偏斜量，同时可根据光度计的指示得出发光强度值。

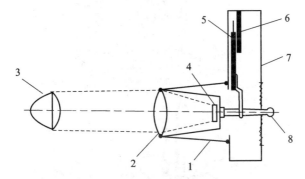

1—连接器；2—聚光透镜；3—前照灯；4—光电池；
5—指针；6—光轴刻度盘；7—外壳；8—光轴检测杠杆

图 7 - 10　移动透镜式检测法

（2）屏幕式前照灯检验仪。

屏幕式前照灯检验仪如图 7 - 11 所示。在固定的屏幕上装有可以左右移动的活动屏幕，活动屏幕上装有能上下移动的内部带光电池的受光器。检验时，移动受光器和活动屏幕，使光度计的指示值最大，指示值即为发光强度值，该位置即为主光轴照射位置，从装在屏幕上的两个光轴刻度尺即可读得光轴偏斜量。

（3）投影式前照灯检验仪。

投影式前照灯检验仪如图 7 - 12 所示。在聚光透镜的上下和左右方向装有四个光电池。前照灯光束的影像通过聚光透镜、光度计的光电池和反射镜后，映射到投影屏上。在检测时，通过上下和左右移动受光器使光轴偏斜指示计的指针指向零位，即上下与左右光电池的受光量相等，从而找到被测前照灯主光轴的方向。然后根据投影屏上前照灯光束影

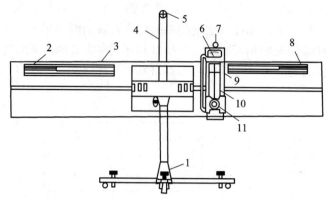

1—底座；2—光轴刻度尺(左)；3—固定屏幕；4—支柱；5—车辆摆正找准器；6—光度计；
7—对正前照灯照射器；8—光轴刻度尺(右)；9—活动屏幕；10—光轴刻度尺(上、下)；11—受光器

图 7 - 11　屏幕式前照灯检验仪

像的位置，即可得出主光轴的偏斜量；同时可从光度计的指示值得出发光强度。

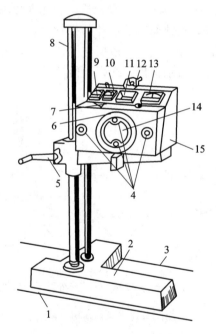

1—车轮；2—底座；3—导轨；4—光电池；5—上下移动手柄；6—光轴刻度盘(上、下)；
7—光轴刻度盘(左、右)；8—支柱；9—左右偏斜指示计；10—上下偏斜指示计；11—投影屏；
12—车辆摆正找准器；13—光度计；14—聚光透镜；15—受光器

图 7 - 12　投影式前照灯检验仪

常用的光轴测量方法有以下两种：

① 投影屏刻度式检测主光轴偏斜量的方法。在投影屏上刻有表示光轴偏斜量的刻度线，根据前照灯影像中心在投影屏上所处的位置，就可以直接测出光轴偏斜量。

② 光轴刻度盘式检测主光轴偏斜量的方法。转动光轴刻度盘，使前照灯影像中心与投影屏坐标原点重合，然后由光轴刻度盘上的刻度即可看出光轴的偏斜量。

（4）自动追踪光轴式前照灯检验仪。

自动追踪光轴式前照灯检验仪采用受光器自动追踪光轴的方法检测发光强度和光轴偏斜量。如图 7-13 所示，在受光器聚光透镜的上下与左右装有四个光电池，受光器内部也装有四个光电池，分别构成主、副受光器，透镜后中央部位装有中央光电池。

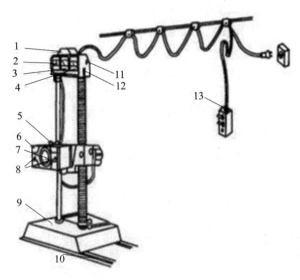

1—在用显示器；2—左右偏斜指标计；3—光度计；4—上下偏斜指示计；5—车辆摆正找准器；6—受光器；
7—聚光透镜；8—光电元件；9—控制箱；10—导轨；11—电源开关；12—保险丝；13—控制盒

图 7-13　自动追踪光轴式前照灯检验仪

检测时，将检测仪放在前照灯前方 3 m 的检测距离处。当前照灯光束照射到受光器上时，若前照灯光束照射方向偏斜，则主、副受光器上下或左右光电池的受光量不等，它们分别产生的电流失去平衡，由其电流的差值控制受光器上下移动的电动机或控制箱左右移动的电动机运转，并通过钢丝绳牵动受光器上下移动或驱动控制箱在轨道上左右移动，直到受光器上下、左右光电池受光量相等为止。这就是所谓的自动追踪光轴，追踪时受光器的位移由光轴偏斜指示计指示，发光强度由光度计指示。自动追踪光轴式前照灯检验仪的检测方法较简单、方便，其检测的自动化程度和检测效率高，也便于和其他检测设备联成汽车全自动检测线。

2. 汽车前照灯的检测方法

汽车前照灯的检测方法因仪器型号、厂家有所不同，应根据使用说明书进行操作。这里仅介绍一般的检测方法。

1）检测前的准备

（1）检测仪的准备。

① 在前照灯检测仪不受光的情况下，调整前照灯检测仪光度计和光轴偏斜指示计指针的机械零点。

② 检查聚光透镜和反射镜的镜面上有无污物。若有，可用柔软的布或镜头纸擦拭干净。

③ 检查水准器的技术状况。若水准器无气泡，则应进行修理；若气泡不在红线框内，

则可用水准器调节器或垫片进行调整。

④ 检查导轨是否沾有泥土等杂物。若有，应扫除干净。

（2）被测车辆的准备。

① 清除前照灯上的污垢。

② 轮胎气压应符合汽车制造厂的规定。

③ 汽车蓄电池应处于充足电状态。

2）检验方法

不同类型的检测仪其检测方法是有差异的。

（1）聚光式前照灯检测仪。

① 将被测汽车驶近规定距离，且与检测仪导轨垂直。

② 用车辆找准器使检测仪与汽车对正。

③ 打开前照灯，用前照灯找准器使检测仪与前照灯对正。

④ 将光度、光轴转换开关扳向光轴侧。

⑤ 转动光轴刻度盘，使光轴偏斜指示计指零，此时光轴刻度盘上的指示值即为光轴偏斜量。

⑥ 光轴刻度盘不动，将光度、光轴转换开关拨向光度侧，此时光度计的指示值即为前照灯的发光强度值。

（2）屏幕式前照灯检测仪。

① 将被测车辆驶近检测仪，且距检测仪 3 m，方向垂直于检测仪导轨。

② 用车辆找准器使检测仪与汽车对正。

③ 打开前照灯，用前照灯找准器使检测仪与前照灯对正（将固定屏幕调整到和前照灯同样高度，受光器与前照灯中心重合）。

④ 使左右光轴刻度尺的零点与活动屏幕上的基准指针对正。

⑤ 将受光器上下左右移动，使光度计指示达到最大值，此时受光器上基准指针所指活动屏幕的上下刻度值和活动屏幕上基准指针所指固定屏幕左右刻度值即为光轴的偏斜量。

⑥ 光度计上的指示值，即为前照灯发光强度值。

（3）投影式前照灯检测仪。

① 将被测车辆尽可能与导轨保持垂直方向驶近检验仪，使前照灯与检验仪受光器相距 3 m。

② 用汽车摆正找准器使检验仪与被测车辆对正。

③ 开亮前照灯，移动检验仪，使光束照射到受光器上，并使上下和左右光轴偏斜指示计指示值为零。此时，根据投影屏上前照灯光束影像位置，即可得出光轴的偏斜量。

④ 根据光度计上的指示值，即可得出前照灯的发光强度。

（4）自动追踪光轴式前照灯检测仪。

① 将被测车辆尽可能与导轨保持垂直方向驶近检验仪，使前照灯与检验仪受光器相距 3 m。

② 用汽车摆正找准器使检验仪与被测车辆对正。

③ 开亮前照灯，接通检验仪电源，用控制器上的上下、左右控制开关移动检验仪的位置，使前照灯光束照射到受光器上。

④ 按下控制器上的测量开关，受光器随即追踪前照灯光轴，根据光轴偏斜指示计和光度计的指示值，即可得出光轴偏斜量和发光强度。

除了使用前照灯检测仪检测之外，还可以使用屏幕法检测前照灯光束照射位置。

GB 7258—2004《机动车运行安全技术条件》附录 D《前照灯光束照射位置检验方法》中规定，用屏幕法检测前照灯光束照射位置时，场地应平整，屏幕与场地应垂直，被检验的车辆应为空载、轮胎气压正常、乘坐 1 名驾驶员。将车辆停置于屏幕前，并与屏幕垂直，使前照灯基准中心距屏幕 10 m，在屏幕上确定与前照灯基准中心离地面距离 H 等高的水平基准线及以车辆纵向中心平面在屏幕上的投影线为基准确定的左右前照灯基准中心位置线，分别测量左右远近光束的水平或垂直照射方位的偏移值，如图 7 - 14 所示。

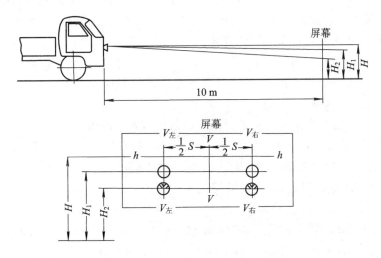

图 7 - 14　用屏幕法检测前照灯光束的照射位置

在屏幕上画有三条垂直线和三条水平线：中间垂直线 $V-V$ 与被检车辆的纵向中心垂直面对齐。两侧的垂直线 $V_左-V_左$ 和 $V_右-V_右$ 分别为被检车辆左右前照灯基准中心的垂直线。水平线中的 $h-h$ 线与被检车辆前照灯的基准中心等高，距地面高度为 H。H 为被检车辆前照灯基准中心距地面的高度，其值视被检车型而定。中间水平线与被检车辆前照灯远光光束的中心等高，距地面高度为 H_1；下侧水平线与被检车辆前照灯近光光束的中心等高，距地面高度为 H_2。

检测时，先遮盖住一边的前照灯，然后打开前照灯的近光开关，未被遮盖的前照灯的近光明暗截止线转角或光束中心应落在图中下边水平线与 $V_左-V_左$ 和 $V_右-V_右$ 线的交点位置上，否则为光束照射位置偏斜，其偏斜方向和偏斜量可在屏幕上直接测量。用同样的方法，检测另一边前照灯近光光束照射位置。

根据检测标准，检测调整前照灯光束的照射位置时，对远、近双光束灯应以检测调整近光光束为主。对于远光单光束前照灯，则要检测远光光束的照射位置，其光束中心应落在中间水平线与 $V_左-V_左$ 和 $V_右-V_右$ 线的交点位置上。

用屏幕法检测前照灯简单易行，但只能检测出光束的照射位置，不能检测发光强度。为适应不同车型的检测，需经常更换屏幕，检测效率低，同时，需要占用较大场地。因此，目前广泛采用前照灯校正仪对汽车前照灯进行检测。

3. 检测标准限值及检测结果分析

汽车前照灯的配光性能和法规有两个：一是欧洲经济共同体 ECE 法规配光性能标准；另一是美国 FVMSS（联邦汽车安全标准）108 号标准，它相当于 ECE 法规 76/756，也就是 SAE 法规配光性能标准。我国采用了类似于 ECE 的前照灯配光性能标准，在国家标准 GB 7258－2004《机动车运行安全技术条件》中，对前照灯的发光强度及光束照射位置有如下规定。

1）检测标准限值

（1）前照灯光束照射位置的检验标准。

根据 GB 7258－2004《机动车运行安全技术条件》的规定，汽车前照灯的检验指标为光束照射位置的偏移值和发光强度（cd）。前照灯光束照射位置应符合以下要求：

① 检验前照灯的近光光束照射位置时，在距离屏幕 10 m 处，乘用车前照灯近光光束明暗截止线转角或中点的高度应为 $0.7H\sim0.9H$（H 为前照灯基准中心高度），其他机动车应为 $0.6H\sim0.8H$；机动车前照灯近光光束水平方向位置向左偏不允许超过 170 mm，向右偏不允许超过 350 mm。

② 检验前照灯远光光束及远光单光束灯照射位置时，在距离屏幕 10 m 处，要求在屏幕上光束中心离地高度，对乘用车为 $0.9H\sim1.0H$，其他机动车为 $0.8H\sim0.95H$。机动车前照灯远光光束水平位置要求，左灯向左偏移不允许超过 170 mm，向右偏移不允许超过 350 mm；右灯向左或向右偏移均不允许超过 350 mm。

（2）前照灯发光强度的检验标准。

GB 7258—2004《机动车运行安全技术条件》规定，机动车每只前照灯的远光光束发光强度应达到表 7.1 的要求。测试时，其电源系统应处于充电状态。

表 7.1　前照灯远光光束发光强度最小值要求　　　　单位：cd

机动车类型	检查项目			
	新注册车		在用车	
	两灯制	四灯制	二灯制	四灯制
最高设计车速小于 70 km/h 的汽车	10000	8000	8000	6000
其他汽车	18000	15000	15000	12000

注：四灯制是指前照灯具有四个远光光束；采用四灯制的机动车，其中两只对称的灯达到两灯制的要求时视为合格。

2）检测结果分析

前照灯检验不合格有两种情况：一是前照灯发光强度偏低；二是前照灯照射位置偏斜。

（1）前照灯发光强度偏低。前照灯发光强度偏低又有下列几种情况：

① 左右前照灯发光强度均偏低。

• 检查前照灯反光镜的光泽是否明亮，如昏暗或镀层剥落或发黑应予以更换。

• 检查灯泡是否老化，质量是否符合要求，如老化或质量不符合要求，光度偏低者应更换。

● 检查蓄电池端电压是否偏低，如端电压偏低，应先充足电再检测。送检汽车普遍存在蓄电池电量不足、端电压偏低的现象。如由蓄电池供电，前照灯发光强度一般很难达到标准的规定；如由发电机供电，则大部分汽车前照灯发光强度增加，多数可达到标准规定。

② 左右前照灯发光强度不一致。检查发光强度偏低的前照灯的反射镜光泽是否灰暗，灯泡是否老化，质量是否符合要求，一般多为搭铁线路接触不良或变光开关接触不良。

③ 所有灯都不亮。蓄电池至总开关之间的火线断路；灯总开关损坏；电源总保险丝熔断；电子自动变光器损坏（对于电子控制前照灯）；远光或近光灯的导线都断路或接触不良；前照灯搭铁不良。

④ 远光或近光不亮。变光开关或自动变光器损坏；远光或近光灯的导线有一根断路；双丝灯泡的远光或近光灯丝有一根烧断；灯光继电器损坏；传感器损坏。

⑤ 前照灯灯光暗淡。保险丝松动；导线接头松动；前照灯开关或继电器触点接触不良；发动机输出电压低，用电设备漏电，负荷过大。

⑥ 灯泡经常烧坏。发电机输出电压过高。

（2）前照灯光束照射位置偏斜。前照灯安装位置不当或因强烈震动而错位，致使光束照射位置偏斜超标时，应予以调整。前照灯光束照射位置偏斜的调整可在前照灯检验仪上进行。先将左右及上下光轴刻度盘旋钮置于所需要调整的方位上，然后调整被检前照灯的安装螺钉，直至左右指示表及上下指示表指针均指向零点即可。

4．汽车前照灯检测仪的使用及维护

1）使用注意事项

（1）检测仪要事先调整水平。

（2）检测仪不要受外来光线的影响。

（3）必须在汽车保持空载并乘坐 1 名驾驶员的状态下检测。

（4）汽车有四个前照灯时，一定要把辅助前照灯遮住后再进行测量。

（5）开亮前照灯受光器后，一定要使光电池灵敏度稳定后再进行测量。

（6）仪器不用时，要用罩子把受光器盖好，并注意不要受潮、受冲击或让阳光直射。

2）前照灯检测仪的维护

对于前照灯检测仪，应制定良好的维护制度和建立维修档案。建议每三个月对仪器校准或标定一次，以提高维护水平。下面以全自动前照灯检测仪为例，进行简单说明：

（1）导轨应每日清洗，其运行表面不得有砂粒、油泥及其他阻碍仪器运行的异物。

（2）前立柱应每日清洁，防止灰尘积聚。每日工作前，应为其加上适量的 20 号机油，以保证润滑良好。

（3）受光面正面的玻璃镜应经常用软布擦拭，不应有灰尘、油雾等阻碍光线透射的异物存在。

（4）后立柱每周至少清洁一次，并加上适量的 20 号机油，以保证润滑良好。

（5）传动链条每日清洁一次（可用棉布浸润汽油抹洗），并加上适量的 20 号机油或钙基润滑脂。

（6）传动轴承应每月加钙基润滑脂一次。

学习测试

一、填空题

（1）汽车前照灯由_____、_____和_____构成，有远、近两种灯光。

（2）汽车前照灯的检验指标有_____和_____。

（3）前照灯的配光特性有_____和_____两种。

（4）根据测量方法的不同，聚光式前照灯检验仪可以分为_____、_____、_____等三种类型。

二、判断题

（1）前照灯检测不合格有两种情况：一是前照灯发光强度偏低，二是前照灯照射位置偏斜。（　　）

（2）发光强度的计量单位是 lx，可用前照灯检测仪测出。（　　）

（3）检验前照灯远光光束及远光单光束灯照射位置时，在距离屏幕 10 m 处，要求在屏幕上光束中心离地高度，对乘用车为 $0.9H \sim 0.95H$，其他机动车为 $0.8H \sim 0.90H$。（　　）

（4）检测对称光前照灯的检测仪所采用的标准是美国 SAE 标准。（　　）

三、选择题

（1）检测汽车前照灯时，被测车辆需要做清除前照灯上的污垢、汽车蓄电池应处于充足电状态、（　　）等准备。

　　A. 轮胎气压应符合规定　　　　　　B. LED 灯应该更换

　　C. 轮胎尺寸符合规定　　　　　　　D. 车辆应该处于满载

（2）GB 7258－2004《机动车运行安全技术条件》规定，对于车速大于 80 km 装有两只前照灯的机动车，每只前照灯的远光光束发光强度应达到（　　）要求。

　　A. 18000 cd　　　B. 12000 cd　　　C. 15000 cd　　　D. 8000 cd

（3）检验前照灯远光光束及远光单光束灯照射位置时，要求在屏幕上光束中心离地高度，对乘用车为（　　）。

　　A. 0.8H～0.95H　B. 0.9H～1.0H

　　C. 0.85H～0.90H　D. 0.95H～1.0H

（4）检验前照灯近光光束及远光单光束灯照射位置时，机动车前照灯远光光束水平位置要求，左灯向左偏移不允许超过（　　），向右偏移不允许超过（　　）。

　　A. 170 mm、100 mm　　　　　　　B. 170 mm、170 mm

　　C. 170 mm、250 mm　　　　　　　D. 170 mm、350 mm

（5）检验前照灯远光光束及远光单光束灯照射位置时，机动车前照灯远光光束水平位置要求，右灯向左或向右偏移均不允许超过（　　）。

　　A. 170 mm　　　B. 100 mm　　　C. 250 mm　　　D. 350 mm

（6）按照我国的交通法规，汽车前照灯的照射方向应该是（　　）。

　　A. 偏左偏下　　　B. 偏右偏下　　　C. 水平偏左　　　D. 水平偏右

（7）（　　）会使驾驶员对前方道路情况辨认不清，或在与对面来车交会时造成对方驾驶员眩目等，从而导致事故的发生。

　　A. 发光强度变强　　　　　　　　　B. 发光强度变弱、照射方向变化

C. 照射方向变化　　　　　　　　　D. 发光强度变弱

（8）机动车每只前照灯的远光光束发光强度对于最高设计车速小于 70 km/h 的二灯制的在用车应达到（　　）。

A. 6000 cd　　　B. 15 000 cd　　　C. 8 000 cd　　　D. 12 000 cd

（9）根据测量距离和测量方法，前照灯检测仪可分为聚光式、屏幕式、投影式和_____式。（　　）

A. 标准　　　　　B. 分散　　　　　C. 自动跟踪光轴　D. 主动

四、问答题

（1）前照灯检测的目的是什么？

（2）对前照灯灯光的检测有哪些要求？四灯制与两灯制的要求有什么不同？

（3）前照灯的光学特性有哪些？

（4）比较屏幕法检测和检测仪检测的特点，说明为什么在自动安检线上应使用检测仪？

（5）前照灯检测仪有哪几种类型？

（6）全自动前照灯检测仪是如何实现自动追踪光轴的？

（7）汽车前照灯如何进行调整？

学习任务 2　汽车车速表检测

学习目标

（1）理解车速表误差的形成原因；

（2）掌握汽车车速表试验台的结构与工作原理；

（3）理解车速表检测标准与结果分析；

（4）能正确使用汽车车速表试验台。

任务分析

汽车驾驶室内仪表台（图 7-15）上的车速表是驾驶员判断汽车行驶速度的重要仪表，它能随时向驾驶员提供车速信息，为驾驶员正确控制车速提供重要依据。

图 7-15　汽车驾驶室内的仪表台

车速表经长期使用后，其指示误差会越来越大，车速表指示不准或出现故障将直接影响驾驶员对行车速度的判断，从而影响到行车的安全。因此，为保障行车的安全，国家标准（GB7258—2004《机动车运行安全技术条件》）对汽车车速表指示的要求做出了具体规定，并将车速表的检测列为汽车安全性能的必检项目。本任务要求学生能利用车速表试验台科学地检测出车速表的技术状况。

任务实施

为了保障在用汽车的车速表符合国标要求，国家规定所有汽车必须定期进行检测，一旦发现汽车车速表误差超出规定范围，便要对汽车车速表系统进行检修，只有恢复到正常误差范围之内才能上路行驶。不管是对汽车进行检修还是对汽车进行检测，都必须由汽车维修专业人员完成。汽车维修专业人员要完成上述检测及检修任务，就必须掌握汽车车速表试验台的结构、工作原理及科学操作等知识。

【项目1】 车速表误差的形成与测量原理认知

1. 车速表误差形成的原因

汽车车速表的误差往往会随着汽车使用时间的延长而逐渐增大。造成车速表失准的原因主要有两个方面：一方面是车速表自身的问题；另一方面与轮胎的状况有关。

1）车速表自身的原因

不论是磁电式或电子式车速表，其主轴都是由与变速器相连的软轴驱动的。对于磁电式车速表（车速表常与里程表做在一起，如图7-16所示），当主轴旋转时，与主轴固定连接的永久磁铁也一起旋转，其磁场会在铝罩上感应涡流，产生的涡流力矩能引起铝罩偏转并带动游丝和指针偏转，最后达到涡流力矩与游丝的弹性反力矩相平衡。车速越高，涡流力矩越大，指针偏转的角度也越大。对于电子式车速表来说，主轴的转动会引起传感器产生与主轴转速成正比的脉冲信号，经电子线路放大后，送到仪表引起指针偏转或给出数字指示。

随着汽车行驶里程的增加，车速表内带指针的活动转盘、带永久磁铁的转轴以及轴承、齿轮、游丝等机械零件和磁性元件在工作过程中不可避免地要产生磨损，永磁元件可能退磁老化，这些因素都会造成车速表指示值误差增大。

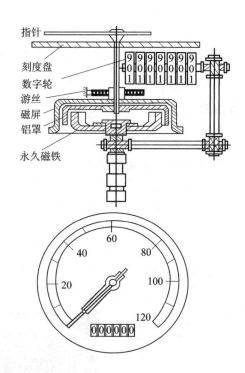

图7-16 磁电式车速表

2）轮胎方面的原因

由车速表的工作原理可知，车速表的指示值与车轮的转速成正比，而汽车行驶的速度相当于驱动轮的线速度，显然线速度不仅与转动速度有关，还与车轮的半径有关。

理论上，若驱动轮半径为 r，其转速为 n，则可以算出汽车行驶的线速度为

$$v = 0.377 \frac{rn}{i_g i_0} \qquad (7-2)$$

式中：v——汽车行驶速度（km/h）；

　　　　r——车轮滚动半径（mm）；

　　　　n——发动机的转速（r/min）；

　　　　i_g——变速器传动比；

　　　　i_0——主减速器传动比。

实际上，由于轮胎是一个充气的弹性体，因此汽车行驶时，轮胎在受到垂直载荷、车轮驱动力和地面阻力等作用下会发生弹性变形；另外，由于轮胎磨损、气压不符合标准（过高或不足）等原因也会影响车轮半径的变化。因此，即使在驱动轮转速不变（车速表的指示值也不变）的情况下，上述原因也会引起实际车速与车速表指示值不一致的现象。因此，为了行车安全，定期校验车速表是十分必要的。

2. 车速表误差的测量

车速表误差的测量原理是以车速表试验台的滚筒作为连续移动的路面，把被测车轮置于滚筒上旋转，来模拟汽车在路面上行驶时的实际状态，进行车速表误差的检测，如图7-17所示。

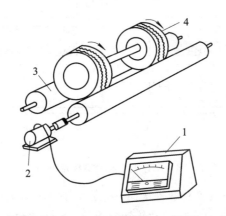

1—速度指示仪表；2—速度传感器；3—滚筒；4—被测车轮

图 7-17　车速表误差的测量原理

试验时，将汽车驱动轮置于滚筒上，由发动机经传动系驱动车轮旋转，车轮借助于轮胎的摩擦力带动滚筒转动。滚筒端部装有测速发电机（即速度传感器），测速发电机的转速随滚筒转速的增高而增加，而滚筒的转速与车速成正比，因此测速发电机发出的电压也与车速成正比。滚筒的线速度、圆周长与转速之间的关系可用下式表达：

$$V = 60Ln \times 10^{-6} \qquad (7-3)$$

式中：V——滚筒的线速度（km/h）；

　　　　L——滚筒的圆周长（mm）；

　　　　n——滚筒的转速（r/min）。

因车轮的线速度与滚筒的线速度相等，故上述的计算值即为汽车的实际车速值，该值

在试验时由试验台上的速度指示仪表显示。车轮在滚筒上转动的同时，车速表的软轴也由变速器输出轴带动旋转，并在车速表上显示车速值，即车速表指示值。将上述试验台速度指示仪表上显示的实际车速值与车速表上显示的车速指示值相比较，即可得出车速表的误差。

【项目2】 车速表的检测

1. 车速表试验台的结构

车速表试验台有三种类型：无驱动装置的标准型，它依靠被测车轮带动滚筒旋转；有驱动装置的驱动型，它由电动机驱动滚筒旋转；把车速表试验台与制动试验台或底盘测功试验台组合在一起的综合型。

1）标准型车速表试验台

该检验台主要由滚筒、举升器、测量装置、显示仪表及辅助装置等组成，主要结构如图7-18所示。

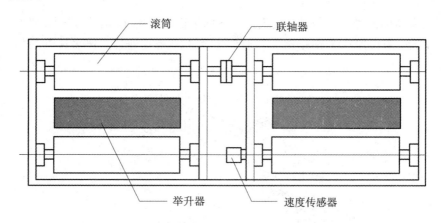

图7-18 车速表检验台结构示意图

（1）滚筒部分。检验台左右各有两根滚筒，用于支撑汽车的驱动轮。在测试过程中，为防止汽车的差速器起作用而造成左右驱动轮转速不等，前面的两根滚筒是用联轴器联在一起的。滚筒多为钢制，表面有防滑材料，直径多在 175～370 mm 之间，为了标定时换算方便，直径多为 176.8 mm，这样滚筒转速为 1200 r/min 时，正好对应滚筒表面的线速度为 40 km/h。

（2）举升器。举升器置于前后两根滚筒之间，多为气动装置，也有液压驱动和电机驱动的。测试时，举升器处于下方，以便由滚筒支撑车轮。测试前，举升器处于上方，以便汽车驶上检验台。测试后，靠气压（或液压、电机）升起举升器，顶起车轮，以便汽车驶离检验台。

（3）测量元件。测量元件即测量转速的传感器，其作用是测量滚筒的转动速度。通过转速传感器可以将滚筒的速度转变成电信号（模拟信号或脉冲信号），再送到显示仪表。常用的转速传感器有测速发电机式、光电编码器式和霍尔元件式等。

① 测速发电机式。测速发电机是一种永磁发电机，由于制作精密，它能够产生几乎与

转速完全成正比的电压信号(见图7-19，属于模拟信号)。将它安装在滚筒一端，当滚筒转动时，测速发电机就可以输出与转速成正比的电压，此信号经放大和A/D转换后送入单片机进行处理。

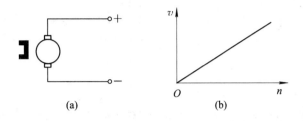

图7-19　直流永磁测速发电机的电路图及特征曲线
(a) 电路图；(b) 特征曲线

②　光电编码式。如图7-20所示，它有一个带孔或带齿的编码盘，安装在滚筒的一端并随滚筒转动。有一对由光源和光接收器组成的光电开关，其中光源一般发出的是红外光，光接收器多由光敏三极管和放大电路组成，可将收到的光信号变为电信号。光源和光接收器分别置于编码盘的两侧，并彼此对准。当编码盘转动时，光源发出的光线周期性地被遮住，于是光接收器将收到断续的光信号，并转换成一系列的电脉冲(脉冲信号)，脉冲频率与滚筒转速成正比。将此脉冲信号经过光电隔离等环节之后，也送入单片机进行处理。

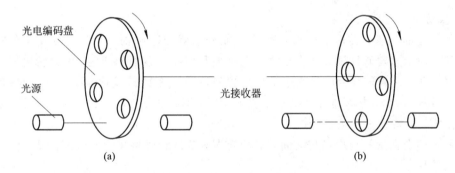

图7-20　光电式速度传感器原理图
(a) 光线被遮住，接收器无信号；(b) 光线未被遮住，接收器有信号

③　霍尔元件式。如图7-21所示。霍尔元件利用霍尔效应原理，将带齿的圆盘固定在滚筒一端，并随滚筒一起转动，当圆盘的齿未经过磁导板时，有磁场经过霍尔元件，因而感应霍尔电动势。当圆盘的齿经过磁导板时，磁场被短路，霍尔电动势消失，所以霍尔元件可以产生与速度成正比的脉冲信号。此脉冲信号同样经过一定的隔离处理后，送入单片机进行处理。

(4) 显示仪表(或显示器)。目前多用智能型数字显示仪表，也就是一个单片机系统，来自传感器的信号经放大、A/D转换或经滤波整形后进入单片机进行处理，再输出显示测量结果。在全自动检测线上，也有直接把速度传感器信号接到工位机(或主控机)上直接进行处理的。

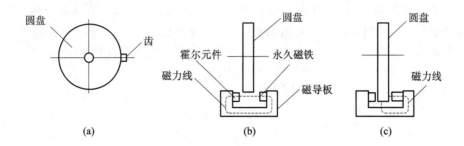

图 7 - 21　霍尔元件式速度传感器原理图

(a) 带齿圆盘形状；(b) 圆盘的齿未经过磁导板，有磁力线经过霍尔元件；

(c) 圆盘的齿经过磁导板，磁力线被短路

(5) 辅助部分。

① 安全装置：车速检验台滚筒两侧设有挡轮，以免检测时车轮左右滑移损坏轮胎或设备。

② 滚筒抱死装置：汽车测试完毕出车时，如果只依靠举升器，可能造成车轮在前滚筒上打滑。为了防止打滑，增加了滚筒抱死装置，与举升器同步，举升器升起的同时，抱死滚筒，举升器下降时放开。

③ 举升保护装置：车辆在速度检验台上运转时，举升器突然上升会导致严重的安全事故，因而车速检验台设有举升器保护装置（软件或硬件保护），以确保滚筒转速低于设定值（如 5 km/h）后才允许举升器上升。

2）驱动型车速表试验台

多数汽车的车速表转速信号取自变速器或分动器的输出轴，但对于后置发动机的汽车，由于驱动车速表的软轴过长会出现传动精度和寿命等方面的问题，因此转速信号取自前轮。驱动型车速表试验台就是为了适应后置发动机汽车的试验而制造的，它的结构（如图 7 - 22 所示）基本上与标准型车速表试验台相同，不同的是在滚筒的一端装有电动机，用以驱动滚筒，再带动汽车从动轮旋转。

这种试验台在滚筒与电动机之间装有离合器，若试验时将离合器分离，又可作为标准型试验台使用。

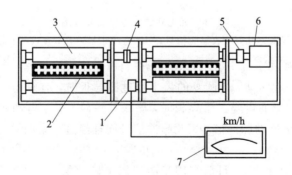

1—测速发电机；2—举升机；3—滚筒；4—联轴器；

5—离合器；6—电动机；7—速度指示仪表

图 7 - 22　驱动型车速表试验台

2. 车速表的检测方法及检测结果分析

车速表的检测方法因试验台的牌号、形式而异，应根据使用说明书进行操作。这里仅介绍一般的检测方法。

1）检测前的准备

（1）试验台的准备。

① 在滚筒静止状态下检查指示仪表是否在零点位置上，若有偏差，可用零点调整旋钮（或零点调整电位计）调整。

② 检查滚筒上是否沾有油、水、泥等杂物。若有，要清除干净。

③ 检查举升器动作是否自如和有无漏气部位。若有阻滞或漏气部位，应予以修理。

④ 检查导线的接触情况。若有接触不良或断路，应予以修理或更换。

经常使用的试验台，不一定每次使用前都要进行上述检查。

（2）被测车辆的准备。

① 轮胎气压应符合汽车制造厂的规定。

② 轮胎沾有水、油等或轮胎花纹沟槽内嵌有小石子时，应清除干净。

2）检测方法

（1）接通试验台电源。

（2）升起滚筒间的举升器。

（3）将被测车辆输出车速信号的车轮尽可能与滚筒成垂直状态地停放在试验台上。

（4）降下滚筒间的举升器，至轮胎与举升器托板脱离为止。

（5）用挡块抵住位于试验台滚筒之外的一对车轮，防止汽车在测试时滑出试验台。

（6）使用标准型试验台时应作如下操作：

① 起动汽车，待汽车的驱动轮在滚筒上稳定后，挂入最高挡，踩下加速踏板使驱动轮平稳地加速运转。

② 当汽车车速表的指示值 V_1 达到规定检测车速（40 km/h）时，读出试验台速度指示仪表的指示值 V_2；或当试验台速度指示仪表的指示值达到检测车速时，读取车速表的指示值。

（7）使用驱动型试验台时应作如下操作：

① 接合试验台离合器，使滚筒与电动机联在一起。

② 将汽车的变速器挂入空挡，接通试验台电源，使电动机驱动滚筒旋转。

③ 当汽车车速表达到检测车速时，读取试验台速度指示仪表的指示值；或当试验台速度指示仪表达到检测车速时，读取汽车车速表的指示值。

（8）测试结束后，轻轻踩下汽车制动踏板，使滚筒停止转动。对于驱动型试验台，必须先关断电源再踩制动踏板。

（9）升起举升器，去掉挡块，将汽车驶离试验台。

（10）切断试验台电源。

3）车速表试验台的使用及维护

（1）使用注意事项。

① 测试前应先检查车辆的轴重应在试验台的允许范围之内。

② 严禁车辆在试验台上作紧急制动。

③ 测试过程中严禁升起举升器。

④ 对于前轮驱动车辆，应操纵转向盘确保汽车在测试过程中前轮保持直线行驶状态。

⑤ 驱动型车速表试验台作为标准型试验台使用时，一定要将离合器分离，使滚筒与电动机脱开。

⑥ 如果举升器是气压的，则在测试完毕后务必使举升器气缸处于充气状态。

⑦ 试验台不检测时，禁止在上面停放车辆。

(2) 试验台的维护。

① 每日维护。检查并调整滚筒静止时仪表的零点位置；检查滚筒表面是否沾有油、水、泥等杂物，若有，应予以清除；检查举升器动作是否自如和有无漏气（或漏油）部位，否则应予以修复；检查导线的连接情况，若有接触不良或断路，应予以修复。

② 季度维护。除每日检查内容外还应进行下列检查：检查滚筒的运转状况有无异响、损伤，运转是否平稳；检查联轴节是否松旷；检查传感器固定情况，接头有无松动；检查滚筒制动器的磨损情况，当举升器升起后，被检车辆驶离试验台时，车轮不应带动滚筒旋转。

③ 年度维护。

按 JJG(交通)004—93《滚筒式汽车车速表检验台检定规程》规定内容逐项检查，并进行相应的维护。该检定规程对滚筒式车速表检验台的技术要求如下：

• 外观及性能：车速表试验台应有清晰的铭牌和标志。仪表为数字显示时，显示应正确、清晰，显示值保留时间不少于 8 s。配有打印装置时，其打印结果应清楚，不应有缺笔短划的现象。显示仪表为指针式时，表盘应清晰，指针运转平稳，不允许有松动和弯曲现象。机械、电气部分应完整无损，工作可靠；升降机构工作应协调平稳，不漏气(油)。

滚筒表面完好，运转自如，轴承工作时无异响。外露焊缝平整，涂漆色泽均匀、光滑、美观。

• 零值允许误差：应小于 ±1 km/h。

• 示值允许误差：在 3 km/h 以上时，新制造的车速试验台不大于 ±1%；使用中的车速试验台不大于 ±3%。

• 滚筒表面的径向圆跳动量：新制造的不大于 0.40 mm；使用中的不大于 1.00 mm。

• 滚筒表面局部磨损率：不得超过其标称直径的 1%。

• 平均每个轴承的启动转矩：不大于 0.50 N·m。

3. 检测标准及检测结果分析

国家标准 GB 7258—2004《机动车运行安全技术条件》中规定：车速表指示误差（最高设计车速不大于 40 km/h 的机动车除外），车速表指示车速 V_1 与实际车速 V_2 之间应符合下列关系式：

$$0 \leqslant V_1 - V_2 \leqslant \left(\frac{V_2}{10}\right) + 4$$

即将被测机动车的车轮驶上车速表检测台的滚筒上使之旋转，当该机动车车速表指示值 (V_1) 为 40 km/h 时，车速表检测台速度指示仪表的指示值 (V_2) 为 32.8～40 km/h 范围内为合格。或车速表检测台速度指示仪表的指示值 (V_2) 为 40 km/h 时，读取该机动车车速表指示值 (V_1)，V_1 在 40～48 km/h 范围内为合格。

学习测试

一、填空题

（1）汽车车速表的误差往往会随着汽车使用时间的延长而逐渐_____。造成车速表失准的原因主要有两个方面：一方面是_____；另一方面是_____。

（2）由车速表的工作原理可知，车速表的指示值仅与车轮的转速成正比，而汽车行驶的速度相当于驱动轮的线速度，显然线速度不仅与转动速度有关，还与_____有关。

（3）车速表试验台有三种类型：_____、_____及_____。

（4）检验台主要由 _____、_____、_____、_____及_____等几部分组成。

二、判断题

（1）后置发动机的汽车转速信号取自后轮。（　　）

（2）滚筒的线速度就是汽车的实际车速值。（　　）

（3）被测车辆的轮胎气压可以小于汽车制造厂的规定。（　　）

（4）轮胎沾有水、油等或轮胎花纹沟槽内嵌有小石子时，应清除干净。（　　）

三、选择题

（1）国家标准 GB 7258－2004《机动车运行安全技术条件》规定的车速表误差公式为（　　）。

A. $0 \leqslant V_1 - V_2 \leqslant \dfrac{V_2}{10} + 4$　　　　　　B. $V_1 - V_2 \leqslant \dfrac{V_2}{10}$

C. $V_1 - V_2 \leqslant \dfrac{V_2}{10} + 4$

（2）对汽车车速表进行检测前，不应该（　　）。

A. 检查胎压　　　B. 清理轮胎　　　C. 拉紧手刹　　　D. 给车轮垫三角挡块

（3）最新国标规定，车速表指示值为 40 km/h 时，实际车速应为（　　）为合格。

A. 40～48 km/h　　B. 32.8～40 km/h　C. 等于 40 km/h　　D. 小于 40 km/h

（4）将被测机动车的车轮驶上车速表检验台的滚筒上使之旋转，当该机动车车速表的指示值（V_1）为 40 km/h 时，车速表检验台速度指示仪表的指示值（V_2）为（　　）范围内为合格。

A. 38～48 km/h　　　　　　　　　　B. 40～48 km/h

C. 33.3～42.1 km/h　　　　　　　　D. 32.8～40 km/h

（5）车速表试验台的举升保护装置的作用是（　　）。

A. 防止车轮左右摆动　　　　　　　B. 制动滚筒

C. 当轮速低于某值时才能让举升器上升

四、问答题

（1）车速表误差是如何形成的？简述车速表误差测量原理。

（2）按照 GB 7258－2004 的有关规定，车速表允许的误差范围是什么？

（3）当车轮轮胎磨损后，车速表指示的数值将偏快还是偏慢？为什么？

（4）某车在滚筒检验台上校验车速表，当车速表的读数为 40 km/h 时，检验台测出的实际车速是 41.1 km/h。该车速表是否合格？

（5）叙述车速表试验台的基本结构与工作原理。

（6）车速表检验台是高速测试设备，在测试时有一定的危险性，从设计角度出发应有哪些安全措施？

（7）常见的速度传感器有哪几种形式？分别属于什么类型的信号？

（8）如何使用车速表试验台对汽车车速表进行检测？

综合实训 5　汽车前照灯和车速表检测

实训 1　汽车前照灯检测

1．实训目的和要求

（1）熟悉汽车前照灯检测仪的结构与工作原理。

（2）掌握汽车前照灯的检测内容和检测标准。

（3）掌握汽车前照灯的屏幕检测方法。

（4）掌握汽车前照灯的调整方法。

2．实训内容简述

（1）正确使用前照灯检测仪对前照灯的发光强度和主光线的位置进行检查。

（2）正确判定和分析检测结果。

（3）对不合格的前照灯能进行调整。

实训 2　汽车车速表的检测与校正

1．实训目的和要求

（1）了解车速表误差的形成与测量原理。

（2）熟悉车速表试验台的基本结构与工作原理。

（3）掌握车速表的检测方法和检测标准。

（4）能够分析车速误差的原因。

2．实训内容简述

（1）正确使用车速表试验台对汽车车速表进行检测。

（2）正确判定和分析检测结果。

（3）对检测不符合标准要求的汽车车速表进行校正。

模块 8 汽车排放与噪声检测

学习任务 1 汽车排放检测

学习目标

（1）了解汽车排放污染物的主要成分及危害；

（2）了解我国现行汽车排放检测相关标准；

（3）理解汽车排放检测设备的结构与原理；

（4）掌握汽车排放污染物检测方法；

（5）能正确使用排放检测设备检测汽车排放污染物。

任务分析

为了有效地控制汽车排放污染物的扩散，必须制定相关的一些标准，以加强对汽车排放污染物的检测。

如何进行检测以及对检测结果进行分析，是汽车检测人员必须掌握的。众所周知，汽车排放污染物并不是单一的气体，有些成分对环境无害，而如何在这些废气中检测出有害气体的含量是否超出了有关标准，就需要我们熟悉汽车排放污染物的种类、现行的有关标准以及检测设备的使用方法，只有这样，才能正确地对汽车排放污染物进行检测。

任务实施

【项目 1】 汽车排放污染物的主要成分及其危害认知

目前，车辆排放气体对大气的严重污染已成为了世界性问题，引起了人们的高度关注。尤其是在一些大中城市，随着汽车保有量的增加，汽车的生产、销售、使用和报废带来了环境大气危害和城市的空气污染。如汽车排放的二氧化碳 CO_2、硫化物 SO_x（指一氧化硫 SO 和二氧化硫 SO_2）、氮氧化合物 NO_x（指一氧化氮 NO 和二氧化氮 NO_2）、氟氯烃等使温室效应、臭氧层破坏和酸雨等大气环境问题变得更为严重；汽车排出的 CO、NO_x、SO_x、未燃碳氢化合物 HC、颗粒物 PM 和臭味气体等污染了空气，对人类和动、植物危害甚大。汽车排气污染物造成的环境污染情况将日趋严重，对汽车排气污染物的监控与防治已处于刻不容缓的地步。

1. 一氧化碳(CO)

CO是汽油烃类成分燃烧的中间产物。其燃烧过程如下：

$$C_m H_n + O_2 = mCO + H_2O$$

如空气量充足，则有

$$2CO + O_2 = 2CO_2$$
$$2H_2 + O_2 = 2H_2O$$

根据反应式可知：理论上，当混合气空燃比$\geqslant 14.7 : 1$时，即在氧气充足情况下，排气中将不含CO而代之产生CO_2和未参加燃烧的O_2。但现实中由于混合气的分布并不均匀，总会出现局部缺氧的情况，当空气量不足，即混合气空燃比$\leqslant 14.7 : 1$时，必然会有部分燃料不能完全燃烧而生成CO。比如发动机在怠速时，燃烧的混合气偏浓，此时发动机工作循环中的气体压力与温度不高，混合气的燃烧速度减慢，就会引起不完全燃烧，使CO的浓度增加。发动机在加速和大负荷范围工作或点火时刻过分推迟时也会使尾气中CO的浓度增高。同时，即使燃料和空气混合很均匀，但由于燃烧后的高温，已经生成的CO_2也会有小部分被分解成CO和O_2。另外，排气中的H_2和未燃烃HC也可能将排气中的部分CO_2还原成CO。总之，空燃比是影响排气中CO含量的主要因素。

CO是一种无色、无刺激的气体，是汽车及内燃机排气中有害浓度最大的成分。人体吸入的CO很容易和血红蛋白结合并输送到体内，阻碍血红素带氧，造成体内缺氧而引起窒息。

2. 碳氢化合物(HC)

排气中的HC是由未燃烧的燃料烃、不完全氧化产物以及燃烧过程中部分被分解的产物所组成的。当混合气过稀或缸内废气过多时会出现火焰传播不充分，即燃烧室部分地区由于混合气过稀或缸内残余废气系数过高而不能燃烧，出现断火。这时，排气中的HC浓度会显著增加。

碳氢化合物总称烃类，是发动机未燃尽的燃料分解产生的气体。汽车排放污染物中的未燃烃的20%～25%来自曲轴箱窜气；20%来自化油器与燃油箱的蒸发；其余55%由排气管排出。

单独的HC只有在浓度相当高的情况下才会对人体产生影响，一般情况下作用不大，但它却是产生光化学烟雾的重要成分。

3. 氮氧化合物(NO_x)

氮氧化合物主要指一氧化氮(NO)和二氧化氮(NO_2)，它们由排气管排出。试验证明，供给略稀的混合气(空燃比$\geqslant 15.5$)会增大NO_x的排放量。汽油机排出的氮氧化合物中，NO占99%，而柴油机排出的氮氧化合物中，NO_2比例稍大。高浓度的NO能引起神经中枢的障碍，并且容易氧化成剧毒的NO_2。NO_2有特殊的刺激性臭味，严重时会引起肺气肿。

HC与NO_2的混合物在紫外线作用下能够进行光化学反应，由光化学过氧化物而形成的黄色烟雾，其主要成分是臭氧(O_3)，该现象称为"光化学烟雾"。大气中的臭氧等过氧化物，对人的眼、鼻和咽喉黏膜有较强的刺激作用，可引起结膜炎、鼻炎、支气管炎等症状，并伴随有难闻的臭味，严重时可致癌。1943年美国的洛杉矶烟雾事件，1952年伦敦的烟雾事件，以及 1970 年日本的四日市事件，都是最有代表性的光化学烟雾事件。在这些大气污染事件中，受害和死亡的人竟数以千计。1995 年，我国的成都、上海发生了光化学烟雾事件，北京和南宁也分别于 1998 年和 2001 年发生过光化学烟雾事件。

4. 微粒(PM)

汽油机中的主要微粒为铅化物、硫酸盐、低分子物质；柴油机中的主要微粒为石墨形的含碳物质(炭烟)和高分子量有机物(润滑油的氧化和裂解产物)。柴油机的微粒量比汽油机多 30～60 倍，成分比较复杂。特别是炭烟，主要由直径 0.1～10 μm 的多孔性碳粒构成，它除了会被人体吸入肺部沉淀下来外，还往往粘附有 SO_2 及致癌物质，严重危害人体健康。

由燃烧室排放出的颗粒物(Particulate Matter)有三个来源：其一是不可燃物质；其二是可燃的但未进行燃烧的物质；其三是燃烧生成物。燃烧过程中排出的颗粒物质的组成中大部分是固态碳，火焰中形成的固体碳粒子称为碳黑。碳黑可以在燃烧纯气体燃料时形成，但更多的则是在燃烧液体燃料时形成。颗粒物质的组成中除碳黑外还有碳氢化合物、硫化物和含金属成分的灰分等。含金属成分的颗粒物主要来自于燃料中的抗爆剂、润滑油添加剂以及运动产生的磨屑等。

柴油发动机的燃料燃烧不完全时，其内含有大量的黑色炭颗粒，形成的炭烟能影响道路上的能见度，并因含有少量的带有特殊臭味的乙醛，往往引起人们恶心和头晕。炭烟不仅本身对人的呼吸系统有害，而且炭烟粒的孔隙中往往吸附着二氧化硫及有致癌作用的多环芳香烃等。

5. 硫氧化物

汽车内燃机尾气中硫氧化物的主要成分为二氧化硫(SO_2)。当汽车使用催化净化装置时，就算很少量的 SO_2 也会逐渐在催化剂表面堆积，造成所谓的催化剂中毒。这不但会降低催化剂的使用寿命，还危害人体健康，而且 SO_2 还是造成酸雨的主要物质。

除以上几种物质外，还有臭气。它由多种成分组成，主要就是燃料的不完全燃烧产物，如甲醛、丙烯醛等。臭气除了有臭味外，还会刺激眼睛的黏膜。除了与燃烧条件有关外，臭气的产生还与燃料的组成有关。随着燃料中芳香烃的增加，排气中的甲醛会略有减小，而芳醛则有少许增加，从而可以适当减少臭气，但却增加了更容易产生光化学烟雾的芳烃。

【项目 2】　我国汽车排放检测的相关标准

我国的汽车排放标准是根据我国汽车排放污染物的历史与现状以及我国汽车环保技术发展的状况而制定的。随着国家对环境保护的不断重视，我国汽车排放污染物的标准不断得到更新与提升。特别是近年来，我国制定的一系列新的汽车排放标准，使我国的汽车污染物排放水准逐步接近国际先进水平。我国从 1999 年起汽车开始实施欧 I 排放标准，同年停止含铅汽油的生产和使用，并不再生产化油器汽车。2004 年 7 月 1 日，我国轻型汽车全面实施国家第 2 阶段排放标准(相当于欧 II 标准)，重型车辆(最大总质量＞3.5 t)自 2004年 9 月 1 日起实施欧 II 标准。自 2005 年 7 月 1 日起，我国所有机动车全面实施欧 II 标准。从 2007 年 7 月 1 日起，我国所有新定型轻型车全面实施欧 III 标准，而北京市于 2005 年 7月 1 日就已率先实施轻型汽车尾气排放欧 III 标准，上海也于 2006 年实施欧 III 标准。也就是说，自 2007 年 7 月 1 日以来，我国的汽车排放标准就已与国际上先进汽车排放标准相接轨。

2005 年 7 月 1 日起，我国汽车排放污染物限值实施的国家标准主要有：GB 18285—2005《点燃式发动机汽车排气污染物排放限值及测量方法（双怠速法及简易工况法）》、GB 3847—2005《车用压燃式发动机和压燃式发动机汽车排气烟度排放限值及测量方法》、GB 14763—2005《装用点燃式发动机重型汽车燃油蒸发污染物排放限值》、GB 11340—2005《装用点燃式发动机重型汽车曲轴箱污染物排放限值》。这四项标准是目前国内汽车排放污染物限值及检测方法的主要依据，这也是本书重点予以介绍的。

从 2007 年 7 月 1 日起，我国排放污染物限值将实施的国家标准主要有：GB 18352.3—2005《轻型汽车污染物排放限值及测量方法（中国Ⅲ、Ⅳ阶段）》、GB 17691—2005《车用压燃式、气体燃料点燃式发动机与汽车排气污染物排放限值及测量方法（中国Ⅲ、Ⅳ、Ⅴ阶段）》。

1. 2005 年 7 月 1 日起在国内实施的四项汽车排放国家标准

1）GB 18285—2005《点燃式发动机汽车排气污染物排放限值及测量方法（双怠速法及简易工况法）》

本标准规定了点燃式发动机汽车怠速和高怠速工况排气污染物排放限值及测量方法，同时也规定了点燃式发动机轻型汽车稳态工况法、瞬态工况法和简易瞬态工况法三种简易工况测量方法。标准增加了高怠速工况排放限值和对过量空气系数（λ）的要求。适用于装用点燃式发动机的新生产和在用汽车。本标准具有强制执行的效力。

2）GB 3847—2005《车用压燃式发动机和压燃式发动机汽车排气烟度排放限值及测量方法》

本标准规定了车用压燃式发动机和压燃式发动机汽车的排气烟度排放限值及测量方法。适用于压燃式发动机排气烟度的排放，包括发动机型式核准和生产一致性检查。压燃式发动机汽车排气烟度的排放，包括新车型式核准和生产一致性检查、新生产汽车和在用汽车的检测。本标准也适用于按 GB 14761.6—1993《柴油车自由加速烟度排放标准》生产制造的在用汽车，还适用于污染物排放符合 GB 18352 的装用压燃式发动机的轻型汽车。本标准不适用于低速载货汽车和三轮汽车。

3）GB 14763—2005《装用点燃式发动机重型汽车燃油蒸发污染物排放限值》

本标准规定了装用点燃式发动机重型汽车燃油蒸发污染物排放的型式核准申请、型式核准试验及排放限值、型式核准的扩展以及生产一致性检查方法及排放限值。本标准适用于装用以汽油和两用燃料为燃料的点燃式发动机重型汽车。本标准不适用于单一燃料车辆和气体燃料车辆。本标准不适用于已按 GB 18352.2—2001《轻型汽车污染物排放限值及测量方法（Ⅱ）》规定的密闭室法进行了燃油蒸发污染物排放型式核准的车辆。

4）GB 1340—2005《装用点燃式发动机重型汽车曲轴箱污染物排放限值》

本标准规定了装用点燃式发动机重型汽车曲轴箱污染物排放的型式核准申请、型式核准试验方法及排放限值、生产一致性检查方法及排放限值。本标准适用于装用点燃式发动机的重型汽车。被测试发动机应包括已采取防漏措施的发动机，但不包括那些结构上即使存在微量的泄漏，也会引起工作不正常的发动机（例如卧式对置发动机）。

2. 2007 年 7 月 1 日起在国内实施的两项汽车排放国家标准

1) GB 18352.3—2005《轻型汽车污染物排放限值及测量方法（中国Ⅲ、Ⅳ阶段）》

本标准规定了装用压燃式发动机的轻型汽车在常温下排气污染物的排放限值及测量方法，污染控制装置的耐久性要求，以及车载诊断（OBD）系统的技术要求及测量方法。

本标准也规定了轻型汽车型式核准的要求，生产一致性和在用车符合性的检查与判定方法，规定了燃用 LPG 或 NG 轻型汽车的特殊要求。

本标准也规定了作为独立技术总成、拟安装在轻型汽车上的替代用催化转化器，在污染物排放方面的型式核准规程。本标准适用于以点燃式发动机或压燃式发动机为动力、最大设计车速大于或等于 50 km/h 的轻型汽车。不适用于已根据 GB 17691（第Ⅲ阶段或第Ⅳ阶段）规定得到型式核准的 N₁ 类汽车。

与 GB 18352.2—2001 相比，本标准加严了排放限值；改变了Ⅰ型试验和Ⅳ型试验的试验规程；增加了Ⅵ型试验的要求、双怠速试验的内容、车载诊断（OBD）系统及其功能的要求、在用车符合性检查及其判定规程、燃用 LPG 或 NG 轻型汽车的特殊要求和作为独立技术总成的替代用催化转化器的型式核准要求；修订了试验用燃料的技术要求。

2) GB 17691—2005《车用压燃式、气体燃料点燃式发动机与汽车排气污染物排放限值及测量方法（中国Ⅲ、Ⅳ、Ⅴ阶段）》

本标准规定了装用压燃式发动机汽车及其压燃式发动机所排放的气态和颗粒污染物的排放限值及测试方法，以及装用以天然气（NG）或液化石油气（LPG）作为燃料的点燃式发动机汽车及其点燃式发动机所排放的气态污染物的排放限值及测量方法。

本标准适用于设计车速大于 25 km/h 的 M₂、M₃、N₁、N₂ 和 N₃ 类及总质量大于 3500 kg 的 M₁ 类机动车装用的压燃式（含气体燃料点燃式）发动机及其车辆的型式核准、生产一致性检查和在用车符合性检查。若装备压燃式（含气体燃料点燃式）发动机的 N₁ 和 M₂ 类车辆已经按照 GB 18352.3—2005《轻型汽车污染物排放限值及测量方法（中国Ⅲ、Ⅳ阶段）》的规定进行了型式核准，则其发动机可不按本标准进行型式核准。

与 GB 17691—2001 比，本标准加严了排气污染物排放限值；增加了装用以天然气或液化石油气作为燃料的点燃式发动机汽车及其点燃式发动机的气态污染物的排放限值及测量方法；改变了测量方法，试验工况由 ESC（稳态循环）、ELR（负荷烟度试验）和 ETC（瞬态循环）工况所构成，针对不同车种或不同控制阶段，应用不同的试验工况；从第Ⅳ阶段开始，增加了车载诊断系统（OBD）或车载测量系统（OBM）的要求，增加了排放控制装置的耐久性要求，增加了在用车符合性的要求。

本标准增加了新型发动机和新型汽车的型式核准规程，改进了生产一致性检查及其判定方法。

【项目 3】 汽车排气污染物检测

要搞好汽车排气污染物的监控与防治，首先必须做好防治工作。用废气分析仪和烟度计测定排气污染物浓度，目的是控制排气污染物的扩散，使其限定在被允许的范围内，以达到保护生态环境和自然界生态平衡的目的。

在汽车排气分析的发展过程中，单测定汽油车的仪器就有非分散型红外线分析仪、氢火焰离子型分析仪、化学发光分析仪等。而对柴油车而言，有滤纸式烟度计和消光式烟度计(不透光度计)。汽车综合性能检测站多采用非分散型红外线分析仪、滤纸式烟度计和不透光度计来测量汽车排气污染物的排放状况。

对装配点燃式发动机的汽车，我国现行的在用车排放检测方法主要是急速法、双急速法，由于这两种方法只规定测量 HC、CO 的排放浓度，因此无法适应新车发展的需要。部分城市为满足实施更高排放检测要求，将逐步实施工况法检测，检测方法主要有稳态工况法(ASM)、瞬态工况法(IM)和简易瞬态工况法(IG)三种。

对装配压燃式发动机的汽车，我国现行的在用车排放检测方法主要是自由加速试验排气可见污染物测量(用不透光度计)或自由加速试验烟度测量(用滤纸式烟度计)。这两种方法对于车辆有负载时的排放情况难于反映出来，尤其是对于近年为减少柴油车颗粒物排放而较多采用的涡轮增压技术的柴油车，由于其比自然吸气式的柴油车需要更长的起效时间，因而在使用自由加速法测量时反而较自然吸气式的柴油车的排放更高，这显然是不合理的。为了使检测更合理化，一些有条件的地区开始实施加载减速法(Lug-down)，它是一种在模拟车辆负载运行时测量压燃式汽车排气可见污染物的方法。

1. 汽车排气污染物检测仪的结构与工作原理

1) 两气体分析仪的结构与原理

两气体分析仪是从汽车排气管内收集汽车的尾气，并对气体中所含有的 CO 和 HC 的浓度进行连续测定。它主要由尾气采集部分和尾气分析部分构成。

(1) 尾气采集部分。如图 8-1 所示，尾气分析仪主要由探头、过滤器、导管、水分离器和泵等构成。用探头、导管、泵从排气管采集尾气，排气中的粉尘和碳粒用过滤器滤除，水分用水分离器分离出去。最后，将气体成分输送到分析部分。

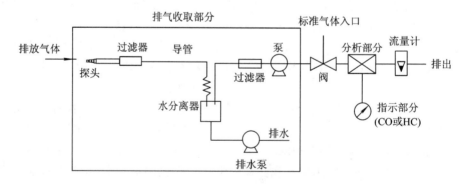

图 8-1 尾气分析仪结构示意图

(2) 尾气污染物的分析部分。尾气分析仪的测量原理是建立在一种气体只能吸收其独特波长的红外线特性基础上的，即基于大多数非对称分子对红外线波段中的一定波长具有吸收功能，而且其吸收程度与被测气体的浓度有关。如 CO 能够吸收 4.55 μm 波长的红外光线，CH_4 能吸收 2.3 μm、3.4 μm、7.6 μm 波长的红外线。

该分析仪是由红外线光源、测量室(测定室、比较室)、回转扇片和检测器构成的。从采集部分输送来的多种气体共存在尾气中，通过非分散型红外线分析部分分析测定气体(CO、HC)的浓度，用电信号将其输送到浓度指示部分。电容微音器式尾气分析仪的工作原理如图 8-2 所示。它由两个红外线光源发出两组分开的射线，这些射线被两旋转扇片同相地遮断，从而形成射线脉冲，射线脉冲经滤清室、测量室而进入检测室。测量室由两个腔室组成，一个是比较室，另一个是测定室。比较室中充有不吸收红外线的氮气，使射线能顺利通过。测定室中连续填充被测试的尾气，尾气中 CO 含量越高，被吸收的红外线就越多。检测室由容积相等的左右两个腔室组成，其间用一金属膜片隔开，两室中充有同摩尔数的 CO。由于射到检测室左室的红外线在通过测定室时一部分射线已被排气中的 CO 吸收，而通过比较室到达检测室右室的红外线并未减少，这样检测室左右两室吸收的红外线能量不同，从而产生了温差，温度的差异导致了压力差的存在，使作为电容器一个表面的金属膜片弯曲。弯曲振动的频率与旋转扇片的旋转频率相符。排气中的 CO 浓度越大，振幅就越大。膜片振动使电容改变，电容的改变引起电压的变化，从而产生交变电压。交变电压经放大、整流成直流信号，变为被测成分浓度的函数，因此可用仪表测量。而 HC 由于受到其他共存气体的影响，所以使用固体滤光片，巧妙地利用了正已烷红外线吸收光谱。因此，样品室内共存的 CO、CO_2、NO_x 等 HC 以外的气体所产生的红外线被吸收，再经检测器窗口的选择和除去，仅让具有 HC（正己烷）$3.5\ \mu m$ 附近的波长到达检测室内。HC（正己烷）被封入检测器，样品室中的 HC（正己烷）吸收量也就被检测器检测出来了。

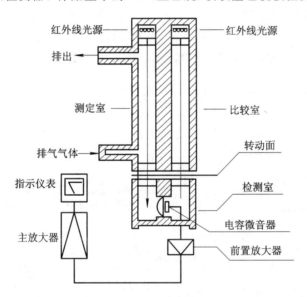

图 8 - 2　电容微音器式分析装置

2）四气体与五气体分析仪简介

目前实施的怠速工况测定 CO、HC 两气体的排气检测手段已无法有效反映汽车排气中的 NO_x 和 CO_2，而四、五气体分析仪可满足测量要求。四气与五气分析仪的区别在于五气分析仪可检测氮氧化合物（NO）。

五气分析仪中，CO、CO_2、HC 通过非分散红外线不同波长能量吸收的原理来测定，可获得足够的测试精度；而 NO_x 与 O_2 的浓度采用氧传感器和一氧化氮传感器来测定。

氧（O_2）传感器的基本形式是由一个电解质阳极和一个空气阴极组成的金属一空气有限度渗透型电化学电池。氧传感器电流是一个电流发生器，其所产生的电流正比于氧的消耗率。此电流可通过在输出端子跨接一个电阻以产生一个电信号。如果通入传感器的氧只是被有限度地渗透，则利用上述信号可测氧的浓度。

在汽车废气检测上应用的氧电池，使用一种塑料膜作为渗透膜，其渗透量受控于气体分子撞击膜壁上的微孔，如果气体压力增加，则分子的渗透率增加。因此，输出的结果直接正比于氧的分压且在整个浓度范围内呈线性响应。

由氧传感器输出的信号经放大后，送至仪器数据处理系统的 A/D 输入端，进行数字处理及显示。

NO 传感器是基于 O_2 传感器基础上发展起来的电化学电池式传感器。

3）柴油车烟度计的结构与检测原理

（1）滤纸式烟度计的结构与原理。从测量原理上来说，滤纸式烟度计是一种非直接测量的计量仪器，它通过检测测量介质被所测量烟度污染的程度大小来间接得出烟度的大小。仪器的取样系统在规定时间中通过抽气泵、取样探头从柴油车的排气管内抽取规定容积废气，经过测量介质（测试过滤纸）过滤，废气中的炭粒附着在过滤纸上，形成一个规定面积的烟斑，然后通过测量系统的光电测量探头对烟斑的污染程度进行测量，转化为电信号，经过放大、处理，再将测试结果通过显示装置显示出来。

滤纸式烟度计的结构如图 8-3 所示，它由采样器和检测器两部分组成。采样抽气系统由抽气气缸、抽气电机、取样探头以及气路管道系统和控制电路组成。采样时，在控制电路的控制下，电机带动气缸运动，气缸通过气路管道系统，由取样枪从柴油车的排气管内抽取规定容积的废气，并通过测试过滤纸过滤，完成采样过程。

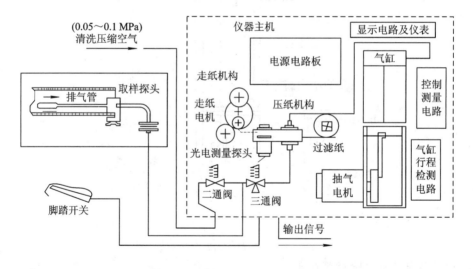

图 8-3　滤纸式烟度计的结构示意图

测量系统主要由走纸机构、压纸机构、光电测量探头以及测量电路和结果显示电路组成。测量时压纸机构张开，走纸电机带动走纸机构将被采样系统污染后的测试过滤纸带到光电测量探头下，光电测量探头对其进行测量，通过其内部的测量装置（如图 8-4 所示的光电池）将滤纸污染程度转化为电信号，经过测量电路放大、处理，最后通过显示电路在数字表上将测量结果显示出来。

（2）不透光度计的结构与原理。不透光度计（又称消光式烟度计、透射式烟度计）是利用透光衰减率来测量排气烟度的典型仪器。其原理是使光束通过一段给定长度的排烟管，通过测量排烟对光的吸收程度来决定排烟对环境的污染程度，是一种直接测量的计量仪器。

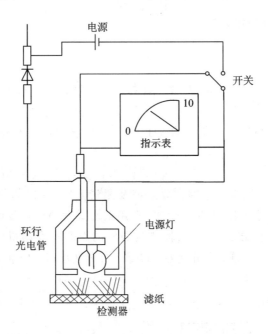

图 8-4   检测系统

　　如图 8-5 所示，测量单元的测量室是一根分为左右两半部分的圆管，被测排气从中间的入口 7 进入，分别穿过左圆管和右圆管，从左出口 5 和右出口 8 排出。透镜 4 装在左出口的左边，反射镜 10 装在右出口的右边。在透镜 4 的左侧是一个放置成 45°的半反射半透射镜 3，它的下方是绿色发光二极管 2，左边是光电转换器 1，发光二极管 2 及光电转换器 1 到透镜 4 的光程都等于透镜的焦距。因此，发光二极管 2 发出的光经过半反射镜 3 的反射，再通过透镜 4 后就成为一束平行光。平行光从测量室的左出口进入，穿过左右圆管（测量室）中的烟气从右出口射出，被反射镜 10 反射后折返，从测量室的右出口重新进入测量室，再次穿过烟气从左出口射出。射出的平行光经过透镜 4、半反射半透射镜 3 聚焦在光电转换器 1 上，并转换成电信号。排气中含烟越多，平行光穿过测量室的光能衰减越大，经光电转换器 1 转换的光电信号就越弱。

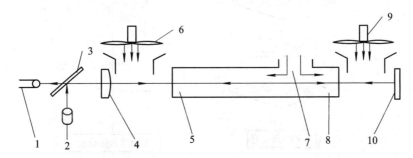

1—光电转换器；2—绿色发光二极管；3—半反射半透射镜；4—透镜；5—测量室左出口；
6—左风扇；7—测量室入口；8—测量室右出口；9—右风扇；10—反射镜

图 8-5   透光式烟度计的测量原理

2. 汽车排气污染物检验方法

1）双怠速试验

（1）测量仪器。

① 对于按照 GB 14761.1—93《轻型汽车排气污染物排放标准》的要求生产制造的点燃式发动机汽车和装用符合 GB 14761.2—93《车用汽油机排气污染物排放标准》点燃式发动机的汽车，使用的排放测量仪器应符合 HJ/T 3—93《汽油机动车怠速排气监测仪技术条件》的规定。

② 对于按照 GB 18352.1—2001《轻型汽车污染物排放限值及测量方法（Ⅰ）》或 GB 18352.2—2001《轻型汽车污染物排放限值及测量方法（Ⅱ）》的要求生产制造的点燃式发动机汽车以及装用符合 GB 14762—2002《车用点燃式发动机及装用点燃式发动机汽车排气污染物排放限值及测量方法》第二阶段排放限值的点燃式发动机的汽车，使用的排放测量仪器包括取样管、软管、泵、水分离器、过滤器、零气端口、校准端口、探测元件数据系统和显示器件控制调整装置。

（2）测量程序（见图 8-6）。

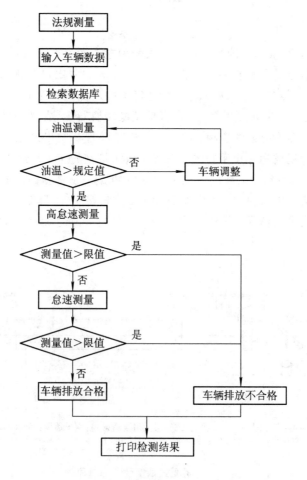

图 8-6 双怠速法仪器测量程序

① 应保证被检测车辆处于制造厂规定的正常状态，发动机进气系统应装有空气滤清器，排气系统应装有排气消声器，并不得有泄漏。

② 应在发动机上安装转速计、点火正时仪、冷却液和润滑油测温计等测量仪器。测量时，发动机冷却液和润滑油温度应不低于 80℃，或者达到汽车使用说明书规定的热车状态。

③ 发动机从怠速状态加速至 70% 额定转速，运转 30 s 后降至高怠速状态。将取样探头插入排气管中，深度不少于 400 mm，并固定在排气管上。维持 15 s 后，由具有平均值功能的仪器读取 30 s 内的平均值，或者人工读取 30 s 内的最高值和最低值，其平均值即为高怠速污染物测量结果。对于使用闭环控制电子燃油喷射系统和三元催化转化器技术的汽车，还应同时读取过量空气系数(λ)的数值。

④ 发动机从高怠速降至怠速状态 15 s 后，由具有平均值功能的仪器读取 30 s 内的平均值，或者人工读取 30 s 内的最高值和最低值，其平均值即为怠速污染物测量结果。

⑤ 若为多排气管，则取各排气管测量结果的算术平均值作为测量结果。

⑥ 若车辆排气管长度小于测量深度，则应使用排气加长管。

（3）单一燃料车和两用燃料车。对于单一燃料汽车，仅按燃用气体燃料进行排放检测；对于两用燃料汽车，要求对两种燃料分别进行排放检测。

（4）测量结果判定。

① 如果检测污染物有一项超过规定的限值，则认为排放不合格。

② 对于使用闭环控制电子燃油喷射系统和三元催化转化器技术的车辆，如果检测的过量空气系数(λ)超出相应要求，则认为排放不合格。

（5）在用汽车的排放监控。自 2005 年 7 月 1 日起，全国点燃式发动机在用汽车排放监控采用本标准规定的双怠速法排气污染物排放限值及测量方法；在机动车保有量大、污染严重的地区，也可采用简易工况法。

2）稳态工况法

（1）测试运转循环。在底盘测功机上的测试运转循环由 ASM5025 和 ASM2540 两个工况组成，如图 8-7 和表 8.1 所示。

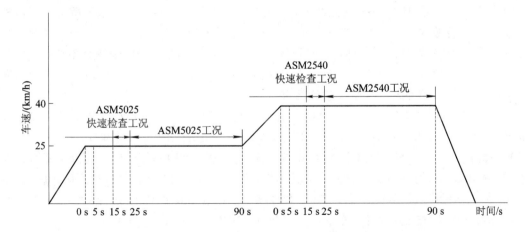

图 8-7　稳态工况法（ASM）试验运转循环

表 8.1 稳态工况法(ASM)试验运转循环表

工 况	运转次序	速 度	操作时间	测试时间
ASM5025	1	25	5	
	2	25	15	
	3	25	25	10
	4	25	90	65
ASM2540	5	40	5	
	6	40	15	
	7	40	25	10
	8	40	90	65

(2)测试程序。

① 车辆驱动轮位于测功机滚筒上,将分析仪取样探头插入排气管中,深度为 400 mm, 并固定于排气管上。对独立工作的多排气管应同时取样。

② ASM5025 工况。车辆经预热后,加速至 25 km/h,测功机根据测试工况要求加载, 工况计时器开始计时($t=0$ s),车辆保持 25 km/h ±1.5 km/h 等速 5 s 后开始检测。当测功机转速和扭矩偏差超过设定值的时间大于 5 s 时,检测应重新开始。接着,系统根据规定开始预置 10 s 后开始快速检查工况,计时器为 $t=15$ s 时分析仪器开始测量,每秒测量一次, 并根据稀释修正系数及湿度修正系数计算 10 s 内的排放平均值。运行 10 s($t=25$ s)后, ASM5025 快速检查工况结束。车辆运行至 90 s($t=90$ s),ASM 5025 工况结束。

注意:测功机在车速 25.0 km/h±1.5 km/h 的允许误差范围内,加载扭矩应随车速的变化做相应的调整,以保证加载功率不随车速而改变。扭矩允许误差为该工况设定扭矩的 $\pm5\%$。

在测量过程中,任意连续 10 s 内第一秒至第十秒的车速变化相对于第一秒小于 ±0.5 km/h,测试结果有效。快速检查工况的 10 s 内的排放平均值经修正后如果等于或低于限值的 50%,则测试合格,检测结束;否则应继续进行至 90 s 工况。如果所有检测污染物连续 10 s 的平均值均低于或等于限值,则该车应判定为 ASM5025 工况合格,继续进行 ASM 2540 检测;如果任何一种污染物连续 10 s 的平均值超过限值,则测试不合格,检测结束。在检测过程中,如果任意连续 10 s 内的任何一种污染物 10 次排放值经修正后均高于限值的 500%,则测试不合格,检测结束。

③ ASM2540 工况。车辆从 25 km/h 直接加速至 40 km/h,测功机根据测试工况要求加载,工况计时器开始计时($t=0$ s),车辆保持 40 km/h±1.5 km/h 等速 5 s 后开始检测。当测功机转速和扭矩偏差超过设定值的时间大于 5 s 时,检测应重新开始。接着,系统根据规定开始预置 10 s 之后开始快速检查工况,计时器为 $t=15$ s 时分析仪器开始测量,每秒测量一次,并根据稀释修正系数及湿度修正系数计算 10 s 内的排放平均值。运行 10 s($t=25$ s)后, ASM2540 快速检查工况结束。车辆运行至 90 s($t=90$ s),ASM2540 工况结束。

注意:测功机在车速 40.0 km/h±1.5 km/h 的允许误差范围内,加载扭矩应随车速的变化做相应的调整,以保证加载功率不随车速而改变。扭矩允许误差为该工况设定扭矩的

±5%。

在测量过程中，任意连续 10 s 内第 1 秒至第 10 秒的车速变化相对于第一秒小于 ±0.5 km/h，测试结果有效。快速检查工况的 10 s 内的排放平均值经修正后如果等于或低于限值的 50%，则测试合格，检测结束；否则应继续进行至 90 s 工况。如果所有检测污染物连续 10 s 的平均值均低于或等于限值，则该车应判定为合格。如果任何一种污染物连续 10 s 的平均值超过限值，则测试不合格，检测结束。在检测过程中，如果任意连续 10 s 内的任何一种污染物 10 次排放值经修正后均高于限值的 500%，则测试不合格，检测结束。

3）瞬态工况法

（1）测试运转循环。在底盘测功机上进行的测试运转循环如图 8-8 所示。

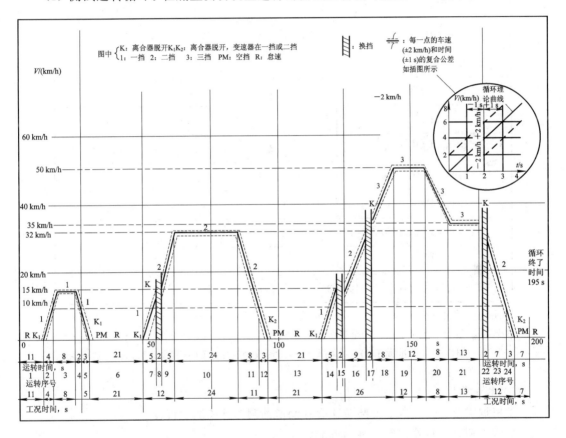

图 8-8　瞬态工况运转循环图

（2）测试车辆和燃料。

① 测试车辆。

a. 车辆机械状况应良好，无影响安全或引起试验偏差的机械故障。

b. 车辆进、排气系统不得有任何泄漏。

c. 车辆的发动机、变速箱和冷却系统等应无液体渗漏。

d. 应关闭空调、暖风等附属装备。

e. 测试前，车辆工作温度应符合出厂规定，过热车辆不得进行测试。

f. 车辆驱动轮胎应干燥防滑。轮胎气压应符合车辆使用说明书的规定。

g. 车辆应限位良好。

② 燃料。应使用符合标准的市售燃料，包括无铅汽油、压缩天然气、液化石油气等。

（3）测试设备。检测设备应符合国家相关标准和计量检定规程的规定。

（4）瞬态工况载荷设定。在进行排放检测前，系统应根据车辆参数自动设定测功机载荷，或根据表 8.2 设定测试工况的吸收功率值。

表 8.2　在 50 km/h 等速时吸收驱动轮上的功率

基准质量 RM/kg	测功机吸收功率 P/kW	
	A 类①	B 类②
RM≤750	1.3	1.3
750＜RM≤850	1.4	1.4
850＜RM≤1020	1.5	1.5
1020＜RM≤1250	1.7	1.7
1250＜RM≤1470	1.8	1.8
1470＜RM≤1700	2.0	2.0
1700＜RM≤1930	2.1	2.1
1930＜RM≤2150	2.2	2.2
2150＜RM≤2380	2.3	2.3
2380＜RM≤2610	2.6	2.6
2610＜RM	2.7	2.7

注：① 适用于轿车车辆；

② 适用于非轿车车辆和全轮驱动的车辆；

③ 对于基准质量大于 1700 t 的非轿车车辆或全轮驱动的车辆，表 8.2 中的功率值应乘以 1.30。

（5）测试程序。

① 根据需要在发动机上安装转速表和润滑油测温计等测试仪器。

② 将车辆驱动轮停在底盘测功机的转鼓上。

③ 按照试验运转循环开始进行试验。

A. 启动发动机。按照制造厂使用说明书的规定，使用启动装置启动发动机。发动机保持怠速运转 40 s。在 40 s 终了时开始循环，并同时开始取样。

B. 怠速。

a. 手动或半自动变速器。怠速期间，离合器接合，变速器置于空挡位置。为了按正常循环进行加速，车辆应在循环的每个怠速后期即加速开始前 5 s，使离合器脱开，变速器置于一挡。

b. 自动变速器。在试验开始时，放好选择器后，除了下述的 C.c 所述情况或选择器可以使超速挡工作外，在试验期间，任何时候不得再操作选择器。

C. 加速。

a. 进行加速时,在整个工况过程中,应尽可能地使加速度恒定。

b. 若在规定时间内未能完成加速工况,如果可能,则所需的额外时间应从工况改变的复合公差允许的时间中扣除,否则,应该从下一等速工况的时间内扣除。

c. 自动变速器如果在规定时间内不能完成加速工况,则应按手动变速器的要求,操作挡位选择器。

D. 减速。

a. 在所有减速工况时间内,应使油门踏板完全松开,离合器接合,当车速降至 10 km/h 时,使离合器脱开,但不操作变速杆。

b. 如果减速时间比相应工况规定的时间长,则允许使用车辆的制动器,以使循环按照规定的时间进行。

c. 如果减速时间比相应工况规定的时间短,则应由下一个等速或怠速工况中的时间补偿,使循环按规定的时间进行。

E. 等速。

a. 从加速工况过渡到下一等速工况时,应避免猛踏油门踏板或关闭节气门。

b. 等速工况应采用保持油门踏板位置不变的方法实现。

F. 当车速降低到 0 km/h 时(车辆停止在转鼓上),将变速器置于空挡,离合器接合。

(6) 排气污染物测量值计算。

① 排气污染物测量值应由系统主机自动进行计算和修正。

② 最后系统主机应给出各污染物排放计算结果。

③ 测试过程及结果数据应在系统数据库进行记录存储。

(7) 瞬态工况汽车排放合格性判定。

若排气污染物计算值符合表 8.3、表 8.4 的排放要求,则该车排放合格。

4) 简易瞬态工况法

(1) 试验运转循环。在底盘测功机上进行的测试运转循环如图 8-8 所示。

(2) 车辆与燃料。

① 试验车辆。

a. 车辆机械状况应良好,无影响安全或引起试验偏差的机械故障。

b. 车辆进、排气系统不得有任何泄漏。

c. 车辆的发动机、变速箱和冷却系统等应无液体渗漏。

d. 应关闭空调、暖风等附属装备。

e. 进行试验前,车辆工作温度应符合出厂规定,过热车辆不得进行测试。

f. 车辆驱动轮应位于滚筒上,必须确保车辆横向稳定。驱动轮胎应干燥防滑。

g. 车辆应限位良好。对前轮驱动车辆,试验前应使驻车制动起作用。

② 试验燃料。应使用符合标准的市售燃料,包括无铅汽油、压缩天然气、液化石油气等。

(3) 简易瞬态工况载荷设定。在进行排放检测前,系统应根据车辆参数自动设定测功机载荷,或根据基准质量设定试验工况吸收功率值(可采用表 8.2 的推荐值)。

(4) 测试程序。

① 根据需要在发动机上安装冷却水和润滑油测温计等测试仪器。

② 将车辆驱动轮停在转鼓上,将分析仪取样探头插入排气管中,深度为 400 mm 以上,并固定于排气管上。

③ 按照试验运转循环开始进行试验。

A. 启动发动机。

a. 按照制造厂使用说明书的规定,使用启动装置,启动发动机。

b. 发动机保持怠速运转 40 s。在 40 s 终了时开始循环,并同时开始取样。

B. 怠速。

a. 手动或半自动变速器。怠速期间,离合器接合,变速器置空挡。为了按正常循环进行加速,车辆应在循环的每个怠速后期,加速开始前 5 s 离合器脱开,变速器置一挡。

b. 自动变速器。在试验开始时,放好选择器后,在试验期间,任何时候不得再操作选择器,但除了下述的 C. c 所述情况或选择器可以使超速挡工作外。

C. 加速。

a. 进行加速时,在整个工况过程中,应尽可能地使加速度恒定。

b. 若加速未能在规定时间内完成,如有可能,超出的时间应从工况改变的复合公差允许的时间中扣除,否则,必须从下一等速工况的时间内扣除。

c. 自动变速器。若加速不能在规定时间内完成,则应按手动变速器的要求,操作挡位选择器。

D. 减速。

a. 在所有减速工况时间内,应使加速踏板完全松开,离合器接合,当车速降至 10 km/h 时,离合器脱开,但不操作变速杆。

b. 如果减速时间比响应工况规定的时间长,则应使用车辆的制动器,以使循环按照规定的时间进行。

c. 如果减速时间比响应工况规定的时间短,则应在下一个等速或怠速工况时间中恢复至理论循环规定的时间。

E. 等速。

a. 从加速过渡到下一等速工况时,应避免猛踏加速板或关闭节气门。

b. 等速工况应采用保持加速踏板位置不变的方法实现。

F. 循环终了时(车辆停止在转鼓上),应将变速器置于空挡,离合器接合,同时停止取样。

(5) 排气污染物测量值计算和试验结果修正。

① 排气污染物测量值应由系统主机自动进行计算和修正,计算公式如下:

$$单位时间排放质量(g/s)=浓度×密度×气体总流量$$

② 气体污染物密度和气体流量都应修正为标准状态下的对应值。

③ 系统主机最后应给出各污染物排放因子计算结果,计算公式如下:

$$排放因子(g/km)=\frac{单位时间排放质量(g/s)}{车辆单位时间当量行驶距离(km/s)}$$

④ 一氧化氮(NO)的测量值应由系统主机自动进行计算和修正后,以氮氧化物(NO_x)的形式表示,氮氧化物(NO_x)用二氧化氮(NO_2)当量表示。

⑤ 试验过程及结果数据应在系统数据库进行记录存储。

（6）简易瞬态工况汽车排放合格性判定。

若排气污染物计算值符合表 8.3 和表 8.4 的排放要求，则该车排放合格。

5）在用汽车自由加速试验不透光烟度法

（1）试验条件。

① 试验应在汽车上进行。

② 试验前不应长时间怠速，以免燃烧室温度降低或积污。

③ 规定的关于取样和测量仪器的条件亦适用本试验。

④ 试验采用符合国家标准的商品燃料。

（2）车辆准备。

① 车辆在不进行预处理的情况下也可以进行试验。出于安全考虑，必须确保发动机处于热状态，并且机械状态良好。

② 发动机应充分预热。例如：在发动机机油标尺孔位置测得的机油温度应至少为80℃，如果温度低于80℃，则发动机也应处于正常运转温度。因车辆结构而无法进行温度测量时，可以通过其他方法使发动机处于正常运转温度，例如，通过控制发动机冷却风扇。

③ 采用至少三次自由加速过程或其他等效方法对排气系统进行吹拂。

（3）试验方法。

① 目测检测车辆的排气系统的相关部件是否泄漏。

② 发动机包括所有装有废气涡轮增压的发动机，在每个自由加速循环的起点均处于怠速状态。对于重型发动机，将油门踏板放开后应至少等待 10 s。

③ 在进行自由加速测量时，必须在 1 s 内将油门踏板快速、连续地完全踩到底，使喷油泵在最短时间内供给最大油量。

④ 对每一个自由加速进行测量时，在松开油门踏板前，发动机必须达到断油点转速。对带自动变速箱的车辆，则应达到制造厂申明的转速（如果没有该数据值，则应达到断油转速的 2/3）。关于这一点，在测量过程中必须进行检查，例如，通过监测发动机转速或延长油门踏到底后与松开油门前的间隔时间，对于重型汽车，该间隔时间应至少为 2 秒。

⑤ 计算结果取最后三次自由加速测量结果的算术平均值。在计算均值时可以忽略与测量均值相差很大的测量值。

（4）在用汽车自由加速试验不透光烟度法排放合格性判定。如果上述测试结果满足前面介绍的在用汽车光吸收系数的限值要求，则该车排放合格。

6）在用汽车自由加速试验滤纸烟度法

本标准适用于装有柴油发动机、最大总质量大于 400 kg、最大设计车速等于或大于50 km/h 的汽车。

（1）自由加速工况。在发动机怠速下，迅速但不猛烈地踏下油门踏板，使喷油泵供给最大油量，在发动机达到调速器允许的最大转速前，保持此位置。一旦达到最大转速，立即松开油门踏板，使发动机恢复至怠速。

（2）自由加速滤纸式烟度。在自由加速工况下，从发动机排气管抽取规定长度的排气柱所含的碳烟，使规定面积的清洁滤纸染黑的程度，称为自由加速滤纸式烟度。

（3）测量仪器技术要求。

① 规定采用滤纸式烟度计（以下简称烟度计）。该烟度计由取样系统和测量系统组成，除本标准提出的特殊要求外，其技术参数和要求应符合 HJ/T4—93 的规定。

② 取样系统由取样探头、抽气装置、清洗装置和取样用连接管组成。

a. 取样探头应符合图 8-9 的要求。

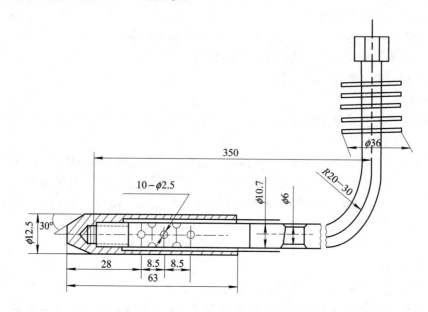

图 8-9　取样探头

b. 滤纸有效工作面直径应为 $\phi 32$ mm。

c. 取样用连接管的长度为 5.0 m，内径等于 $\phi 5_{-0.2}$ mm，取样系统局部内径不得小于 $\phi 4$ mm。

③ 测量系统由光电反射头、指示器和试样台组成。

④ 滤纸规格：反射因数为（92±3）％；当量孔径为 45 μm；透气度为 3000 ml/（cm² · min）（滤纸前后压差为 1.96～3.90 kPa）；厚度为 0.18～0.20 mm。

⑤ 烟度卡的技术要求应符合 GB 9804 的规定。

⑥ 烟度计必须定期标定，在有效期内方可使用。

（4）受检车辆。

① 进气系统应装有空气滤清器，排气系统应装有消声器并且不得有泄漏。

② 柴油应符合国家标准的规定，不得另外使用燃油添加剂。

③ 测量时发动机的冷却水和润滑油温度应达到汽车使用说明书所规定的热状态。

④ 自 1995 年 7 月 1 日起新生产柴油车装用的柴油机，应保证起动加浓装置在非起动工况下不再起作用。

（5）测量循环。

① 测前准备。用压力为 300～400 kPa 的压缩空气清洗取样管路，把抽气泵置于待抽气位置，将洁白的滤纸置于待取样位置，将滤纸夹紧。

② 循环组成。

a. 抽气泵抽气：由抽气泵开关控制，抽气动作应和自由加速工况同步。

b. 滤纸走位：每次抽气完毕后应松开滤纸夹紧机构，把烟样送至试样台。

c. 抽气泵回位：可以手动，也可以自动，以准备下一次抽气。

d. 滤纸夹紧：抽气泵回位后手动或自动将滤纸夹紧。

e. 指示器读数：烟样送至试样台后由指示器读出烟度值。

③ 循环时间。应于 20 s 内完成所规定的循环，对手动烟度计，指示器读数的规定可以在完成下述测量程序后一并进行。

④ 清洗管路。在按测量程序完成 4 个测量循环后，用压力为 300～400 kPa 的压缩空气清洗取样管路。

（4）测量程序。

① 安装取样探头：将取样探头固定于排气管内，插深等于 300 mm，并使其中心线与排气管轴线平行。

② 吹除积存物：按自由加速工况进行三次，以清除排气系统中的积存物。

③ 测量取样：将抽气泵开关置于油门踏板上，按自由加速工况及规定的循环测量四次，取后三次读数的算术平均值即为所测烟度值。

④ 当汽车发动机出现黑烟冒出排气管的时间和抽气泵开始抽气的时间不同步的现象时，应取最大烟度值。

⑤ 在用汽车自由加速试验滤纸烟度法排放合格性判定。如果上述测试结果满足前面介绍的在用汽车排气烟度的限值要求，则该车排放合格。

3. 检测标准限值及检测结果分析

1）汽油机检测标准限值及检测结果分析

（1）2005 年 7 月 1 日起装用点燃式发动机排气污染物排放限值标准。

① 新生产汽车排气污染物排放限值。装用点燃式发动机的新生产的轻型汽车，型式核准和生产一致性检查的排气污染物排放限值见表 8.3。

表 8.3　新生产汽车排气污染物排放限值（体积分数）

车　型	类　型			
	怠速		高怠速	
	CO/%	HC×10⁻⁶	CO/%	HC×10⁻⁶
2005 年 7 月 1 日起新生产的第一类轻型汽车	0.5	100	0.3	100
2005 年 7 月 1 日起生产的第二类轻型汽车	0.8	150	0.5	150
2005 年 7 月 1 日起新生产的重型汽车	1.0	200	0.7	200

② 在用汽车排气污染物排放限值。装用点燃式发动机的在用汽车的排气污染物排放限值见表 8.4。

③ 过量空气系数（λ）要求。对于使用闭环控制电子燃油喷射系统和三元催化转化器技术的汽车进行过量空气系数（λ）的测定，发动机转速为高怠速转速时，λ 应在 1.00 ± 0.03 或制造厂规定的范围内。进行 λ 测试前，应按照制造厂使用说明书的规定预热发动机。

表 8.4 在用汽车排气污染物排放限值(体积分数)

车 型	类 型			
	怠速		高怠速	
	CO/%	HC×10⁻⁶	CO/%	HC×10⁻⁶
1995 年 7 月 1 日前生产的轻型汽车	4.5	1200	3.0	900
1995 年 7 月 1 日起生产的轻型汽车	4.5	900	3.0	900
2000 年 7 月 1 日起生产的第一类轻型汽车①	0.8	150	0.3	100
2001 年 10 月 1 日起生产的第二类轻型汽车	1.0	200	0.5	150
1995 年 7 月 1 日前生产的重型汽车	5.0	2000	3.5	1200
1995 年 7 月 1 日起生产的重型汽车	4.5	1200	3.0	900
2004 年 9 月 1 日起生产的重型汽车	1.5	250	0.7	200

注:① 对于 2001 年 5 月 31 日以前生产的 5 座以下(含 5 座)的微型面包车,执行 1995 年 7 月 1 日起生产的轻型汽车的排放值。

(2)检测结果分析。

根据汽车的生产年代的不同,检测的法规也不同,尤其对于汽油机车辆,由于发动机管理技术的快速发展,排放标准越来越高,尾气排放不合格的原因也较复杂。

对于 2001 年以前生产的在用汽车排放标准只规定了 CO 不大于 4.5%,HC 不大于 900 ppm。这样的规定已经过于宽松,对于 20 世纪 80 年代生产的桑塔纳乘用车来说都是不能作为故障标准的,就是说即使桑塔纳乘用车存在严重的发动机故障也可能满足这个标准。在这个标准实施的时间段内,既有东风、解放、北京 212 等较落后发动机车型,也有桑塔纳、富康等引进化油器车型,同时还有大批的进口电子燃油喷射加三元催化的车型。

对于 2001 年以后上牌照的车辆,国家标准就严格得多,通常是指配备了电子燃油喷射加三元催化装置的轻型汽车。这一类汽车排放超标的故障形式往往是 CO 或 HC 轻微超过限值。在诊断这类车时,往往发现其发动机控制系统无任何故障,氧传感器反应正常。这些都说明该车的三元催化系统存在问题,具体问题有三元催化系统老化,效率下降;三元催化转换器质量较差;三元催化转换器安装位置不合理,正常工作时三元催化器达不到合适的工作温度等。这一类车辆如果出现排放较严重超标的情况,一般是发动机管理系统出现了较严重的问题,需要通过诊断仪器分析控制系统中的哪些元件出现问题。

2)柴油机检测标准限值及检测结果分析

(1)2005 年 7 月 1 日起装车用压燃式发动机和压燃式发动机汽车排气烟度排放限值标准。

① 对于 GB 3847—2005《车用压燃式发动机和压燃式发动机汽车排气烟度排放限值及测量方法》实施后生产的在用汽车,经型式核准批准车型生产的在用汽车,应按自由加速—不透光烟度法的要求进行试验,所测得的排气光吸收系数不应大于车型核准批准的自由加速排气烟度排放限值,再加 0.5 m^{-1}。

② 对于 2001 年 10 月 1 日起生产的在用汽车,自 2001 年 10 月 1 日起至本标准实施之日生产的汽车,应按自由加速—不透光烟度法的要求进行试验,所测得的排气光吸收系数

不应大于以下数值：

- 自然吸气式：2.5 m^{-1}；
- 涡轮增压式：3.0 m^{-1}。

③ 对于 2001 年 10 月 1 日前生产的在用汽车：

- 自 1995 年 7 月 1 日起至 2001 年 9 月 30 日期间生产的在用汽车，应按自由加速—滤纸烟度法的要求进行自由加速试验，所测得的烟度值应不大于 4.5Rb。
- 自 1995 年 6 月 30 日以前生产的在用汽车，应按自由加速—滤纸烟度法的要求进行试验，所测得的烟度值应不大于 5.0Rb。

④ 在用汽车的排放监控。自 2005 年 7 月 1 日起，压燃式发动机在用汽车排放监控采用本标准规定的排气烟度排放限值及测量方法。在机动车保有量大、污染严重的地区，可采用在用汽车加载减速工况法。在用汽车的排放监控也可采用目测法，由具有资格的人员对高排放汽车进行筛选。

各省级环境保护行政主管部门可根据当地实际情况，确定在用汽车排放监控方案，选择自由加速法或加载减速工况法中的一种方法作为在用汽车排气污染物排放检测方法。对于同一车型的在用汽车实施排放监控或环保定期检测时，不得采用两种或两种以上的排气污染物排放检测方法。

（2）检测结果分析。

柴油车自由加速烟度超过标准时，其主要原因是柴油机供油系统调整不当所致。此外，柴油机汽缸活塞组和曲柄连杆机构的技术状况及柴油的质量等对烟度排放也有影响。下面简要介绍排烟故障的原因和诊断。

柴油机工作时黑烟浓重，多由喷油量过大、雾化不良、各缸喷油量不均匀、喷油时刻过早、调速器失调和空气滤清器堵塞等原因引起。如发现个别缸喷油量过大，可用分缸停止供油和结合观察排气烟色的方法予以判别。假如某缸停止供油（旋松喷油器）后，烟色减轻，则可判断该缸喷油量过大。在找出喷油量过大的汽缸后，检查该缸喷油泵柱塞调节齿扇固定螺钉是否松脱，喷油器是否良好。如正常，再检查喷油器，将喷油器由缸体上拆下，仍连接高压油管，用旋具撬动该缸喷油泵柱塞弹簧座，做喷油动作，观察喷油雾化情况和有无滴油现象。若雾化不良，则应将喷油器解体检查。经检查，若各缸喷油量均过大，则应打开调速器盖，检查调节齿杆的刻度是否向油泵壳内移入过多（刻线应与泵壳后端面平行）。同时，还需检查调速器飞块是否卡滞而引起喷油量过大。如在柴油机冒黑烟的同时，还可听到汽缸内有清脆敲击声，说明喷油时刻过早，应正确校准喷油正时。检查中若发现空气滤清器堵塞（滤芯脏污），应立即清洗、吹净，并按规定加注新润滑油。

此外，柴油机冒黑烟还与柴油质量有关，为使着火性能良好，一般柴油机选用十六烷值为 40～45 的柴油为宜。若十六烷值超过 65，则柴油蒸发性变差，致使燃烧不彻底，工作时也可发生冒黑烟现象。

学习测试

一、填空题

（1）汽车的排放污染物主要包括 _____ 、_____ 和 _____ 等。

（2）柴油机排烟情况可进行人工检测，观测到排蓝烟说明 _____ 。

（3）部分城市为满足实施更高排放检测要求，将逐步实施工况法，其检测方法主要有_____、_____和_____三种。

（4）汽车排放污染的主要来源有_____、_____、_____。

二、判断题

（1）汽车年审时，排气污染的检测项目是 CO、HC 和 NO_x。（　　）

（2）年审时，柴油机烟度的测量是在怠速下测试的。（　　）

（3）废气中的 NO_x 不论是汽油机和柴油机都是在经济工况下浓度最大。（　　）

（4）汽车急减速时的 CO 排放量是各种速度工况中最严重的。（　　）

三、选择题

（1）目前我国汽车污染物检测标准中，对于 CO 和 HC 排放污染物使用（　　）表示方法。

A. ％，ppm
B. g/h，$\times 10^{-6}$
C. g/kw，g/(kw · h)
D. mg/m³

（2）关于点燃发动机的概念，甲说只有汽油发动机，乙说包括汽油发动机还有 LPG 和 NG 发动机。以下选项正确的是（　　）。

A. 甲对乙错
B. 甲错乙对
C. 甲乙都对
D. 甲乙都错

（3）柴油机冒黑烟是由于（　　）。

A. 空气滤清器堵塞
B. 压缩比高
C. 发动机温度高
D. 喷油泵故障

（4）目前按照国家现行标准，乘用车（汽油机）的尾气标准按照（　　）方法检测。

A. 双怠速法
B. 加速度法
C. 模拟工况法
D. 怠速法

（5）CO_2 为无色无毒气体，对人体无直接危害，但大气中 CO_2 的大幅度增加，因其对红外热辐射的吸收而形成的（　　），会使全球气温上升、南北极冰层溶化、海平面上升、大陆腹地沙漠趋势加剧，使人类和动、植物赖以生存的生态环境遭到破坏。

A. 化学反应
B. 温室效应
C. 城市热岛效应
D. 厄尔尼诺

（6）加速模拟工况，是指将车辆预热到规定的热状态后，加速至规定车速，根据车辆规定车速时的加速负荷，通过底盘测功机对车辆加载，使车辆保持等速运转的运行状态。进行 ASM 试验需要使用（　　）等设备。

A. 底盘测功机和废气分析仪
B. 发动机综合诊断仪和废气分析仪
C. 五气体分析仪
D. 示波器和废气分析仪

（7）从油箱及油管接头等处蒸发的汽油蒸气，成分是（　　）。

A. HC
B. PM
C. CO
D. NO_x

（8）使用不分光红外线废气分析仪测量汽油车排放污染时，是在汽油机（　　）工况下测量的。

A. 怠速
B. 自由加速
C. 全负荷
D. 低速

（9）采用滤纸烟度法测量柴油机烟度是在（　　）下进行的。

A. 怠速　　　　　B. 自由加速　　　　　C. 全负荷　　　　　D. 低速

四、问答题

(1) 汽车排气中的主要有害成分是什么？有何危害？

(2) 尾气测试前为什么要使发动机冷却水和润滑油温度达到汽车使用说明书所规定的热状态？进行自由加速试验排气可见污染物检验前为什么车辆不能长时间怠速运转？否则应怎么办？

(3) 说明双怠速测试时高怠速的具体含义。

(4) 用不透光计进行自由加速试验排气可见污染物检验，至少需要测几次？最终检测结果是怎么计算出来的？

(5) 用滤纸法进行烟度检验，至少需要测几次？最终检测结果是怎么计算出来的？

(6) 已知某载货汽车 2002 年 6 月上牌，最大总质量为 3200 kg，发动机额定转速为 4800 r/m，现测得尾气排放数据如下表(30 秒内)：

项目		标准限值	t_1	t_2	t_3	t_4	t_5	t_6	t_7	t_8	t_9	t_{10}	t_{11}
高怠速	CO(%)		0.5	0.4	0.4	0.6	0.5	0.7	0.5	0.4	0.5	0.6	0.6
	HC(10^{-6})		130	120	125	139	135	145	156	150	160	155	155
怠速	CO(%)		0.7	0.7	0.6	0.8	0.9	1.0	1.1	1.3	1.3	1.2	1.2
	HC(10^{-6})		145	130	130	135	130	130	150	170	190	200	190

请问：

① 该检测方法是否正确？如果正确，高怠速时发动机转速应该是多少？

② 写出该车排放标准限值(填在表内)。

③ 计算检测结果，判定检测结果是否合格。

学习任务 2　汽车噪声检测

学习目标

(1) 理解汽车噪声的评价指标及产生；

(2) 了解汽车噪声检测仪的结构与工作原理；

(3) 掌握汽车噪声的检测方法及检测标准；

(4) 会用声级计检测汽车噪声。

任务分析

车辆噪声一般为中等强度的噪声，大约为 60～90 分贝。如公共汽车的噪声为 80 分贝左右，摩托车的噪声比一般汽车高 10 分贝左右。由于车辆噪声为游走性的，影响范围大，干扰时间长，因而受害人多。并且，随着工业和交通运输业的发展，这种影响会越来越严重,如美国整个环境噪声的响度每 10 年约增加一倍。我国不少城市的噪声也到了非治理不可的程度,特别是车辆噪声。所以,必须根据有关的标准对车辆噪声进行检测和控制。

任务实施

【项目 1】 汽车噪声的评价指标及产生

声音是由声源作周期或非周期性振动而产生的。当声源振动时,声音以波的形式在弹性媒体(气体、液体或固体)中传播,即形成声波。声音的大小与"声压"有关;声音的尖沉与"音频"高低有关;声音的悦耳嘈杂与"音调"是否和谐有关。噪声是指那些人们不需要的、令人厌恶的或对人类生活和工作有妨碍的声音。噪声不仅有其客观的物理特性,还依赖于主观感觉的评定。如在听音乐时,悦耳的歌声不是噪声,而在老师讲课的课堂上,高音播放的音乐只能算是噪声。

1. 汽车噪声的评价指标

1)音频

人耳可以听到的声音频率,大致为 20～20 000 Hz。频率越高,声音就越尖锐;频率越低,声音就越低沉。例如,打鼓的声音频率在 100 Hz 左右;人讲话的声音约为几百赫兹;高音和乐器的声音约在 100～4000 Hz 范围内;尖叫的声音可能超过 4000 Hz。低于 20 Hz 的声音称为次声,高于 20 000 Hz 的声音称为超声,它们都是人耳听不到的声音。

2)声压和声压级

(1)声压。声波对介质造成的压力称为声压,即单位面积上的作用力。声压远小于大气压。一般声压的范围为 2×10^{-5}～20 Pa,而大气压大约为 100 kPa。声压越大,声音也越大。

对于 1000 Hz 的纯音来说,正常人耳能够感受的最小声压为 2×10^{-5} Pa,这个最小声压称为基准声压或听阈声压,用 P_0 表示。人耳能承受的最大声压为 20 Pa,称为痛阈声压,这样大的声音会使人耳感到震痛。

(2)声压级。声压级是声音的实际评价指标之一。由于声压范围很大,并且人耳实际听到的声音大小并不与声压成比例,用声压的绝对值表示声音的强弱很不方便,因此实际使用声压的相对值(声压级)来衡量人听到的声音大小。噪声的强度也是用声压级来表示的。声压级的定义是

$$L_p = 10 \lg \frac{P^2}{P_0^2} = 20 \lg \frac{P}{P_0}$$

式中:P——声压(Pa);

P_0——基准声压,为 2×10^{-5} Pa;

L_p——声压级(dB)。

声压级的单位是分贝(dB)。引入声压级的概念,就可将可闻声压分成 0～120 dB。分贝是无量纲量,只是一个比较指标,表示所测量与基准量比较的相对大小。声音的测量是用分贝来表示声音的强弱。

用声压级表示声音的强弱,使得从听阈到痛阈的 100 万倍的变化范围,改为 0～120 dB 的变化范围。即使声压级高达数百帕的喷气式飞机的强烈噪声,也不过是140～150 dB。声

压 P 每增加 10 倍，声压级 L_p 增加 20 dB。

采用声压级(dB)表示声音的强弱相比于直接用声强或声压表示，既避免了大数量级数字的表达，又和人耳的实际感觉相近。

3）计权网络

在噪声研究中，一般用声压、声压级作为噪声测量的物理参数。实际上，人耳接受客观声压和频率后，主观上产生的"响度感觉"与这些客观物理量之间并不完全一致。这种主、客观量的差异是由声波频率的不同而引起的。因此在噪声测量时，就存在着一个客观存在的声音物理量与人耳感觉的主观量的统一问题。把声压级和频率统一起来考虑，就引出了"响度"的概念，单位为"方"(phon)。响度级反映人对声音的主观评价，将声压级和频率用一个单位统一表示。为此，人们在噪声分析仪中设计了 A、B、C 三种"频率计权"网络来对所测量噪声进行听感修正，其中 A、B 计权网络对中、低频声音有衰减，C 计权网络基本上无衰减。测量噪声声压级时常用 A 计权。国标规定，在测量汽车噪声时也要使用 A 计权。这是因为(研究表明)，对于大多数的噪声而言，用 A 计权比其他计权能够更接近人耳的听觉响应特性。

2. 汽车噪声的产生及其影响

按照噪声产生的过程，可将汽车噪声源大致分为两类：一类是与发动机运转有关的噪声；另一类是与汽车行驶有关的噪声。与发动机运转有关的噪声主要包括发动机运转时发出的燃烧噪声、机械噪声、进排气噪声和风扇噪声，以及发动机运转时所带动的各种附件(如压气机、发电机等)发出的噪声。与汽车行驶有关的噪声主要包括传动机构(变速器、传动轴及驱动桥)的机械噪声、轮胎发出的噪声、车身振动及和空气作用所发出的噪声(见图 8－10)。

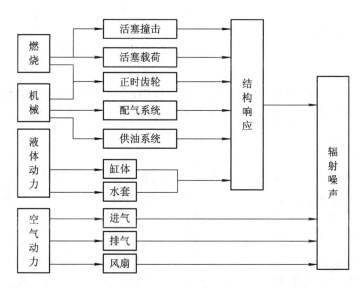

图 8－10　汽车噪声的产生

1）发动机噪声

(1) 燃烧噪声和机械噪声。

发动机的燃烧噪声是指汽缸内燃料燃烧产生的声音，而机械噪声是由于发动机运转而引起的声音。为了研究方便起见，通常把燃烧时气缸压力通过活塞、连杆、曲轴、缸体及气缸盖等引起发动机结构表面振动而辐射出来的噪声叫做燃烧噪声；把活塞对缸套的敲击声，配气机构、正时齿轮和喷油泵的噪声叫做机械噪声。

① 燃烧噪声。燃烧噪声是由于气缸内周期性变化的气体压力的作用而产生的。主要表现为气体燃烧时急剧上升的气缸压力通过活塞、连杆、曲轴缸体及缸盖等引起发动机结构表面振动而辐射出来的噪声。压力升高率是影响燃烧噪声的根本因素。因而，燃烧噪声主要集中于速燃期，其次是缓燃期。柴油机由于压缩比高，压力升高率过大，因而其燃烧噪声比汽油机高得多。

② 机械噪声。机械噪声是指由于气体压力及机件的惯性作用，使相对运动零件之间产生撞击和振动而形成的噪声。机械噪声主要包括活塞连杆组噪声（活塞、连杆、曲轴等运动件撞击气缸体产生的噪声）、配气机构噪声、柴油机供给系噪声等。

活塞连杆组噪声是发动机最主要的机械噪声源。其噪声大小与活塞和缸壁间隙、发动机转速、负荷、活塞与缸壁间润滑条件、活塞的结构及材料、活塞环数及张力，缸套厚度等有关。

配气机构噪声是由于气门开启和关闭时产生的撞击以及系统振动而形成的噪声。气门运动速度、气门间隙、配气机构结构形式、零部件刚度及质量等是影响配气机构噪声的主要因素。

齿轮机构噪声是由齿轮啮合时所产生的噪声和齿轮固有振动噪声组成的。影响齿轮噪声的因素主要有齿轮的运转状况、齿轮的设计参数、齿轮的加工精度等。

柴油机供油系噪声主要是由于喷油泵、喷油器和高压油管系统振动引起的。其中喷油泵形成的噪声是主要的机械噪声。为降低喷油泵噪声，可提高泵体刚度，如采用特种金属或塑料材料及隔声罩等。

（2）进、排气噪声。

进、排气噪声是由于发动机在进、排气过程中的气体压力波动和高速气体流动所引起的振动而产生的噪声。进、排气噪声的强弱受发动机转速和负荷影响较大。随着发动机转速的提高，进气噪声增大，负荷对进气噪声影响较小；随着发动机转速的增加，空负荷比满负荷增加的比率更大。降低进气噪声的最有效措施是，设计合适的空气滤清器或采用进气消声器。

（3）风扇噪声。

风扇噪声由旋转噪声和涡流噪声所组成。旋转噪声是由于风扇旋转时叶片切割空气，引起空气振动所产生的。涡流噪声是由于风扇旋转时叶片周围产生的空气涡流造成的。影响风扇噪声的主要因素是风扇转速。此外，风扇噪声还包含一些机械噪声。

2）传动机构噪声

变速器噪声主要是因齿轮振动引起的噪声以及轴承运转声、润滑油搅拌声、发动机振动传至变速器箱体而辐射的噪声等。提高齿轮加工精度，选择合适的齿轮材料，设计固有振动频率高、密封性好、隔声性强的齿轮箱等均可减少变速器噪声。

传动轴噪声主要表现为汽车行驶中传动轴发出周期性响声，且车速越高响声越严重，甚至引起车身发生抖动、驾驶员握转向盘的手有麻木感。这是由于传动轴变形、轴承松旷及装配不良等原因造成的。提高装配精度，检查平衡片有无脱落，避免超速行驶，可减少传动轴噪声。

驱动桥噪声是在汽车行驶时车后部发出的较大响声，且车速越高响声越大。该噪声主要是齿隙不合适、齿轮装配不当、轴承调整不当等原因造成的。

3）制动噪声

制动噪声是汽车制动过程中由制动器摩擦诱发引起制动器等部件振动发出的声响，通常称为制动尖叫声。特别是制动器由热态转为冷态时更容易产生这种噪声。该高频噪声不仅影响汽车的舒适性，还会给驾驶员带来不必要的担心。

鼓式制动器比盘式制动器产生的噪声大，通常发生在制动蹄摩擦片端部和根部与制动鼓接触的情况下。其噪声大小取决于制动蹄摩擦片长度方向上的压力分布规律，还受制动系统及零部件刚度的影响。

4）轮胎噪声

轮胎噪声包括轮胎花纹噪声、道路噪声、弹性振动噪声以及轮胎旋转时搅动空气引起的风噪声。

轮胎花纹噪声和道路噪声都是轮胎和路面相互作用而产生的噪声。汽车行驶时，轮胎接地部分胎面花纹沟槽内的空气以及路面的微小凹凸与地面间的空气，在轮胎离开地面时，受到一种类似于泵的挤压作用，引起周围空气压力变化，从而产生噪声。弹性振动噪声是由于轮胎不平衡、胎面花纹刚度变化或路面凹凸不平等原因激发胎体振动而产生的噪声。

影响轮胎噪声的因素主要有轮胎花纹、车速及负荷、轮胎气压、装配情况、轮胎磨损程度及路面状况等。

【项目 2】　汽车噪声的检测

1. 汽车噪声检测设备

1）声级计的结构与工作原理

声级计是一种能将汽车噪声按人耳听觉特性近似地测定其噪声级的仪器，其面板如图 8-11 所示。声级计有精密声级计和普通声级计两类。噪声级是指用声级计测得的并经过听感修正的声压级（dB）或响度级（phon）。

声级计一般由传声器、电子线路（包括放大器、衰减器、计权网络、检波器等）、指示仪表及电源等组成。其结构原理方框图如图 8-12 所示。

（1）传声器。

传声器也叫话筒、麦克风，它是将声压信号（机械能）转变为电信号（电能）的传感器，是声级计中的关键元器件之一。

传声器的种类很多，按照它们的构造不同，可以分为动圈式、电容式、压电式、半导体式传声器等多

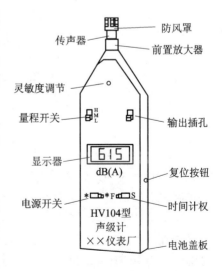

图 8-11　声级计面板图

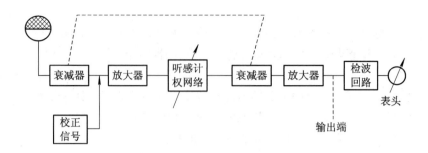

图 8-12　声级计结构原理方框图

种。常用的传声器是动圈式和电容式传声器。

动圈式传声器由振动膜片、可动线圈、永久磁铁和变压器等组成。振动膜片受到声波压力以后开始振动，并带动着和它装在一起的可动线圈在磁场内振动以产生感应电流。该电流根据振动膜片受到声波压力的大小而变化。声压越大，产生的电流就越大；声压越小，产生的电流也越小。

电容式传声器主要由金属膜片和靠得很近的金属电极组成，实质上是一个平板电容，如图 8-13 所示。金属膜片与金属电极构成了平板电容的两个极板。当膜片受到声压作用时，膜片发生变形，使两个极板之间的距离发生了变化，电容量也发生变化，从而产生交变电压，其波形在传声器线性范围内与声压级波形成比例，实现了将声压信号转换为电压信号的作用。

电容式传声器是声学测量中比较理想的传声器，具有动态范围大、频率响应平直、灵敏度高和在一般测量环境下稳定性好等优点，因而应用广泛。由于电容式传声器输出阻抗很高，因而需要通过前置放大器进行阻抗变换。前置放大器装在声级计内部靠近安装电容式传声器的部位。

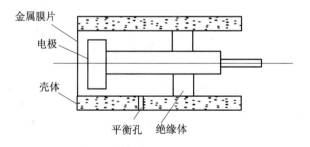

图 8-13　电容式传声器结构示意图

（2）放大器和衰减器。

由于传声器将声压转变为电压的能量很小，因此在声级计中安装有低噪声放大器。在放大电路中一般采用两级放大，即输入放大器和输出放大器，其作用均是将微弱的电信号放大。输入衰减器和输出衰减器用来改变输入信号的衰减量和输出信号的衰减量，以便使表头指针指在适当的位置，其每一挡的衰减量为 10 dB。输入放大器使用的衰减器调节范围为测量低端（如 0～70 dB），输出放大器使用的衰减器调节范围为测量高端（如 70～120 dB）。输入和输出两个衰减器的刻度盘常做成不同颜色，目前以黑色与透明配对为多。由于许多声级计的高、低端以 70 dB 为界限，故在旋转时要防止超过界限，以免损坏装置。

（3）计权网络。

为了模拟人耳听觉在不同频率有不同的灵敏性，在声级计内设有一种能够模拟人耳的听觉特性，并把电信号修正为与听觉近似值的网络，这种网络叫做计权网络。通过计权网络测得的声压级，已不再是客观物理量的声压级，而是经过听感修正的声压级，叫做计权声级或噪声级。

计权网络一般有 A、B、C 三种。A 计权声级是模拟人耳对 55 dB 以下低强度噪声的频率特性，B 计权声级是模拟 55～85 dB 的中等强度噪声的频率特性，C 计权声级是模拟高强度噪声的频率特性。A 计权网络测得的噪声值比较符合人耳对噪声的感觉，在汽车和发动机噪声测试时，大多采用 A 计权网络。

从声级计上得出的噪声级读数，必须注明测量条件，如单位为 dB，且使用的是 A 计权网络，则应记为 dB(A)。

（4）检波器。

为了使经过放大的信号通过仪表显示出来，声级计还需要有检波器，以便把迅速变化的电压信号转变成变化较慢的直流电压信号。这个直流电压的大小要正比于输入信号的大小。根据测量的需要，检波器有峰值检波器、平均值检波器和均方根值检波器之分。峰值检波器能给出一定时间间隔中的最大值，平均值检波器能在一定时间间隔中测量其绝对平均值。在多数的噪声测量中均采用均方根值检波器。均方根值检波器能对交流信号进行平方、平均和开方，得出电压的均方根值，最后将均方根电压信号输送到指示仪表。

（5）指示仪表。

指示仪表是一只电表，对其刻度进行一定的标定，可从表头上直接读出噪声级的 dB 值。声级计表头阻尼一般都有"快"和"慢"两个挡。"快"挡的平均时间为 0.27 s，很接近于人耳听觉器官的生理平均时间。"慢"挡的平均时间为 1.05 s。当对稳态噪声进行测量或需要记录声级变化过程时，使用"快"挡比较合适；在被测噪声的波动比较大时，使用"慢"挡比较合适。

声级计面板上一般还备有一些插孔。这些插孔如果与便携式倍频带滤波器相连，则可组成小型现场使用的简易频谱分析系统；如果与录音机组合，则可把现场噪声录制在磁带上储存下来，待以后再进行更详细的研究；如果与示波器组合，则可观察到声压变化的波形，并可存储波形或用照相机把波形摄制下来；还可以把分析仪、记录仪等仪器与声级计组合、配套使用，这要根据测试条件和测试要求而定。

声级计一般都备有三脚支架，以便视需要将声级计固定在三脚支架上。

2）声级计的使用和维护

（1）声级计使用前的检查和校准。

① 在未接通电源时，先检查仪表指针是否在机械零点上。

② 检查电池容量。把声级计功能开关对准"电池"衰减器，此时电表指针应达到额定红线或规定区域，否则读数不准，应更换电池。

③ 打开电源开关，预热仪器约 10 min。

④ 对仪器进行校准。每次测量前或使用一段时间后，必须对仪器的电路和传声器进行校准。声级计上一般都配有电路校准的"参考"位置，可校验放大器的工作是否正常。如不正常，应调节微调电位器。电路校准后，再利用标准传声器对声级计上的传声器进行对比

校准。

⑤ 将声级计的功能开关对准"线性"、"快"挡。由于一般办公室内的环境噪声约为 40～60 dB，因此声级计上应有相应的示值。变换衰减器刻度盘，表头示值应相应变化 10 dB 左右。

⑥ 检查计权网络。接以上步骤，将"线性"位置依次变为"C"、"B"、"A"。由于室内环境噪声多为低频成分，故经频率计权后的噪声级示值将低于线性值，而且应依次递减。

⑦ 考查"快"、"慢"挡。将衰减器刻度盘调至高 dB 值处（例如 90 dB）。通过操作人员发出声响，并注意观察"快"挡时的指针摆动能否跟上发音速度，"慢"挡时的指针摆动是否明显迟缓。

⑧ 经过上述检查和校准后，声级计便可投入使用。在不知道被测声级有多大时，必须把衰减器刻度盘预先放在最大衰减位置（即 120 dB），在实测中再逐步旋至被测声级所需要的衰减挡。

（2）声级计的使用和维护注意事项。

① 使用前，应注意查看连线有无损伤和接触不良等。

② 检测时要注意仪表量程的选择应由高到低，防止指针超出刻度线以外。测量前应根据被测声音的大小将量程开关置于合适的挡位，如无法估计其大小，应先将量程开关置于最高挡。

③ 检测时要避免声级计受反射音、大风和电磁波的影响。

④ 声级计要避免受振动和冲击，注意防潮和避免阳光直射。

⑤ 电池式声级计在不使用期间，应取下干电池。电池已低于规定的工作电压的，需要更换。在更换电池时，要特别注意应将电源开关置于"关"的位置。用完后应及时关掉电源开关，否则电池的电能将耗尽。

⑥ 声级计前端的多孔泡沫塑料圆球是风罩，在室外测量或当风速超过 0.5 m/s 时应使用风罩，以减少风噪声的影响。风罩还能保护传声器不受尘埃的损害，因此在检测站内也应使用风罩。

⑦ 使用 1 个月后，应检查传声器有无灰尘。

⑧ 长期不使用时，由于会受到湿度的影响，易发生故障，因此须对声级器的内部进行干燥。

⑨ 声级计每年要接受有关部门的检定。

2. 汽车噪声检测方法

现行的国家机动车噪声排放标准体系由 6 项标准组成：《汽车加速行驶车外噪声限值及测量方法》(GB 1495—2002)；《汽车定置噪声限值》(GB 16170—1996)；《机动车辆定置噪声测量方法》(GB/T 14365—1993)；《摩托车和轻便摩托车加速行驶噪声限值及测量方法》(GB 16169—2005)；《摩托车和轻便摩托车定置噪声限值及测量方法》(GB 4569—2005)；《三轮汽车和低速货车加速行驶车外噪声限值及测量方法（中国Ⅰ、Ⅱ阶段）》(GB 19757—2005)。

1）喇叭声级的检验方法

（1）将声级计置于车前 2 m、离地高 1.2 m 处，且传声器指向被检车辆驾驶员位置（见图 8-14）。

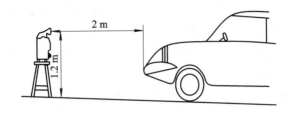

图 8-14　汽车喇叭声级的测量

（2）按使用说明书要求，调整网络开关到"A"级计权和快挡位置。

（3）检测环境本底噪声应小于 80 dB(A)。

（4）按喇叭连续发声 3 s 以上，读取检测数据。

2）汽车定置噪声的检验方法

汽车定置噪声的检验方法按 GB/T 14365—1993 的规定进行，其中标准的 5.3 条要求检测排气噪声。

（1）排气噪声测量。

① 传声器位置（见图 8-15）。

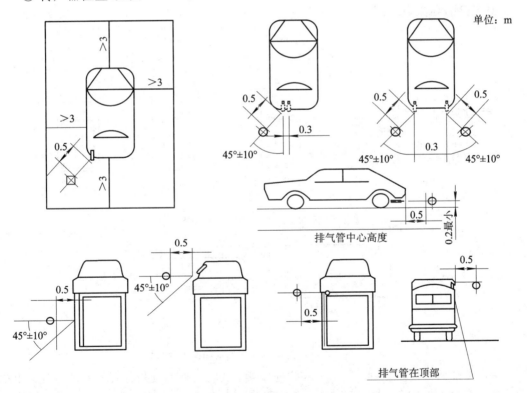

图 8-15　排气噪声的测量场地和传声器位置

a. 传声器与排气口端等高，在任何情况下距地面不得小于 0.2 m。

b. 传声器的参考轴应与地面平行，并和通过排气口气流方向且垂直地面的平面成 45°±10° 的夹角。传声器朝向排气口，距排气口端 0.5 m，放在车辆外侧。

c. 车辆装有两个或更多个排气管，且排气管之间的间隔不大于 0.3 m，当连接于一个消声器时，只需取一个测量。传声器应选择位于最靠近车辆外侧的那个排气管。如果两个或两个以上的排气管同时处在垂直于地面的直线上，则选择离地面最高的一个排气管。

d. 装有多个排气管并且各排气管之间的间隔大于 0.3 m 的车辆，对每一个排气管都要测量，并记录其最高声级。

e. 排气管垂直向上的车辆，传声器放置高度应与排气管口等高，传声器朝上，其参考轴应垂直于地面。传声器应放在离排气管较近的车辆一侧，并距排气口 0.5 m。

f. 车辆由于设计原因（如备胎、油箱、蓄电池等）不能满足标准放置时，应画出测点图，并标注传声器选择的位置。传声器朝向排气口，放在尽可能满足条件并距最近障碍物大于 0.2 m 地方。

② 发动机运转条件。

发动机测量转速：汽油机车辆取 $\frac{3}{4}n_r \pm 50$ r/min；柴油机车辆取 $\frac{3}{4}n_r \pm 50$ r/min。n_r 指生产厂家规定的额定转速。测量时，发动机稳定在上述转速后，测量由稳定转速尽快减速到怠速过程的噪声，然后记录下最高声级。

（2）发动机噪声测量。

① 传声器位置（见图 8-16）。

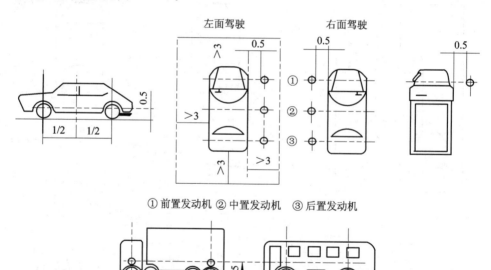

图 8-16　发动机噪声的测量场地和传声器位置

传声器放置高度距地面 0.5 m，并朝向车辆，放在没有驾驶员位置的车辆一侧。距车辆外廓 0.5 m，传声器参考轴平行于地面，位于一垂直平面内，该垂直平面的位置取决于发动机的位置。前置发动机：垂直平面通过前轴；后置发动机：垂直平面通过后轴；中置发动机：垂直平面通过前后轴距的中点。

② 发动机运转条件。

测量时，发动机从怠速尽可能快地加速到前面所规定的转速，并用一种合适的装置保持必要长的时间。测量由怠速加速到稳定转速过程的噪声，然后记录下最大噪声。

3）汽车加速行驶车外噪声的测量方法

（1）汽车加速行驶车外噪声的测量仪器和测量场地要求见 GB 1495—2002《汽车加速行驶车外噪声限值及测量方法》的规定。

（2）测量应在良好天气中进行。测量时传声器高度的风速不应超过 5 m/s。必须注意测量结果不受阵风的影响。可以采用合适的风罩，但应考虑到它对传声器灵敏度和方向性的影响。气象参数的测量仪器应置于测量场地附近，高度为 1.2 m。

（3）背景噪声（A 计权声级）至少应比被测汽车噪声低 10 dB。

（4）汽车状态。

① 被测汽车应空载，不带挂车或半挂车（不可分解的汽车除外）。

② 被测汽车装用的轮胎由汽车制造厂选定，必须是为该车型指定选用的形式之一，不得使用任一部分花纹深度低于 1.6 mm 的轮胎。必须将轮胎充至厂定的空载状态气压。

③ 在开始测量之前，被测汽车的技术状况应符合该车型的技术条件（特别是该车的加速性能）和 GB/T 12534 的有关规定（包括发动机温度、调整、燃油、火花塞等）。

④ 如果汽车有两个或更多的驱动轴，则测量时应采用道路上行驶常用的驱动方式。

⑤ 如果汽车装有带自动驱动机构的风扇，则在测量期间应保持其自动工作状态。如果该车装有水泥搅拌器和空气压缩机（非制动系统用）等设备，则测量期间不要启动。

（5）测量区和传声器的布置。

① 汽车加速行驶测量区域按图 8-17 确定。O 点为测量区的中心，加速段长度为 2×（10 m±0.05 m），AA′线为加速始端线，BB′线为加速终端线，CC′为行驶中心线。

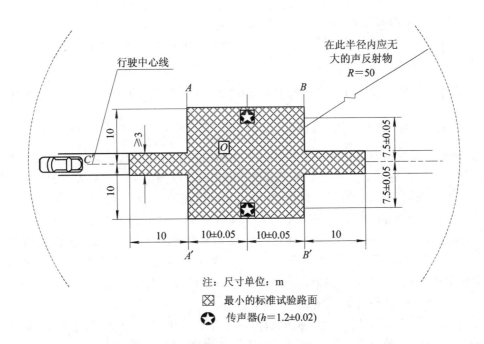

图 8-17　汽车加速行驶车外噪声检测示意图

② 传声器应布置在离地面高 1.2 m±0.02 m，距行驶中心线 CC′7.5 m±0.05 m 处，其参考轴线必须水平并垂直指向行驶中心线 CC′。

（6）挡位选择。

① 对于手动变速器 M_1 和 N_1 类汽车。不多于四个前进挡的变速器时，应用第二挡进行测量；对于 M_1 和 N_1 类汽车，装用多于四个前进挡的变速器时，应分别用第二挡和第三挡进行测量。

用第二挡进行测量时，汽车尾端通过 BB' 线时发动机转速超过了 S（发动机额定转速），则应逐次按 $5\%S$ 降低 N_A，直到通过 BB' 线时的发动机转速不再超过 S。如果 N_A 降到了怠速，通过 BB' 线时的转速仍超过 S，则只用第三挡进行测量。但是，对于前进挡多于四个并装用额定功率大于 140 kW 的发动机，且额定功率/最大总质量之比大于 75 kW/t 的 M_1 类汽车，假如该车用第三挡，其尾端通过 BB' 线时的速度大于 61 km/h，则只用第三挡进行测量。

② 对于除 M_1 和 N_1 类以外的汽车，前进挡总数为 X（包括由副变速器或多级速比驱动桥得到的速比）的汽车，应该用等于或大于 X/n 的各挡分别进行测量。对于发动机额定功率不大于 225 kW 的汽车，取 $n=2$；对于额定功率大于 225 kW 的汽车，取 $n=3$。如果 X/n 不是整数，则应选择较高整数对应的挡位。从第 X/n 挡开始逐渐升挡测量，直到该车在某一挡位下尾端通过 BB' 线时发动机转速第一次低于额定转速时为止。

例如：如果该车主变速器有八个速比，副变速器有两个速比，则传动系共有 16 个挡位。如果发动机的额定功率为 230 kW，$\dfrac{X}{n}=\dfrac{8\times 2}{3}=\dfrac{16}{3}=5\dfrac{1}{3}$，则开始测量的挡位就是第六挡（也就是由主副变速器组合得到的 16 个挡位中的第六挡），下一个测量挡位就是第七挡，等等。

（7）接近速度的确定。

① 有手动选挡器的汽车，接近 AA' 线时的稳定速度取下列速度中的较小值：

a. 50 km/h；

b. 对于 M_1 类和发动机功率不大于 225 kW 的其他各类汽车，对应于 $\dfrac{3}{4}S$ 的速度；

c. 对于 M_1 类以外的且发动机功率大于等于 225 kW 的各类汽车，对应于 $\dfrac{S}{2}$ 的速度。

② 装有自动变速器且自动变速器装有手动选挡器的汽车，其接近速度仍按上述规定确定。但如果该车的自动变速器有两个或更多的挡位，在测量中自动换到了制造厂规定的在市区正常行驶时不使用的低挡（包括慢行或制动用的挡位），则可采取以下任一措施：

a. 将接近速度提高，最大到 60 km/h，以避免换到上述低挡的情况；

b. 保持接近速度为 50 km/h，加速时将发动机的燃油供给量限制在满负荷所需的 95%。以下操作可以认为满足这个条件：对于点燃式发动机，将节气门开到全开角度的 90%；对于压燃式发动机，将喷油泵上供油位置控制在其最大供油量的 90%。

c. 装设防止换到上述低挡的电子控制装置。

③ 对于无手动选挡器的汽车，应分别以 30、40、50 km/h（如果该车道路上最高速度的 3/4 低于 50 km/h，则以其最高速度 3/4 的速度）的稳定速度接近 AA' 线。

（8）加速行驶操作。

① 汽车应以上述规定的挡位和稳定速度接近 AA' 线，其速度变化应控制在 ± 1 km/h 之内；若控制发动机转速，则转速变化应控制在 $\pm 2\%$ 或 ± 50 r/min 之内（取两者中较

大值)。

② 当汽车前端到达 AA' 线时,必须尽可能迅速地将加速踏板踩到底(即节气门或油门全开),并保持不变,直到汽车尾端通过 BB' 线时再尽快地松开踏板(即节气门或油门关闭)。

③ 汽车应直线加速行驶通过测量区,其纵向中心平面应尽可能接近中心线 CC'。

④ 如果该车是由牵引车和不易分开的挂车组成的,则确定尾端通过 BB' 线时不考虑挂车。

(9) 检测数据的确定。

① 在汽车每一侧至少应测量四次。应测量汽车加速驶过测量区的最大声级,每一次测得的读数值应减去 1 dB(A)作为测量结果。

② 如果在汽车同侧连续四次测量的结果相差不大于 2 dB(A),则认为测量结果有效。

③ 将每一挡位(或接近速度)条件下每一侧的四次测量结果进行算术平均,然后取两侧平均值中较大的作为中间结果。

④ 汽车最大噪声级的确定。

a. 对应于(6)条中①的挡位条件,直接取中间结果作为最大噪声级。

b. 对应于(6)条中①的挡位条件,如果用第二挡和第三挡进行测量,则取两挡中间结果的算术平均值作为最大噪声级。如果只用第三挡进行测量,则取该挡位的中间结果作为最大噪声级。

c. 对应于(6)条中②的挡位条件,取发动机未超过额定转速的各挡中间结果中的最大值作为最大噪声级。

d. 对应于(7)条中①、②的条件,取中间结果作为最大噪声级。

e. 对应于(7)条中③的条件,取各速度条件下中间结果中的最大值作为最大噪声级。

⑤ 如果按上述规定确定的最大噪声级超过了该车型允许的噪声限值,则应在该结果对应的一侧重新测量四次,此四次测量的中间结果应作为该车型的最大噪声级。应将最大噪声级的值按有关规定修约到一位小数。

(10) 测量记录。

有关被测汽车和测量仪器的技术参数、测量条件和测量结果等数据都应按要求填写在表格中。测量中其他需要说明的情况,应填写在"其他说明"一栏中。

4) 驾驶员耳旁噪声的检验方法

(1) 汽车空载,处于静止状态且置变速器于空挡,发动机应处于额定转速状态,门窗紧闭。

(2) 测量位置应符合 GB/T 18697—2002 的规定。

(3) 环境噪声应低于被测噪声值至少 10 dB(A)。

(4) 声级计置于"A"计权、"快"挡。

3. 检测标准及检测结果分析

1) 检测标准

(1) 机动车喇叭声级检测标准。

根据 GB 7258—2004《机动车运行安全技术条件》的规定,机动车喇叭声级在距车前 2 m、离地高 1.2 m 测量时,其值对发动机最大净功率为 7 kW 以下的摩托车和轻便摩托车为 80~112 dB(A)，其他机动车为 90~115 dB(A)。

(2) 汽车定置噪声的检测标准见表 8.5。

表 8.5　汽车定置噪声限值　　　　　　　　　单位：dB(A)

车辆类型	燃料种类		车辆出厂日期	
			1998 年 1 月 1 日以前	1998 年 1 月 1 日以后
轿车	汽油		87	85
微型客车、货车	汽油		90	88
轻型客车、货车、越野车	汽油	$n_r \leqslant 4300$ r/min	94	92
		$n_r > 4300$ r/min	97	95
	柴油		100	98
中型客车、货车、大型客车	汽油		97	95
	柴油		103	101
重型货车	$N \leqslant 147$ kW		101	99
	$N > 147$ kW		105	103

注：N——汽车发动机额定功率；

　　n_r——发动机额定转速。

(3) 汽车加速行驶车外噪声限值见表 8.6。

表 8.6　汽车加速行驶车外噪声限值

汽车分类	噪声限值/dB(A)	
	第一阶段	第二阶段
	2002 年 10 月 1 日～ 2004 年 12 月 30 日 期间生产的汽车	2005 年 1 月 1 日以后 生产的汽车
M_1	77	74
M_2(GVM$\leqslant$3.5 t)或 N_1(GVM$\leqslant$3.5 t)：		
GVM$\leqslant$2 t	78	76
2 t$<$GVM$\leqslant$3.5 t	79	77
M_2(3.5 t$<$GVM$\leqslant$5 t)或 M_3(GVM$>$5 t)：		
P$<$150 kW	82	80
P$\geqslant$150 kW	85	83
N_2(3.5 t$<$GM$\leqslant$12 t)或 N_3(GVM)$>$12 t)：		
P$<$75 kW	83	81
75 kW$\leqslant$P$\leqslant$150 kW	86	83
P$\geqslant$150 kW	88	84

续表

汽车分类	噪声限值/dB(A)	
	第一阶段	第二阶段
	2002 年 10 月 1 日～ 2004 年 12 月 30 日 期间生产的汽车	2005 年 1 月 1 日以后 生产的汽车

说明：

(a) M_1、M_2(GVM≤3.5 t)和 N_1 类汽车装用直喷式柴油机，其限值增加 1 dB(A)。

(b) 对于越野汽车，其 GVM>2 t 时：

如果 P<150 kW，其限值增加 1 dB(A)；

如果 P≥150 kW，其限值增加 2 dB(A)。

(c) M_1 类汽车，若其变速器前进挡多于四个，P>140 kW，P/GVM 之比大于 75 kW/t，并且用第三挡测试时其尾端出线的速度大于 61 km/h，则其限值增加 1 dB(A)。

注：GVM——最大总质量(t)；

　　P——发动机额定功率(kW)。

（4）驾驶员耳旁噪声的检测标准。

汽车(三轮汽车和低速货车除外)驾驶员耳旁噪声声级不应大于 90 dB(A)。

2）噪声过大的分析

由于汽车噪声源中，没有一个是完全密封的(有的仅是部分被密封起来)，因此，汽车整车所辐射出来的噪声就取决于各声源的强度、特性以及向周围环境传递的情况。研究表明，排气噪声占车外噪声的份额最大，发动机风扇噪声次之。因此，为了降低该车的加速行驶时的车外噪声，应首先考虑降低排气系统噪声和冷却风扇运转噪声。

首先要对噪声加以分类。噪声主要分为两类：有规律性的噪声和无规律性的噪声。有规律性的噪声要从有圆周性运转的机械部位去找，如车轮、发动机、发电机、水泵、空调等。无规律性的噪声一般都出在无运转的机械部位，如减振器、转向机、车门、底盘等。这样就可以判断噪声出在哪个部位，缩小检查范围，提高判断的准确性。

（1）轮胎。

在车辆行驶时，轮胎与路面摩擦时发出的"沙沙"声响是正常的，这种声音是直线性的响声。当车辆低速行驶发生左右轻微的摆动，或随着车速加快发出一种"嗡嗡"的有圆周性的节奏声时，表明轮胎可能已有轻度的损坏，如轮胎正面薄厚不均、起包、磨偏、失圆等。轮胎受损的原因也是多方面的，如前束不准、轮胎动平衡失衡、减振器损坏，气压过高或过低、超载和轮胎受到强烈的冲击造成胎内网线的断裂等。另外，将车停在有油污的地方、在轮胎温度很高时用冷水冲洗、重载时长期停放和轮胎亏气长期停放等也可造成轮胎损坏。轮胎出现以上这些情况时，一般是很难修复的。

（2）车轮轴承。

当车轮发出嗡嗡不断的直线性声音时，可能是车轮的轴承出现了磨损。低速行驶时声音不太大，而且很容易和轮胎故障产生的声音混在一起，让你分不清。轴承损坏的原因主要是缺少润滑油；也可能是车辆在积水比较深的路段行驶时，使车轮轴承进水，过后又没能及时对轴承进行保养所致。

(3) 悬架系统。

车辆行驶过程中，当听到车轮部位发出不规则的"咕噜咕噜"声时，很可能是悬架中的减振器和弹簧损坏了，有时在平坦的道路上行驶时也能听到。但也有些振动声音有可能会让你误认为是减振器的声音，如车轮经过小坑小包的路面时所发出较大的振动声音。这可能是轴承径向间隙过大和横拉臂与车底盘连接处松动所造成的。减振器损坏的原因除了正常的磨损以外，还有以下原因影响到减振器的使用寿命，例如减振器防尘橡胶罩破损，泥沙、尘土就会飞溅到减振杆上，减振杆在上下拉动时就会被划伤，从而又使油封受损造成漏油，使减振器失去阻尼作用。超载行驶和高速通过颠簸的路面等都会使减振器受损。另外，轮胎不圆，动平衡不好，车轮高速运转时产生的共振，会使减振器拉杆上下拉动频率增高，这种长时间的高频率摩擦就会产生高温，烧坏油封。

(4) 转向机构。

行驶时方向打摆抖动，其原因是多方面的，如车轮动平衡不好，轮胎过度磨损，车轮前束不正确，转向齿轮、齿条、转向节、拉杆球头等的磨损造成间隙过大，稳定杆减振橡胶垫老化，减振器损坏等。

(5) 发动机。

发动机的构造比较复杂，产生振动和噪声的原因也很多，这里只讲一些常见的现象。当车辆刚发动时，尤其是冬天，发动机会产生一种很刺耳的尖叫声，车热了以后声音会变小或消失。这种现象一般是发电机皮带老化变硬后，皮带表面形成一层硬痂，皮带在与皮带轮摩擦时便会发出一种很刺耳的噪声。如何验证，只要往皮带上浇一点水，声音就消除了。另外还有一种刺耳的尖噪声是从分电器里的轴承发出的，这是轴承缺油产生的摩擦共振声，时有时无，很难判断。排除方法是，只需拔下分火，在凸轮轴根部处滴上少许机油，让机油渗入到轴承里即可。若发动机在热车下运转不稳、抖动严重，其原因可能有以下几个方面：急速过低，有的缸不工作，高压线圈高压导线断路，高压火弱、火花塞、分火头、分电器等短路。气门烧蚀造成压缩比下降致使发动机工作不正常。曲轴、凸轮轴磨损造成的轴瓦和气门摇臂发出有圆周性的"嗒嗒"声响。

(6) 其他噪声。

车门、车窗、底盘等发出的振动和噪声一般都是无规律的，发出振动和噪声的原因主要是连接部位松动或磨损造成间隙过大。应分析和判断出振动和噪声发出的部位，及时修理排除，不要让故障扩大。如前边提到的轮胎如果有问题，不及时修好，就会影响到与之相关的减振器、转向机构等，而这些机件又会影响到其他的部件，起到连锁反应。这不但降低各零件的使用寿命，而且还影响到车辆行驶的平顺性和安全，最重要的一点是，所产生的振动和噪声也会给车主的健康带来极大危害。

学习测试

一、填空题

(1) 汽车产生的噪声，按其影响范围可分为 _____ 和 _____ 两种，前者直接影响 _____ ，后者造成 _____ 公害。

(2) 汽车噪声主要有 _____ 、_____ 、_____ 、_____ 等。

（3）在汽车噪声中占最大的是 _____ 。

（4）汽车噪声测量一般采用 _____ 计权网络，其声级数值记做 _____ 。

二、判断题

（1）控制汽车排放噪声的最主要措施仍是安装排气消声器。（　　）

（2）轮胎的花纹对轮胎噪声影响很大，直角齿形的花纹噪声最大，块状形的花纹噪声最小。（　　）

（3）影响柴油机燃烧噪声的主要因素是气缸压力增长率。（　　）

（4）柴油机的燃烧噪声主要取决于燃烧终了的最高压力。（　　）

（5）汽车噪声测试时，首先要测环境噪声，然后再进行汽车噪声试验，其试验结果应减去环境噪声的声级值。（　　）

三、选择题

（1）汽车噪声是由多种声源组成的综合性噪声，下列哪些不是主要原因（　　）。

A. 发动机噪声　　　　　　　　　B. 轮胎花纹噪声

C. 传动系统噪声　　　　　　　　D. 制动噪声

（2）发动机噪声所占的比重最大，而随着发动机加工工艺的精细化，道路高速化，现在车辆高速行驶时（　　）已成为又一个主要噪声源。

A. 发动机噪声　　　　　　　　　B. 轮胎花纹噪声

C. 传动系统噪声　　　　　　　　D. 制动噪声

（3）鼓式制动器比盘式制动器产生的噪声（　　），通常发生在制动蹄摩擦片端部和根部与制动鼓接触的情况下。

A. 大　　　　　　B. 小　　　　　　C. 相差不大　　　　　　D. 相等

（4）按照噪声产生的过程，可将汽车噪声源大致分为两类：一类是与（　　）有关的噪声；另一类是与汽车行驶有关的噪声。

A. 冷却系风扇　　　B. 发电机运转　　　C. 发动机运转　　　D. 活塞运动

（5）驱动桥噪声是在汽车行驶时驱动桥部位发出的较大响声，且（　　）。

A. 车速越低响声增加　　　　　　B. 车速变化响声不变

C. 车速越高响声越大　　　　　　D. 车速越高响声越小

（6）GB 7258—2004《机动车运行安全技术条件》对机动车喇叭声级作了规定，声级计在距车前 2 m、离地高 1.2 m 处时，其值应为（　　）。

A. <85 dB　　　　　　　　　　　B. 90～115 dB

C. >90 dB　　　　　　　　　　　D. <90 dB 或>115 dB

四、问答题

（1）什么是噪声？衡量噪声的主要指标是什么？

（2）噪声对人体会产生什么影响？

（3）声压级与声压有何区别和联系？120 dB 比 20 dB 的声压高 6 倍的说法是否正确？

（4）汽车噪声源主要有哪些？控制汽车噪声的措施主要有哪些？

（5）国标中对喇叭声级的检测标准是如何规定的？

（6）如何正确使用声级计测量喇叭声级？

综合实训 6　汽车排放与噪声检测

实训 1　汽油机排气污染物检测

1. 实训目的和要求

（1）了解汽油机排放污染物的主要成分及危害。

（2）熟悉汽油机废气分析仪的检测原理、结构和使用方法。

（3）掌握汽油机排放污染物的检测方法和检测标准。

（4）能够分析排放超标的可能原因。

2. 实训内容简述

（1）认识汽油机废气分析仪的结构和使用方法。

（2）进行汽油机排放污染物的检测。

（3）判定检测结果并分析排放超标的可能原因。

实训 2　柴油机烟度检测

1. 实训目的和要求

（1）了解柴油机排放污染物的主要成分及危害。

（2）熟悉柴油机烟度计的检测原理、结构和使用方法。

（3）掌握柴油机烟度检测的方法和检测标准。

（4）能够分析排放超标的可能原因。

2. 实训内容简述

（1）认识柴油机烟度计的结构和使用方法。

（2）进行柴油机烟度检测。

（3）判定检测结果并分析排放超标的可能原因。

实训 3　汽车噪声检测

1. 实训目的和要求

（1）熟悉声级计的结构、原理、操作方法和维护。

（2）掌握汽车噪声的检测方法和检测标准。

（3）能够分析噪声不达标或超标的可能原因。

2. 实训内容简述

（1）认识声级计的结构和使用方法。

（2）正确使用仪器进行汽车噪声的检测。

（3）判定检测结果并分析噪声超标的可能原因。

附录　各模块的部分参考答案

模块 1　汽车使用性能评价

学习任务 1　汽车使用性能及检测技术认知

一、填空题

(1) 结构参数，技术状况参数

(2) 安全环保检测，综合性能检测

(3) 人工经验诊断方法，仪器设备检测方法

(4) 工作过程参数，伴随过程参数，几何尺寸参数

(5) 初始值 P_f，许用值 P_a，极限值 P_n

(6) 行驶里程，使用时间

(7) 汽车技术状况，汽车使用条件，费用

二、判断题

(1) ×　　(2) √　　(3) ×　　(4) ×　　(5) √　　(6) √　　(7) ×

三、选择题

(1) B　　(2) A　　(3) C　　(4) D

学习任务 2　汽车性能检测站认识

一、填空题

(1) 安全检测站、维修检测站、综合检测站

(2) 大，中，小

(3) 手动式，半自动式，全自动式

(4) A，B，C

(5) 前轮侧滑量检测，转向系检测

(6) 全能综合检测线，一般综合检测线

二、判断题

(1) ×　　(2) √　　(3) ×　　(4) ×

三、选择题

(1) C　　(2) C　　(3) A

模块 2　汽车动力性与检测

学习任务 1　汽车动力性理论认知

一、填空题

(1) 最高车速，加速能力，爬坡能力

(2) 起步加速时间，超车加速时间

(3) 动力特性

(4) 动力性

(5) 最大爬坡度

(6) 汽车驱动力图

(7) 大

二、判断题

(1) √　(2) √　(3) ×　(4) √

三、选择题

(1) A　(2) D　(3) A　(4) A

学习任务 2　汽车动力性检测

一、填空题

(1) 滚筒装置、功率吸收装置 、测量装置、举升机构与辅助控制装置

(2) 最高车速、加速能力、爬坡能力、滑行性能

(3) 室内，气候，驾驶技术，测试精度

(4) 坡道，坡道，2～3，最低挡，最大坡度

二、判断题

(1) ×　(2) ×　(3) √

三、选择题

(1) A　(2) C

模块 3　汽车燃油经济性与检测

学习任务 1　汽车燃油经济性评价指标及影响因素

一、填空题

(1) 100，道路，台架，理论计算

(2) 比油耗，百公里油耗，每升燃油行驶里程

(3) 怠速，减速，加速，匀速

(4) 发动机有效燃油消耗率，汽车行驶阻力，传动效率

(5) 最高挡

(6) 省油，经济

(7) 百公里油耗，低于

二、判断题

(1) ×　　(2) √　　(3) √　　(4) ×　　(5) ×　　(6) ×　　(7) √　　(8) √

三、选择题

(1) A　　(2) A

学习任务2　汽车燃油经济性检测

一、填空题

(1) 20℃，100 Pa

(2) 行星活塞式，往复活塞式，膜片式

(3) 串联，串接，串联

(4) GB/T12534

(5) 底盘测功机

二、判断题

(1) √　　(2) √　　(3) √　　(4) ×

三、选择题

(1) D　　(2) C

模块4　汽车制动性与检测

学习任务1　汽车制动性理论认知

一、填空题

(1) 边滚边滑，抱死拖滑

(2) 制动效能，制动效能的恒定性，制动方向稳定性

(3) 抗热衰退，抗水衰退

(4) 驾驶员反应，制动系响应，稳定减速度持续，制动解除

(5) 制动系协调时间，制动器的最大制动力，车速

(6) 同步附着系数

(7) 增大，增加，增大

(8) 侧滑，跑偏，失去转向能力

(9) 制动器，附着

(10) 0%，100%

(11) 制动距离，制动力，试验

二、判断题

(1) √　(2) ×　(3) ×　(4) √　(5) √　(6) √

三、选择题

(1) A　(2) A、D

学习任务 2　汽车制动性检测

一、填空题

(1) 不大于 20%，不大于 24%

(2) 5%

(3) 5～10km/h

(4) 驻车制动调整不良，驻车制动机构因长期不用造成锈蚀卡滞

二、判断题

(1) ×　(2) ×　(3) √　(4) ×　(5) ×　(6) ×　(7) √　(8) ×　(9) ×

(10) √　(11) √　(12) √　(13) ×　(14) ×　(15) √　(16) √　(17) √

三、选择题

(1) D　(2) C　(3) A　(4) A　(5) C

模块 5　汽车操纵性与检测

学习任务 1　汽车的操纵稳定性认知

一、填空题

(1) 越小，越低

(2) $\dfrac{\alpha\varphi}{L-\varphi h_\mathrm{g}}<\dfrac{b}{h_\mathrm{g}}$，$\dfrac{B}{2h_\mathrm{g}}>\varphi$

(3) 大于，中性转向特性

(4) 中性转向，不足转向，过多转向

(5) 主观评价，试验方法，主观评价

二、判断题

(1) ×　(2) ×　(3) √　(4) √　(5) √　(6) ×　(7) √　(8) √

三、选择题

(1) B　(2) C

学习任务 2　汽车转向盘自由行程与转向力检测

一、填空题

（1）转向轴，转向系

（2）游动角度

（3）路试转向力检测，原地转向力检测

（4）平坦、干燥、清洁

二、判断题

（1）√　　（2）√　　（3）√

三、选择题

（1）B　　（2）A

学习任务 3　汽车车轮平衡检测

一、填空题

（1）质心分布不均匀、轮辋、制动鼓变形

（2）旋转中心

（3）轮辋直径，轮辋宽度

二、判断题

（1）√　　（2）√　　（3）×　　（4）√　　（5）√　　（6）√

三、选择题

（1）B　　（2）B　　（3）B　　（4）B

学习任务 4　汽车转向轮侧滑检测

一、填空题

（1）横向滑移

（2）前束，前轮外倾

（3）机械方面；电气方面

二、判断题

（1）√　　（2）√　　（3）√　　（4）×

三、选择题

（1）B　　（2）C　　（3）B

学习任务 5　汽车车轮定位参数检测

一、填空题

（1）主销后倾角、主销内倾角、外倾角、前束、延迟（角）

（2）10000 公里或 6 个月后，发生碰撞后

（3）相等

（4）轮辋，轮胎的变形

二、判断题

（1）×　（2）√　（3）√　（4）×　（5）×

三、选择题

（1）D　（2）B

学习任务6　汽车悬架装置检测

一、填空题

（1）弹性元件，导向装置，减振器

（2）跌落式，共振式

（3）不小于 45%，不得大于 15%

二、判断题

（1）×　（2）√

三、选择题

（1）C　（2）D

模块6　汽车的平顺性、通过性

学习任务1　汽车的行驶平顺性认知

一、填空题

（1）"疲劳—降低工效界限"T_{FD}，"降低舒适界限"T_{CD}，车速

（2）4～8 Hz

（3）暴露极限、疲劳—工效降低界限、舒适降低界限

二、判断题

（1）√　（2）×　（3）×　（4）√　（5）√　（6）√

三、选择题

（1）A　（2）A

学习任务2　汽车的通过性认知

一、填空题

（1）触头失效，托尾失效

（2）汽车的支承—牵引参数，几何参数，动力性、平顺性、机动性、视野

（3）顶起失效、触头失效、托尾失效

（4）最小离地间隙，纵、横向通过半径，接近角，离去角，最小转弯半径

（5）台阶高，车轮直径，附着系数

（6）分动器，全轮驱动

（7）降低，提高

三、判断题

（1）√　（2）√　（3）×　（4）×　（5）×　（6）√

三、选择题

（1）C　（2）A

模块 7　汽车前照灯和车速表检测

学习任务 1　汽车前照灯检测

一、填空题

（1）灯泡，反光镜

（2）发光强度，光束照射方位的偏移值

（3）对称，非对称

（4）移动反射镜式，移动光电池式，移动透镜式

二、判断题

（1）√　（2）×　（3）×　（4）×

三、选择题

（1）A　（2）A　（3）B　（4）D　（5）D　（6）B　（7）C　（8）C　（9）C

学习任务 2　汽车车速表检测

一、填空题

（1）增大；车速表自身的问题；与轮胎的状况有关

（2）轮胎半径

（3）无驱动装置的标准型，有驱动装置的驱动型，综合型

（4）滚筒，举升器，测量装置，显示仪表，辅助装置

二、判断题

（1）×　（2）√　（3）×　（4）√

三、选择题

（1）D　（2）C　（3）B　（4）D　（5）C

模块 8　汽车排放与噪声检测

学习任务 1　汽车排放检测

一、填空题

(1) CO，HC，NOX

(2) 烧机油

(3) 稳态工况法（ASM），瞬态工况法（IM），简易瞬态工况法（IG）

(4) 曲轴箱窜气，燃油箱的蒸发，排气管

二、判断题

(1) √　(2) ×　(3) ×　(4) ×

三、选择题

(1) A　(2) C　(3) D　(4) A　(5) C　(6) A　(7) A　(8) A　(9) B

学习任务 2　汽车噪声检测

一、填空题

(1) 与发动机运转有关，与汽车行驶有关，舒适性，噪声污染

(2) 发动机噪声，传动机构噪声，制动噪声，轮胎噪声

(3) 发动机噪声

二、判断题

(1) √　(2) ×　(3) √　(4) ×　(5) ×

三、选择题

(1) D　(2) C　(3) A　(4) C　(5) C

参 考 文 献

［1］　吴光强. 汽车理论. 北京：人民交通出版社，2007.

［2］　祝占元. 汽车发动机原理. 郑州：黄河水利出版社，2007.

［3］　张毅. 汽车理论与运用实验教程. 北京：中国电力出版社，2007.

［4］　张文春. 汽车理论. 北京：机械工业出版社，2005.

［6］　于洪水. 发动机与汽车原理. 北京：北京大学出版社，2005.

［7］　冯健璋. 汽车发动机原理与汽车理论. 北京：机械工业出版社，2006.

［8］　余志生. 汽车理论. 2 版. 北京：机械工业出版社，1997.

［9］　王维，刘建农，何光里. 汽车制动性能检测. 北京：人民交通出版社，2005.

［10］　张树强. 汽车理论. 合肥：安徽科学技术出版社，2000.

［11］　苗泽青. 汽车检测人员岗位培训教材. 北京：人民交通出版社，2005.

［12］　安相壁，马麟丽. 汽车检测工手册. 北京：电子工业出版社，2005.

［13］　于万海. 汽车使用性能与检测. 北京：中国劳动社会保障出版社，2008.

［14］　常健. 汽车使用性能与仪器设备. 上海：上海科学技术出版社，2007.

［15］　李军. 汽车使用性能与检测技术. 北京：人民交通出版社，2002.

［16］　刘昭度，韩秀坤. 汽车检测技术与设备. 北京：中国劳动社会保障出版社，2002.

［17］　杨益明. 汽车检测设备与维修. 北京：人民交通出版社，2005.

［18］　刘峥，王建昕. 汽车发动机原理数据. 北京：清华大学出版社，2001.

［19］　韩同群. 汽车发动机原理. 北京：北京大学出版社，2007.